20대 여성들의 知性! 사춘기의 편지

# 너와 나만의 대화

G·D·슈르쓰 저
김 소 영 역

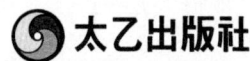
太乙出版社

# 머리말

　오랜 세월에 걸쳐 젊은이와 그 부모를 대하고, 많은 사람들에 게서 개인적인 문제에 대한 의논을 받으면서, 그 해결을 하려고 애써 온 결과, 만들어진 것이 바로 『너와 나만의 대화』(원서명: Letters to Jane)입니다. 또한 여기에 첨부해서 저서를 정리하기 전에 젊은이들의 감정 생활면에 어떤 문제가 현재 일어나고 있는 가를, 꽤 깊이 파서 조사했으며 이러한 문제가 인간의 행복에 대 해 어떻게 영향을 끼치는가도 생각했습니다.

　현재 남녀의 자유스러운 교제와 구애(求愛)에 대해 새로운 해 석과 실행이 일어나고 있으며 그 필요가 없던 문제입니다. 따라서 가장 지도가 필요한 방면에도 아무런 지도가 주어지지 않은 것은 당연합니다. 즉, 우리를 현대인의 성 예찬에서 젊은이들이 받는 자극, 장기간의 교제방법 또 육체의 성숙과 경제적인 독립간에 생 기는 우리 문화의 특징, 이런 문제가 쌓인 것입니다.

『너와 나만의 대화』는 이러한 문제 중에서 가장 일반적이며 또 해결이 곤란한 종류의 것에 대해 도우려고 한 것입니다. 처녀들이나, 부모나 교육자에게서 참으로 많은 편지가 온 것을 보아도, 얼마나 이면의 지도가 필요한가를 짐작하고도 남습니다. 어떤 분들은 개인적인 입장에서 의견을 피력했습니다. 나의 딸 젠은 남녀노소에게서 많은 의견을 들었습니다. 16세부터 30세의 젊은 여성들은 그 고민을 털어놓고, 위험을 얘기해 주었습니다. 젊은 사람들이 성에 대해 어떤 태도를 취할 것인가에 대해서나 많은 어른들이 다정하고 용감하게 얘기해 줄 때가 온 것은 확실합니다.

세계에 아직 보지도 못한 새로운 상태가 이미 벌어지고 있는 것은 사실입니다. 이전에는 청춘 남녀가 성숙하기만 하면 결혼할 수 있었습니다. 바로 최근까지 이 상태는 지속해왔습니다. 그러나 현대의 세대로 들어와, 야심있는 청년은 그의 희망을 말하기 위해, A, B (文學士) 우에 M, A (文學修士)를, M, A 우에 M, C (哲學傳士)의 학위를 따지 않으면 자기가 바라는 사회활동은 할 수 없게 되었습니다. 그렇지 않으면 한 가족을 받들 수 있는 지위가 되기까지 상당히 긴 세월을 일하지 않으면 안 됩니다. 문명이 발달되기 전에는 이러한 《청춘기》의 문제는 없었습니다. 청춘기라는 특수한 시대는 없었다고 할 수 있습니다.

그런데 우리나 많은 사람들은 《자연》 그 자체란 문명의 진보나 고도의 생활 문화나 기타 여러 가지 새로운 사상에 무관심하다는 것을 마음속에 잘 유의해 두어야 합니다. 《자연》은 이전과 변함없는 생각으로써 또 동일한 목적과 견해를 가지고 끊임없이 그 활동

— 곧 종족의 번식 — 을 계속하고 있습니다. 그 때문에 종교, 그 밖의 어떤 동기로 어디까지나 도덕을 지켜나가려는 청춘 남녀는 그들의 조상 때에 없었던 문제에 봉착하는 것입니다. 뿐만 아니라, 오늘의 청춘 남녀의 대부분은 확고한 종교적 배경을 갖지 않은 것이 보통이기 때문에 그 외의 무슨 관계가 있다는 근거를 주지 않은 한은 납득하지 않는 것입니다.

이 외에도 우리 어른들이 잊고 있는 점은, 오늘날의 가정이니 사회가 모두 과거에 보통 젊은이들에게 가해온 속박이나 보호를 던져버렸다는 일입니다. 나 자신이 젊었을 때는 그 이전 세대보다 많은 자유를 즐긴 것이지만 그러나 요즈음 젊은 사람들이 보면 우으꽝스럽고 참을 수 없을 만치 감독을 받으며 누구와 꼭 동반되어 외출한 것입니다. 오늘의 청춘 남녀들을 외부에서의 자극에 그냥 펼쳐 놓았기 때문에, 전통적인 관념을 떨쳐 버리려고 합니다. 컴퓨터의 발달과 거기에 따르는 부모의 감독권 쇠퇴와 함께 발생한 요즘 데이트에 의한 교제 형태는 젊은이들을 항상 유혹에 놓아 둡니다. 또 어른들은 젊은 사람에게 가장 명백한 성 충동에 대해 가르치려 하지 않는 것입니다. 그 결과 젊은 사람들은 헤엄의 기초도 배우기 전에 성의 깊은 웅덩이 속에 빠지는 현상입니다. 그들이 이상으로 하는 순결과 자제를 결혼하기까지 지켜내는 사람들이 조금이라도 있다는 것은 단순히 우연한 행운이라고조차 말하고 싶습니다.

많은 어들은은 겨우 16세 쯤 된 딸들 — 당신의 딸도 이 속에 있을지 모릅니다 — 이만한 나이의 처녀들이 같은 또래의 남성 친

구들과 성 관계를 가질까 말까 망서리고 있다는 것을 안다면 얼마
나 놀라고 괴로워할 것입니까? 고등학교, 중학교, 초등학교의 교
사들이 부모를 대신하여 지도해야겠지만, — 성의 압박이 모든 연
소한 자를 덮쳐버리려는 실정에서 — 많은 교육자들은 눈앞의 사
실에 겁을 먹어선지, 꽁해서 그런지 또는 무지해서 그런지, 지도
를 하지 않는 것이 보통입니다.

그래서 나는 해결하기 어려운 문제나 사건에 직면하고 있는 젊
은이들 앞에 선배된 어른들에게는 미지의 일들이 아닌, 인간성의
문제나 감정이나, 거기에서 일어나는 결과를 있는 그대로 제출하
는 일에 대하여 아무런 변명이나 주저를 하지 않았습니다.

취급한 문제는 실재하는 딸들이 매일 쓰고 있는 일상 용어로써
발표할 것 뿐입니다. 간혹 구체화하기 위해 조그만 얘기를 만들어
윤이 흐르게 했습니다. 학교 생활에 대한 것은 모두 실례이며 실
제로 어느 칼리지에서 일어난 일 뿐입니다. 그러나 《기숙사 학생》
들은 그 대학의 사람들은 아니고 「또디-」, 「샤-레」, 「에미-」그
외의 처녀들의 유사함은 우연한 일치에 지나지 않습니다. 그런 종
류의 고백은 여러 곳에서 모은 것이기 때문에 그 개성은 소설적인
것이 되어 있습니다.

이러한 문제나 의문은 대다수의 처녀들이 직면하고 있는 것입
니다. 처녀들은 도덕적인 것을 바라지만 그 때문에 이상하게 여기
지나 않을까하고 걱정할 형편입니다. 만일 애무를 거절하면 남성
의 주의를 끌지 못하게 되지나 않을까 생각하고 있는 것입니다.
처녀들보다 경우가 밝아야 할 사람들이 극단하게 친밀한 행위에

도, 해가 없다고 가르치는 일이 있습니다. 거기에 대해 그 결과의 중대성은 이것을 가르킬 말이 없다고 해도 과언이 아닙니다.

우리는 딸의 외출에 엄밀히 보호자를 붙였던 옛날로 돌아갈 수는 없습니다. 그러나 우리의 책임관 하에 있는 귀중한 젊은이들이 언제든지 의논하러 올 수 있는 신뢰와 이해와 기반을 만들어 주는 일은 가능한 것입니다. 수많은 편지는 얼마나 젊은 딸들이 이러한 지도를 바라는가를 명백히 보여주는 것입니다. 그러나 그 편지 속에는 《우리 어머니는 이해를 못합니다》든가 《성 얘기는 집에서 금물입니다》하는 귀절이 자주 보였습니다. 반면 상당히 많은 편지는 처녀들이 이러한 문제에 들어서서 어머니나 아버지, 혹은 부모가 함께 계실 때 얘기한 일, 또 그때 한 얘기에서 얻은 지도를 감사한 것도 있습니다.

젊은 사람에게는 부모가 이해해 주신다, 이해하려고 한다는 일을 느끼도록 해 주어야 합니다. 젊은 사람들의 현실상태를 알게 되면 놀랄 일도 있겠지만 그렇다면 오히려 가장 적임한 사람이 동정 있는 지도를 주는 일이 귀중한 것입니다. 각기의 세대의 습관이 그 전 시대에서 보면 다소는 달라지는 것을 인정해야 되겠지만, 이상이나 목적까지가 전혀 바뀐다고는 단정할 수 없습니다. 우리들이 젊은 사람과 같은 입장에 서서 그들의 정당한 충동과 욕구를 충분히 양해해 주기만하면 젊은 사람들에게의 감화력과 관록은 아직 우리의 수중에 있는 것입니다.

《정말 「젠」이란 딸이 있습니까?》하는 질문은 많이 받았습니다. 그 대답은 있다고도 없다고도 할 수 있습니다.

인생에 필요한 지식은 전부 딸에게 주었다고 자부하던 한 어머니가 있었습니다.

한편에는, 오늘날 실제로 행해지고 있는 데이팅에 의한 남녀교제에 부딪혔을 때, 인쇄된 생물학의 지식만으로는 못마땅한 한 처녀가 있었습니다. 어머니가 자진하여 열심히 딸의 입장에서 사물을 보고 필요한 조력을 주려고 노력했을 때, 이 어머니와 딸 사이에는 훌륭한 우정의 교류가 있었습니다. 딸은《이러한 일은 모든 처녀들에게 충분히 알리지 않으면 안 됩니다. 모두 빈곤한 지식 속에서 헤매고 있습니다》고 말하게 되었습니다. 이렇게 때가 흐름에 따라 『너와 나만의 대화』가 된 것입니다.

이 글은 한 부인이 인간성에 대해 배운 것과, 인생의 현실을 관찰해서 얻은 결론에 입각한 의견을 발표한 것입니다. 따라서 이러한 개인적인 환경과 조건에 물들인 의견이 반드시 만인의 찬성을 얻을 수 있다고 생각지는 않습니다. 각 방면에서 의견을 제출해 주셔서 나는 매우 기뻤고 또 여러 가지 가르침을 받았습니다.

귀중한 일은 책임 있는 사람들이 자기들이 사랑하는 젊은이들의 행복과 복지에 중대한 영향을 갖는 문제에 대해 관심을 가져야한다는 일입니다. 우리의 아이들은 성숙한 지혜를 필요로 하는 것입니다. 설사 그것이 다른 사람들의 입에서 나오는 의견과 다르다하더라도 반드시 좋은 도움이 되는 것입니다. 혹은 다른 사람들의 말보다 더 많은 내용을 함축하고 있을지 모릅니다. 벌써 말하기를 두려워할 때가 아닌 것입니다.

글래디이스 대니 슈르쓰

# 차 례

**10**

편지 **1**

# 이것이 **연**애(戀愛) 일까요?

어머니.

이젠 집에 도착하셨겠지요. 「빌」은 무얼 하고 있었어요? 그리고 집안에도 별 일이 없었겠지요? 학교에 오셨기 때문에 너무 피로하시지나 않으신지 염려스럽습니다.

어머니가 오셔서 정말 멋있었어요. 얼마나 즐거운 시간 시간이었는지! 어머니는 어떠세요. 떠나신 후 제 귀에 들리는 소리는 모두 어머니 얘기뿐이었어요. 저 바로 지금 밖에서도 들여옵니다.

첫 번째 소리 《「젠」어머니가 다녀가셨단다.「에니트」야.》

두 번째 소리 《어쩜, 만나 뵈었더라면 좋았을걸……. 그래 인상이 어떻던?》

첫 번째 소리 《기막히게 나이스야》

두 번째 소리 (일부러 크게) 《정말? 그런데 「젠」은?-》

첫 번째 소리 《쉿……. 들려요》

상관없어요. 딴 애들 어머니도 근근 찾아들 오실걸. 뭐.

그래도 실상 우리 어머니는 굉장한 인기거든요. 최신형 옷차림에다 호텔에서의 한턱, 그리고 어떤 상대든 다 해 주셨으니……. 정말 감사합니다.

지금도 여기에 어머니가 계셨으면 하고 간절히 생각합니다. 지난 주말(週末)에는 정말 어머니가 꼭 필요했었어요. 그 일에 대해서 말씀드리려고 했었는데 할 수가 없었어요. 「또디」가 있었기 때문에 살았어요. 뭐 그다지 대수론 일도 아니에요. 아이 이렇게 애매한 소리를 늘어놨네. 정말 염려하실 건 없어요.

저, 정말은 약간 쇼크를 받은 일이 하나 있었어요. 그날 밤은 「또디」가 제방에 와서 잤습니다. 「에리스」는 외출했었고 「또디」방에는 손님이 와 있었기 때문입니다. 「또디」는 멋있어요. 머리도 좋고 제 기분을 완전히 가라앉혀 주었습니다. 지금은 말끔히 안정되었습니다. 아마 지금 저는 어느 한 고비를 넘은 것인가 봅니다. 안심하세요.

어머니, 저는 사실 이 문제는 이 정도로 아주 딱 잘라버리려고 생각했습니다. 그러나 역시 말씀하겠어요. 전 어머니로써가 아니라 한 선배 되는 부인에게 말씀드리는 품으로 쓰렵니다. 어머니도 주관을 떠나, 전혀 객관적인 응접자가 되어 주실 수 있으실는지요. 제게는 꼭 그런 분이 필요한 것 같습니다.

문제는 이렇습니다. 젊은이들이 성(性)에 관한 일들을 얘기했습니다. 어머니가 늘 사실을 똑바로 일러주신 일을 감사히 생각하고 있습니다만 이제 와선 단순한 「사살」만으로써는 충분치 않다는 것입니다. 아무도 우리들에게 얘기 해 주시지 않는 것이 있습니다. 그것은 성이 추한 모습으로 그 얼굴을 들었을 때, 어떻게 다루는 것인가 하는 문제입니다. 넷킹(포옹)이나 페팅이라는 것에 대하여선 몇 장식이나 늘어놓고서도 그 결론을 맺지 못하는 것입니다. 우리 여학생들은 넷킹이란 포옹하든가 목에다 키스하는 것이다 쯤으로 생각하고 있습니다. 넷킹쯤은 예사로 생각하며, 무슨 특별한 사건이라고는 생각지 않습니다. 대개 넷킹은 그것 자체로써 만족감을 주고 있으나 다만 이따금 — 그건 좀 쓰기 어렵지만 — 다른 행위로 변해 버리는 수가 있군요. 우리는 그런 것에 대한 예비지식이 없어서 그럴 때, 공연히 공포심에 사로잡혀 어쩔 줄을 모르는 것입니다.

이것이 바로 어느 날 밤, 「팀」과 함께 있을 때 일어난 것입니다. 「팀」얘기 그전에 했지요, 제 보이프렌드말에요 — 댄스에서 돌아오는 길이었어요. 저희들은 꽹장히 즐겁게 지냈고, 다른 애들과 같이 「마이크」상점에서 맥주를 마셨습니다. 저는 허공을 나르는 것 같았어요. 그래 「팀」이 차를 세우고 키스하려 했을 때도 별로 위험을 느끼지는 않았습니다. 그러나 갑자기, 나는 나 자신을 잃고, 「팀」도 예전의 「팀」과는 달라졌습니다. — 아! 저는 도저히 설명할 수 없습니다. 그러나 어머니, 안심하세요. 저는 여전히 처녀에요. 단지 그것이나 자신이 꿈꿈 해서가 아니었던 것이 유감입니다. 한심하지요. 어머니 저는 그토록 불량할까요. 「팀」은 대체 저를 뭐로 알까요. 저는 다시는 「팀」을 볼 낯이 없어요.

그것은 감정상으로 여태껏 한번도 경험한 일이 없었어요. 또

**14**

정신적으로는 여간 큰 쇼크가 아니었어요. 그 자체는 큰일도 아니고, 나의 애정을 담뿍 보내드립니다.

「젠」 올림

　이 편지가 어머니에게 타격을 드린다든가 신경쇠약으로 이끄는 일이 없도록! 이런 거 말씀드릴게 아니었을지 몰라도, 제게는 아주 현실적인 그리고 중대한 문제였기 때문에 아무래도 가만있을 수 없었던 것입니다.


　사랑스런 「젠」아

　지금 네 편지를 받았단다. 그래 곧 답장을 쓰려고 책상 앞에 앉은 참이다. 그보다 오히려 네게서 문제를 가져온 것을 자랑스럽게 생각하고, 네게 도움이 될 수 있는 기회를 감사히 생각한다.

　한 가지 유감스런 것은 내가 너를 찾아 갔을 때, 이런 문제를 꺼낼 적당한 기회를 네게 주지 못했던 일이다. 네가 너무 잠잠하다고는 생각했으나, 무슨 번민하는 일은 없느냐고 묻지 않은 내가 잘못이었다. 근대적인 어버이들은—그 속에 나도 끼워다오 — 지배적이며 간섭적이라고 남들이 그럴까봐서 오히려 정 반대쪽으로 흘러 버리는 것이다.

　자 본론으로 들어가자. 너와 너의 보우 (이크 이런 시대어를 쓰면 나이가 폭로되겠지. 보이프렌드라고 해야지?)「팀」과 즐거운 댄스를 한 뒤 돌아오는 길에서 차를 세웠다고? 「팀」이 너를 껴안고 키스하는 동안, 너희들은 서로 감정이 흥분되었고, 그 감정에 아주 억눌려 버렸단 말이지. 너는 스스로 속에 생긴 충동에 놀라며 두려웠단 게지, 「팀」은 네게 무슨 짓을 저지를지 몰랐고, 너는 너로써 어떤 일을 당해도 막아낼 힘이 없음을 깨달은 것이지. 그래서 너는 네가 불량한 건 아닌가하고 당황하며, 왜 이런 일들에 관해서 여태껏 얘기해 주지 않았든가를 어머니인 내게 질문해 온 것이지. 우리들 연장자들이 너와 같은 젊은 사람들이 알고 싶어하는, 그리고 알아 두지 않으면 안 될 성 지식이나, 너희들 자신의 성질에 관해 입을 꼭 봉하고 있었던 이유는 무엇이냐고 내가 몰리고 있는 셈이로구나.

그 이유의 하나는 아직 그런 복잡한 정서를 가져 보지 못한 사람들에게 그것을 이야기하는 일은 매우 어려운 것이기 때문이다. 이해도 할 수 없을뿐더러 도리어 그릇된 생각에 빠져버리기 때문이다. 다음에는 대담 솔직하게 성 문제를 취급하려고 하면, 적어도 사회의 비난을 받기 때문이란다. 그 한 예로써 어떤 부인이 자기 아들을 위해 쓴 설명이 대단히 잘 되었기 때문에 일반에게 반포될 일이 있었다. 그런데 그 문서 때문에 그 부인은 연방 형무소에 구속 선고를 받았단 말이야, 고등 재판소에서 파기(破棄)가 없었던들 이 부인은 정말 감옥살이를 했을 것이다. 셋째로 이런 것은 누구에게나 강제적으로 들려줄 사실이 아니다. 묻지 않으면 얘기할 일이 못되기 때문이다. 그러니 우리들 연장자들을 너무 혹독하게 비판하지는 말아다오.

허나 연애는 할 수 있는 나이가 된 사람들은, 이 문제에 대한 충분한, 그리고 가장 솔직한 지식이 주어질 자격이 구비 되었다는 데 대해서는 나도 너와 동감이다. 그리고 너는 내가 그것 때문에 온 힘을 다하려는 것을 꼭 믿어다오.

물론 너는 불량하지는 않다. (네가 무엇을 불량이라고 생각하는지 모르나 여하튼 너는 그런 것이 아님이 분명하다).

네게 일어난 일은 보통 성적 발달을 하고 있는 사람에게는 의례히 누구에게나 일어나는 현상이다. 오히려 네 경우엔 다른 아이들 보다 좀 늦었는지도 몰라. 왜냐하면 너는 여학교 때 아주 수줍고 얌전해서 이성과의 교섭을 갖지 않은 탓일께다.

자기의 의지나 양식(良識)에 반해 육체가 강하다는 것은 불유쾌한 일이다. 그러나 우리는 그렇게 만들어졌고, 또한 양성(兩性) 관계에 대한 많은 사회적 제약을 가진 것도 그 까닭에서란다. 그러나 한편 성적으로 보통이 아닌 것은 인생에 있어 하나의 비극이란다. 정상이면서 그러면서도 제어 하에 놓였다는 것, 그것이 목표인 것이다.

그러니까 네가 보통 발달 과정을 밟고 있다는 사실을 서로 기뻐하자. 그리고 「팀」이 그때의 유리한 그의 입장을 이용하지 않은 점도 말이야. 「팀」의 인품과 자제력에 한점, 그리고 너의 순결에도 한점씩 찍어두자. 여성의 순결은 품격 있는 남성에게는 하나의 매력이란다. 그것은 앞으로는 항상 그럴 것이라고 생각한다. 수많은 처녀들이 순결을 잃은 후, 처음으로 그것이 얼마큼 귀중한 보배요 지녀야 할 것이었든가 깨닫는 일은 너무나 비통한 일이란다.

　여하간 나는 이 일이 조금도 슬퍼하지는 않는다. 나는 너의 성격 속의 양식을 잘 알고 있기 땜에 절대로 근심하지는 않는다. 너는 지금까지 자기의 감정을 좁고 작은 껍데기 속에 가둬 두고 있던 것이야. 그것을 깨고 나오려면 상당히 쓴 경험을 해야 한다는 것을 나는 알고 있다. 오래 기다리고 있던 일이 도리어 더 어렵게 만든 것인지도 모르겠다. 네가 지금까지의 억제에서 해방되려면 좀 힘들지도 모르겠다. 그리고 그 때문에 오히려 다른 극단으로 달리게 되는지도 모른다. 그러나 곧 평형(平衡) 상태로 돌아올 것이다.

　남성과 일절 교섭을 갖지 않아야 하느냐고? 너는 꽤 복잡하게 생각하는구나. 적어도 키스는 절대 폐지하려고. 글쎄 그렇겠다. 여하튼 네가 네 감정을 꼭 꼭 가둬두고 있던, 딱딱하고 단단하게 잠가둔 비좁은 껍데기에서 튀어 나오는 일은 필요한 일이었다. 그것을 실현시켜준 것이 「팀」이었다면 나는 「팀」에게 감사한다. 이젠 너도 위험 신호를 인식했지. 요 다음에는 좀더 조심스럽게 될 것이다.

　「팀」과 다시 만나는 것이 부끄럽다거나 함께 다니기를 두려워한다든가, 하는 것은 필요 없는 걱정이다. 아마 「팀」도 너와 같이 이 사실에 놀라고 있을 것이다. 그리고 너의 얘기를 판단하건데 「팀」도 또다시 이런 일을 반복치 않기 위해 틀림없이 네 의견에 찬성할 것이다. 만일 그렇지 않다면 이젠 만나지 않을 것이 현명할 것이다. 그러나 그의 요전 날 태도에서 미루어 보건대 그는 아직 많은 기회를 얻을만하다고 본다. 네가 「팀」 앞에 나서기를 부끄럽다거나 불쾌하게 생각할 아무 까닭이 없단다.

그 반면 이 일 때문에 곧 「팀」과 네가 서로를 위해 만들어진 두 사람이거니, 그 증명이거니 하고 속단을 내려선 못 쓴다. 혹 그럴지도 모른다. 그러나 그렇다고 해도 생물학 외에 더 생각해야 할 일들이 많이 있다. 어머니도 너만한 때 이와 비슷한 경험이 있었다. 그리고 너와 똑같이 나도 이것이 연애의 증세인가고 생각한 일이 있었다. 다행히도 그때 그 상대편 청년은 나보다 퍽 명석한 판단력을 가졌었고, 그것이 그르다고 보았단다. 정말 그랬어. 절대로 좋도록 해나갈 수는 없었다. 만일 그때 내가 결혼해 버렸더라면 나의 생활은 얼마나 처참한 것이 되었을 것이냐. 나는 얼마간 자존심을 깨꼈지만 나의 마음은 상하지 않았다. 그리고 그 후에는 참된 애정에 부딪기 전에 몇 번인가 연애잡기 비슷한 것을 되풀이했다.

만일 이것이 연애라면 그것은 행복한 프렌드쉽으로 발전해 갈 것이다. 만일 그렇지 않으면 곧 네게는 알 수 있게 된다. 그때에는 이 교제를 한 개 경험으로 취급하고 그 때문에 자기가 저하되지 않았다고 생각하게 될 것이다.

과거의 얘기는 이만하고 앞으로의 네 행동에 대해서 생각하자. 너는 이미 어느 정도 성실하고 깊은 애정의 자극에 응해도 괜찮을 나이가 되었다. (그러나 어떤 충동에나, 스스로를 맡겨도 좋다는 허술한 언사에 넘어가면 못쓴다.) 하나의 지표로써 나는 다음 몇 가지를 네게 말해 주마. 키스나 포옹쯤은 만일 정말 네게 호의를 가지고, 친밀감을 느끼는 사람에게는 네가 조정을 잘 하는 한 괜찮을 것이다. — 물론 너도 바랄 때 뿐이다.

네 경우에서 네가 훌륭하게 조정해 낼 수만 있다면 키스나 포옹쯤은 사실 적당한 요법이라고 나는 생각한다. 너는 그렇게 할 수 있다고 나는 믿는다. 정열에 빠질 것 같으면 곧 그 순간 끊어야 한다. 너는 따뜻하고 매력적이며 숨김없는 성품이라, 그러한 빼어난 점들을 발달시키려면 적당히 감정을 표현하는 것이 좋다.

그러나 절대로 잊지 말아라 — 여성이 조정해야 된다는 것을 말이다. 남성의 전 본능은 억제를 모르는 충동 일로란다. 때로는 「팀」과 같이 자발적으로 물러서는 사람도 있지만, 결코 그것을 믿어서는 안 된다. 그래서 만일 상대편이 그치지 않으면 거절하는 것이 네 직분이야.

세상의 관습이 어떻든 나 같으면 좋지도 않은 사람에게 절대로 키스 따위는 안하겠다. 이것은 관습이나 성적 자극의 방법 같은 때문이 아니라, 순수한 애정에 의해 정해져야 할 것이란다.

너의 상대편 남성이 물속에 빠지려 할 때는 서슴지 말고 말해야 한다. 《주의 하세요. 물이 깊은 것 같아요. 돌아가세요》라고. 말보다는 태도로써 자기의 의사를 표시할 수 있다면 그 편이 훨씬 유효하다. 만족시킬 의사도 없으면서 상대방을 흥분시키는 일은 친절치 못한 것이다. 그뿐 아니라 그런 사정으로 해서 남성을 만족시킨다는 일은 여성으로써 가장 어리석은 수치를 범하게 되는 일이다. 여하간 이제부터 그만 두어야 한다. 결코 스타트 시켜서는 안 된다. 즉 너무 늦는다든지 하는 것이 탈이다. 그리고 지나친 행동을 할 수 없는 밝은 장소를 골라 다녀야 한다. 이것은 여성 측에서 인도해야 할 일이다.

보이프렌드를 기쁘게 해 주기 위해 자기의 양식에 반하는 일에 찬성하는 일은 천부당만부당한 일이다. 언제나 즐겁게 친절하게 사려 깊게 그리고 상식에서 벗어나지 않는 범위에서, 애정 깊은 감수성을 가져라. 너의 인품이나 감정에 자주성을 가지면 가질수록 남성과의 융화도 깊어지고 결국 점점 남성에게 있어 매력적 존재가 되는 것이다.

또 하나 첨가할 일이 있다. 너도 알다시피 나도 음주(飮酒)란 것에 대해 그리 완고하지는 않지만 착실한 사람치고 알코올과 성을 같이하는 해독을 인정치 않는 사람은 없다. 특히 술에나 성에 경험이 없는 처녀들에게는 아주 좋지 못한 일이다.

우리가 젊었을 때는 이 위험만은 문제가 되지 않아서 편했단다. 경험이 적고 젊은 너희들은 술과 이성을 따로 구별하여서 취급하는 것이 현명하다. 두 가지가 범벅이 되었을 때 곧잘 얘기들하는 임신(姙娠)이라는 결과가 일어나는 것이다. 이 새로운 성 문제에 대해 너의 온갖 슬기를 동원시켜야 하는데, 그 슬기를 알코올로 무디게 해서는 안 된다.

그럼 사랑하는 「젠」! 나를 네 의논 상대로 택해 준 것을 감사한다. 아직 네가 바라고 있는 점에 다치지 않았거든 무엇이든 얘기해 다오. 그러면 또 쓸 테다. 사실 네가 부인으로서의 가능성을 자각하기 시작했다는 것이 내게는 굉장히 기쁜 일이야. 정말 이젠 그 때가 왔구나. 너의 그 명석한 지성으로써 감정을 처리해 가기만하면 잘못 디딜 염려는 없는 것이다.

**21**

(때때로 억지이긴 하나)

늘 애정에 찬

어머니 씀

편지 **2**

# 애무(愛撫)의 위험은?

인자하신 어머니—.

퍽 피로 하셨겠지요. 그 후 며칠 집안 일 돌보시느라고 지치신 때, 저의 첫 번째 편지가 닿았으니 꽤 어이가 없으셨을 꺼에요. 그 편지를 썼을 땐 아직 감기가 체 낫지를 못해 머리가 무거웠으나 이젠 아주 가벼운 기분으로 오늘밤의 즐거운 모임을 기다리고 있는데, 상당히 자중하고 있으니 걱정일랑 마세요.

요전 편지를 부친 다음 날, 「팀」에게서 친절한 병문안 편지가 왔습니다. 그 속에 멋있는 시가 들어 있었는데 적겠어요.

곁에 있으면 즐거운 여인,
녹아들 듯 다정한 태도의 매력
그러나 그 여인의 다정은
맥주 때문인지도 몰라 — 그리고 감사뿐!

　그래「팀」이 사건의 요점을 알고, 별로 꺼리지 않고 있다는 것을 알았어요.「팀」은 저를 오늘밤 댄스에 초대했어요. 여기에 초대되지 못하면 죽는 편이 났다는 그런 권유였어요.

　저는 어머니 편지를「또디」에게 보였습니다.「또디」는 훌륭하다고 합니다. 거기에 대해서 얘기하는 데「밀」과「루스」가 들어왔어요. 그들에게도 보여 주었어요.「에디」와「안」을 불러와서 방이 꽉 찼고, 어느 틈에 대 회의가 벌어졌어요(이렇게 제가 방송한 일을 염려하지 마세요). 놀라운 것은 비슷한 경험을 한 사람이 수두룩하고 모두 다 저처럼 자기가 품행이 단정치 못하다고 생각하고 있었대요. 서로 통사정도 안했으니 한 사람 한 사람이 조그만 지옥에서 그냥 괴로워한 거나 같았지요.

　정말이지 이런 얘기를 들어 줄 사람은 아무데도 없어요. 우리들은 굴욕에 사로 잡혀 연장자들은 아마도 우리를 경멸할 것이라고 생각합니다. 이렇게 번민하고 있다고 무엇이 해결될까요. 어떤 친구는 성에 관한 책을 읽었는 데 어느 저자(著者)나 다 중요한 부분은 얼버무려 버리고, 간혹 문제에 깊이 들어갔어도 선악의 판단까지 내린 책은 없었고, 당초에 이런 문제에 선악이 있는지 없는지 조차 분명치 않은 모양입니다.

　이런 형편인데, 주신 편지로써 사건이 대체로 분명해지고, 문제를 끌고 나갈 사다리가 주어진 것입니다. 이런 문제를 어머니에게 제시한 저의 신경에 모두들 기가 막힌다고 합니다.「또디」는 자기 어머니 같으면 질문을 받기만 해도 깜짝 놀라, 펄쩍 뛴 나머지 천정에 부딪고, 나는 퇴학이오, 집에 끌려갈 것이라고 말했어요.「밀」도 전에 어머니에게 얘기하려고 했으나 어머니는 "나는 너를 좋은 아이가 되라고 키웠으니 착한 애가 되면 돼" 하셨을 뿐이래요. 물론 그렇기야 하지만 실제로 일어나는 문제가 어떤 의미인지 이해할 수 있고, 몇 개의 해답을 알고 있는 편이 선량한 처녀가 되기 쉬운 것이지요. 저희들이 모두 어머니 편지를 좋아하는 까닭은 거기에 있어요.

사실은 좀 더 자세히 알고 싶은 일이 있습니다. 그것은「페팅」에 대해서입니다. 이것은 괜찮은 건지 나쁜 건지, 어느 정도의 애무는 허락할 수 있는지, 해부학적으로 가르쳐 주세요. 학생과 사회인과는 퍽 차이가 있지만, 대학생은 어른이 되어 갑자기 농후한 요구를 합니다. 저희들 모두가, 이런 일을 당하는 것은 우리가 돌지나 않았나하고 생각했으나, 얘기가 나와 보니 다른 아이들도 같은 경험에 부딪친 것을 알고, 안심들 했습니다. 저희들은 대개 데이트(약속)를 가졌다가 막상 헤어질 때 두세 번 키스를 나누는 것으로 별로 아무 해를 생각지 않았습니다. 적어도 저희들이 아는 한, 그랬습니다. 그러나 요즘에 와서 정작 헤어질 무렵에는 레슬링 시합을 할 각오를 해야 합니다.

어느 아이들은 애무 찬성론자이며 정도를 넘지만 안으면 상관없다고 하지만 저희들 대부분이 공포를 가집니다. 사실 기절할 정도예요. 보통 때 점잔을 빼는 사내들도 도가 지나친 관계를 거절하면 상상외로 망측해 지는 것입니다.「에디」가 물으니까 사내들은 모두 그것을 얘기하고 있으니까 같이 나가 재미있게 논 후에는 하라는 대로 할 수밖에 없다고 하더랍니다. 이름은 안대지만 몇몇 친구들은 키스쯤으로는 만족하지 않다고 하며 그런 허전함을 느끼는 그들 편이 정상이라고 생각하는 모양입니다. 한편 「또디」는 애무는 위험하고 나쁜 것이며 그것을 남성에게 허락하는 처녀는 터무니없는 과실을 저지르는 것이랍니다.

그러니 좀 의견을 들려주세요. 어느 것이 정상이며 어느 것이 비정상적인지요. 그 말씀으로써 저희들 많은 사람들이 혼란에서 벗어날 수 있겠습니다.

저희들의 토론이 끝난 뒤, 「이리—」가 저를 생물학 교실로 데리고 가서, 표본(標本)을 보았습니다. 「이리—」는 저의 동무 중 과학자예요. 그가 무서운 세균이나 죽은 조직을 주무르고 있는 것을 보면 참 즐거운 것 같아요.

참말 매력적이예요. 어머니는 여태껏 짚신벌레(Paramecium 動物)나 「아미—바」나 편모충(Engrena) 같이 헤엄털(毛)을 가진 단세포동물을 관찰한 일이 있으세요. 편모충은 아주 귀여워요. 그 간 길러보려고 합니다. 한 마리의 암캐구리가 가지고 있는 난자(卵子)는 굉장한 숫자예요. 이걸로 미루어 개구리가 무엇에 시간을 소비하는가를 잘 알 수 있습니다.

나의 좋은 어머니

「젠」 올림


아무래도 오늘밤의 멋있었던 외출을 쓰지 않고는 자리에 들어갈 수가 없군요. 정말 기막힌 천국의 교향악이었어요. 믿지 않으실 지도 모르지만 당신의 조그만 딸이 동반자가 없는 훌륭한 남성들 간에 상당한 인기를 차지했습니다. 모임이 끝나「팀」은 저를 성가시게 구는 일없이 곧장 집으로 바래다주고 가벼운 굿나잇키스를 한 뒤 점잖게 돌아갔습니다.「팀」이 그런 청년이어서 저는 한결 편합니다. 깍듯이 예의가 바르고 높은 이상을 가지고 있습니다. 이전에 제가 쓴 남성에의 항의에서 그만은 빼 주세요. 그는 저를 꽤 유쾌한 친구로 알고 있나본데 그에게 환멸의 비애를 주고 싶지는 않습니다.

　참, 또 기뻐하실 일이 있어요. 저희들이 의논한 결과 보이프렌드와 같은 석상에서는 일체 맥주라도 마시지 말자는 약속입니다. 어머니의 충고는 뼈에 사무칩니다. 그리고 제가 얼마나 어리고, 무식한지요. 이제부터「젠」은 주류(酒類)일체 거부하는《음료 처녀》가 될 거에요.

　안녕히 주무세요, 산더미 같은 애정을 보내옵니다.


　사랑하는「젠」.

　내 편지가 네 조급한 문제의 도움이 되어 네 마음이 후련하다는 소식, 고맙다. 물론 그 편지는 여러 동무들에게 보여도 무방하다. 그보다도 내가 놀란 것은, 이러한 감정이 혼란해지는 중대한 성적 일들에 대해, 어느 어버이든지 전혀 상의해 주지 않을 것이라는 인상을 너희들 전부가 가졌다는 점이다. 어느 부모든(나도 그렇지만) 결코 그런 생각은 없단다. 우리들 어버이된 자도 더 많은 무릎을 가지고서 어떤 점이 청춘 남녀에게 알려줘야 할 것인가를 이해하도록 해야 할 것이다.

「팀」과 즐겁게 지냈다니 잘했다. 「팀」이 너를 곧장 집에 데려다 주었고 부드러운 키스만으로 점잖게 돌아갔다는 것은 보통이 아니다. 그는 진심으로 네가 좋아서 올바른 방법으로 너와의 우정을 쌓아 가려는 것을 원하고 있는 것이다. 정말 나는 좋은 방향으로 진전 되리라고 기뻐한다. 그러나 내가 여태 써준 일들을 절대로 잊어서는 안 된다. ― 막다른 골목에서도 애정의 표현을 잘 인도해 가는 것은 결국 여성의 책임이다. 「팀」의 생각이 더 할 나위 없이 훌륭한 것은 확실하다. 그러나 정령이라는 것은 젊은 두 사람이 꿈에도 예기치 않을 때 맹위를 떨치는 법이다. 경험자는 잘 아는 일이다. 어버이로써는 경험 없는 젊은 사람들이 위험한 물 속에서 텀벙거리기 시작하면, 지나친 걱정을 하는 것도 무리가 아닌 것이다. 술을 마시지 않을 것, 오랜 포옹을 안할 것, 밤늦게 길섶에 차를 세우거나, 인간의 욕망 중 가장 강한 성적 감정을 희롱하지 말 것이다. 상대편 남성의 동기가 명랑하건 않건, 그만한 주의를 이쪽에서 가지고 있으면 성가신 일이 일어날 필요가 없는 것이다. 그건 그렇고, 귀여운 내 딸! 네가 페팅에 대해 질문을 하지 않으면 안 되겠다는 것은 대체 무슨 일이냐. 요즘 행해지는 페팅이란 것에 대해 우리 낫세의 부인들이 뭘 안단 말이냐? 그 실행은 물론 말 자체도 우리 시대보다 훨씬 뒤에 나온 것이다. 그러나 여러분이 그렇게 내 생각을 듣기 원하는데 ― 어머니는 아주 좋단다 ―. 여기에 대해 조금 조사를 해 보았다. 그 보고를 하기로 하자.

자, 내 조사에 의하면 페팅이란 해부학적으로 말하면 남성이 여성의 목 아래편을 포옹하는 것을 말한다. — 이 부분은 내가 젊었을 당시에는 「출입 금지 구역」의 표찰이 붙어 있어 세상에서 단 하나의 남성만이 만질 수 있게 되었다. 그것도 결혼한 후의 얘기다. 그렇게 되었다는 것은 누구나가 다 이 법규를 지켰다고는 생각되지 않기 때문이다. 그때 세상은 이런 법규 아래 행동했다고 하는 일이다.

페팅이 얼마나 연장되었는지, 숙녀의 존엄을 손상하지 않고 몸의 어느 부분까지의 침입을 허용하는가의 문제는 이상하게도 내가 물어본 사람은 하나도 대답해 주지 않아 잘 모른다. 단 하나 정확한 대답을 하려고 하지 않는단다.

그러나 결론을 미루어 본다면 오늘날의 처녀들이, 우리들 시절의 처녀들이었으면 아마 순경을 부르든가, 혹은 아무리 경하게 보더라도 품위 있는 여류 사교계에서는 무례한 녀석이라고 쫓겨났을, 그런 정도의 행동을 남성에게서부터 받아야 한다는 것이 되었나 보다.

터놓고 말하면 귀여운 아가야. 내게는 왜 총명한 현대 여성들이 이런 일을 견디고 있는지 모르는 것이다. 이건 뭐 이쪽 것을 송두리째, 펼쳐놓고 화투치는 식으로 왜 못이길까하고 꿍꿍거리는 품이니 우습지 뭐냐. 난봉쟁이들에게는 얼마나 격에 맞는 조건들이냐(그들은 늑대란다. 네게는 말이야 아가야).

나의 여성으로써의 경험에서는, 우리들이 참으로 너무 지나친 부담을 지고 있으니 이 이상은 정말 지니고 싶지 않단 말이다. 자연은 우리에게 너무 가혹한 조화를 지어냈다. 임신이 확실해 지기까지 얼마나 오랜 경과를 필요로 한단 말이냐. 우리들은 남성의 걱정과 욕망에 대해 꽤 많이 들어왔다. 여성은 여성으로써 고요한 경지에서 상당히 풍성한 은혜를 받고 있는 것이다.

우리들이 젊은이들에게 벌써 가르쳐 주었어야 할 한 가지는 여자들이 매달 주기적으로 오는 특별한 때, 성적 흥분을 느낀다는 것이다. 이것은 전혀 생리적인 일이며 장본인의 의지를 무시한 생식선(生殖腺)의 활동이며 《자연》의 미묘한 작용에는 놀라지 않을 수 없단다. 또 한 가지 여자의 신체에는 성적 자극에 대해 예민한 부분이 몇 군데 있다. 예를 들면 입도 그 하나다. 너도 이미 알다시피 오랜 키스는 여성도 남성과 같이 강한 성적 흥분을 일으키게 된다.

자연은 단순한 숫처녀와도 같이 참으로 교묘하게 모든 것을 계획한단다. 오랜 키스를 하고 있으면 처녀는 그 보다 더한 자유를 바라며, 남성에게 자유를 허용하면 할수록 처녀도, 남성이 그 이상 더 멋대로 굴어 주었으면 하고 마음속으로 바란다. 이쯤 되면 남성도 격정에 엄습되어 자제력을 잃어버린다. 그래서 최후의 일선까지 가지 않으려면 페팅을 멀리하는 것이 현명하다는 것이다. 무엇이든 비교의 문젠데, 어느 여자들은 특별히 자극에 지기 쉽다고 할 수도 있다. 냉혈 동물이라면 아무리 맹렬한 애무를 당해도 조금도 흥분치 않을 것이나 냉혈동물이 되고 싶은 여성은 아마 없을 것 아니냐.

내가 알고 있는 남성으로서 아주 매력 있고 현혹적인 여인을 가진 분이 있는데 이 주인은 이상하리만치, 다른 남성들을 대하는 자기 부인의 태도에 관대했단 말이야. 어느 날 그 주인이 내게 하는 말이 "집사람은 불감증입니다. 바람둥이 여자란 대개 냉정하죠. 그러니까 불장난에도 견딘다고 할 수 있거든요." 하며 쓸쓸히 웃었다.

보통 여성이면 애인의 품속에서는 흥분하고, 애정의 반응을 보이는 것이 당연한 게다. 이것은 바른 일이다. 그러나 여성의 성질이 이처럼 되어 있기 때문에 소위 오다가다 우연한 관계를 만들지 않도록 경계하지 않으면 안 되는 것이다. 경험을 한, 확실한 한계를 아는 여성이면 자기의 욕망을 제어할 수 있도록 스스로를 훈련해둘 수도 있지만, 그것도 상당한 나이가 되어야 부릴 수 있는 재주지, 젊고 경험 없는 처녀들에게는 아주 위험한 것이며 비참한 결과에 빠질 우려성이 다분한 것이다.

더구나 취미 문제가 있지 않니. 지금까지 써온 일들을 마음에 두고 자기의 감정을 제어할 수 있고, 혹은 감정을 갖지 않기 때문에 — 위험을 초래하는 페팅에 빠진다 할지라도, 우연히 함께 한 이성에게 함부로 짓궂은 행동을 시킨다는 것은 아무리 생각해도 불쾌한 일이다. 또한 건전하지 못한 일이다. 함부로 성적 자극을 거듭하면서도 최후의 만족을 얻지 못한다는 것은 생리적으로나 심리적으로 좋은 결과를 주지는 못한다. 성숙한 사람들은 이런 습성을 갖지 않도록 한단다.

물론 이것은 모두 나 개인의 의견에 불과하다. 나는 벌써 몇 년째 애정문제에 무관했기 때문에 이렇다 저렇다 비평할 자격이 없을지 모른다. 아마 요즘 사람들은 요령 있게 이런 것을 처리하고 있을 것이라고 혼자 중얼거렸다. 그래서 나는 이런 것을 잘 알 듯한 친척 한 분을 붙들었다(누군지 「젠」은 상상할 수 있겠지만 이름은 덮어 놓고). 사촌 오빠 「톰」이라고 해 두자. 이 분은 차밍한 독신으로 분명 총각은 아닐 것이니, 요즘 선행하는 불장난은 하나에서 열까지 다 알고 있을 게 아니야. 페팅 얘기는 입 밖에 내지 않고, 젊은애들에게 얘길 해야 할 텐데 너무 곰팡이 슨 인간으로 보이는 것도 싫고 하니, 좀 가르쳐달라고 부탁했단다. 그리고 만일 당신이 열일곱 살 난 딸을 가졌다면, 어떤 충고를 하겠느냐고 물어 보았다.

"글쎄 나 같으면 딸한테 적어도 30세까지는 너무 짓궂은 페팅에 빠지지 말라고 말해 두죠." 이것이 그의 대답이었다.

너무 멋쩍은 얼굴을 하고 있어서, 그래 짓궂은 페팅이 뭐냐고 물으려다 딱해서 그만 뒀는데 대개 나도 상상은 할 수 있겠지. 그러니 그는 내가 네 생각을 하고 묻는 줄 알았는지 큰 소리로 말하더라. "「젠」보고 그런 버릇없는 놈팡이들과 딱 끊어버리라 하세요." 사촌 오빠 「톰」이 페팅은 타락의 한걸음 전이라고 생각한다는 것에 나는 제일 비싼 모자를 걸어도 자신 있단다. 그렇게 생각하기 때문에 「톰」은 그의 친척 중 단 하나의 여성도 애무라는 따위에 관계시키고 싶지 않은 것이란다. 너의 아버지가 살아계셨다 해도 이 이상 더 강하게 만류하시지는 않으시리라.

나로서는 서로의 존경과 인력(引力)을 터전으로 한 고상한 교제를 취하겠다. 이런 관계에서 합리전인 걱정의 꽃이 피는 것이다. 처음부터 걱정 일로의 연애로 돌입하는 것은 스마트하게 보이지는 않지? 적어도 여성의 입장에서는 이런 방법이 습관화라도 한다면 한 사람 두 사람의 여성이 아니라 여성 전체가 괴로워해야 하지 않니?

네가 알고 있는 나의 친구 「메리스미스는 사랑하던 남편이 죽은 후 사교계에서 아주 은퇴해 버렸다. 그의 친구들이 사교계에 더러 나와서 유쾌하게 지내자고 권하는 바람에, 「메리-」도 겨우 초대를 받아들이게 되었다. 그런데 그는 동반하는 남성들의 생각하고 기대하는 일은 구역질나는 것 뿐이라고 한단다. 「스미스」부인이나 내가 지내온 것과는 다르다고 한다. 여성을 한층 밑의 인간으로 생각하고 있는 게지. 「메리-」처럼 차츰 중년 고개에 들어선 점잖고, 침착한 존경할만한 여성에 대해 이런 태도를 갖는 남성이 많으니, 젊고 매력적인 처녀들에게는 어떤 태도를 취할 것인지 사실 상상하고 남는 것이다. 오히려 내가 너희들에게 설명을 들어야겠구나.

우리 때의 처녀들은 너무 새침했고 남성에 대해서도 지나친 경계를 했던 것은 사실이다. 성문제에 대해 좀 더 솔직히 이것을 인정하는 태도를 갖는 것이 결혼 생활을 보다 행복하게 했을런지 모른다. 그러나 우리들은 대개가 결혼할 수 있었고 약혼기 중에는 분명 여성이 지휘봉을 가지고 있었다. 여성에게 임신이 부과(賦課)된다 — 이것이 변할 수 있는 증세가 현재 전혀 없다. — 는 한, 이 방법은 현명하다고 생각한다. 자 귀여운 애기야. — 그래 — 이젠 또 질문은 없니? 나는 이런 문제를 사색하기 좋아한다.

내가 너무 같은 결론을 자주 되풀이하는 것 같은데 도덕(道德)이
란 남성이 여성을 지키기 위해서 뿐 아니라, 여성 자신이 스스로
를 지키기 위해서도 만들어지고 있다는 것을 잊지 말아라. 아니
이렇게 말할까. 아버지가 참석하지 않은 곳에서 아버지의 보호 없
이 태어나는 베이비가 없도록, 미래의 애기들을 보호하기 위함이
다. 그래서 우리가 여성이 도덕을 벗어 던지기 전에 거듭 생각해
볼 일이라고 너도 말하고 싶지 않니?

　네가 주말에 돌아올 적에 「팀」도 같이 오렴…… 그 애를 보고
싶구나(그러나 내가 그랬다고 애기하면 못쓴다. 그건 아주 서투른
방법이다. 적어도 현 단계에서는)!

　너의 구식(페팅에 관해서 뿐)

어머니 씀

　학과는 어떠냐? 「팀」을 위시한 그밖에 과외 활동에 신경 쓰는
것을 나무라는 것은 아니나, 커리큘럼 중의 학과 진전도 어머니는
알고 싶다.

# 산아제한(産兒制限)의 효용(效用)은?

어머니!

아름답고 싹싹한 말씨로 영국 신사가 우리들 모임에서 얘기해 주셨습니다. 이 사람은 천장에 매달린 샹젤리제를 향해 지껄였습니다. 아마 우리는 「모로」족 같은 얼굴 보다는 전등이 더 마음에 들었나봐요.

"다른 공부는 어떠냐"고 하셨지요. "단 공부라니요?" 하고 싶지만 사실 이것은 올바른 생각이 아닌가 봅니다. 제 학비가 어머니에게 있어 얼마나 큰 부담인가를 생각하니 말이지요. 그럼 조금 써 보겠어요.

"요즈음 좀 이상해졌어요"라고 쓰는 편이 빠를 거예요. 포크댄스 같이 쉬운 체육 과목 대신, 추력 경주에 나가던가, 덤블링을 추거나 합니다. 산을 질러가든가, 신을 신은 체 세찬 개울물을 밟아가든가, 나무에 올라갔다 도중에서 뛰어 내리든가, 궁둥이를 붙인

체 흙과 바위투성이인 비탈을 미끄럼 타듯 내려오든가, 돌아가면
아무렇지도 않은 쪼개진 바위틈을 일부러 비비고 가든가, 깊은 골
짜기에 팽팽히 처진 줄을 탄다든가, 나중에는 발돋움 손돋움할 여
지도 없는 바위 낭떠러지를 기어 올라가기도 합니다. 그리고 아주
바보처럼 머리위에서 팔을 내 저으면서 학교로 뛰어 옵니다. 대개
저는 선두에서 반마일쯤 떨어지기 때문에 혼자 뛰든가, 팔을 졌든
가하며 가야 됩니다. 보는 사람은 꽤 우스꽝스러울 것입니다.

독일어는 「제니」가 독차지예요. 그 애는 몇 년째 독일어를 공부
하며 성적표에 수(秀) 하나 더 얻으려고 이 클래스에 들어온 것이
에요. 그 애는 3년이나 독일에 있었대요. 저도 이 클래스에 나갑
니다.

체조와 독일어가 저를 못 살게 굴지 않으면, 아마, 불란서어가
그럴 것이에요. 이것을 아주 멋있고 취할 것 같은 국언데 능숙해
지려면 무던히 골치를 앓아야 할 것이에요. 그래도 인생은 진보라
고하니 노력은 해야죠.

심리학은 너무 전문적이어서 흥미가 없든가. 언젠지 실험한 개
와 고양이의 뇌(腦)작용 때처럼 기분이 나빠집니다. 뇌의 활동을
정지시켰나 봅니다. 저는 저 심리학 선생의 뇌 활동도 정지시키면
참 재미있을 것이라고 생각합니다. 그 수술은 물론 표면적인 것이
지만.

그러나 우리들의 문학은 좋습니다. 모든 것을 보충하고도 남아
요. 석가래, 하디, 토스토에프스키 그밖에 뛰어난 작가들을 저는
보랏빛 정렬의 여러 가지 단계를 붙여 사랑합니다. 그러나 에로이

스와 아베럴의 이야기는 지금까지 읽은 것 중에서 제일 심한 실패작이라고 생각합니다. 불쌍한 에로이스 — 그 여인은 확실히 《갓난애》 구실을 억지로 연출한 것입니다.

아침 집회가 끝났습니다. 아무리 서투른 연사(演士)라도 편지 쓰는 데는 방해가 됩니다. 저 요전 페팅에 관해 써 주신 편지가 저희들 심금을 어떻게 울렸는가를 쓰겠습니다. 모두 새까맣게 모여들어서, 가운데 있는 「또디」가 큰 소리로 낭독하니, 모두 왁작거리며, 한꺼번에 지껄이기 시작했어요. 아이들은 좋아하며 어머니의 시원시원한 글에 모두들 감사하고 있습니다. 저희들은 생각하신 바를 자유스럽게 써 주시기를 바랐고, 또 그렇게 해 주신 것을 감사합니다. 사촌 오빠 「톰」의 얘기를 쓰신 대목은 특별히 호평이었습니다. — 어머니 저 「톰」이 그렇게 건달인가요? 저는 그저 재미있는 늙은이쯤으로 생각했는데. 아이들은 어머니더러 「톰」 아저씨의 이야기를 좀 더 들려달라고 합니다. 그러나 주신 편지는 더 문제를 제시했고, 저희들도 그 하나하나를 생각할 수는 있습니다. 전혀 불찬성이었던 것은 「샤-레」 하나뿐이예요. 어머니는 보셨어요. 이 애를 —. 기억하세요? 거무스름하고 뾰족한 아인데, 좀 불행한 얼굴을 하고 있지요. 머리는 좋은 편인데 공부하면 성적도 좋아질 것이에요. 그런데 사교는 제로에요. 언제나 혼자 기분 나빠합니다.

「샤-레」는 "어머니란 자는 이래서 글렀어. 언제까지나 우리가 처녀로 있어야 된다는 거야. 그런데 그럴 필요가 어디 있단 말이야"고 말했습니다.

　다른 친구들의 질문은 대개 아카데믹했다고 봅니다. 우리들은 모두 좋은 딸들이며 나쁘게 되려는 아이는 하나도 없지만 모르는 일이 많이 있는 것이에요. 말씀에 의하면 페팅의 해는 자칫하면 임신할 우려가 있기 때문이라고 하시는 건데, 그런 생각은 산아제한(産兒制限)으로써 사정이 판이하게 바뀌었다고 하는 친구도 있습니다. 오늘날에는 임신을 원치 않는 사람은 완전히 이를 피할 수가 있어서 그렇게 되면 지금까지의 도덕관념은 상당한 영향을 받게 되지 않습니까? 혹은 역시 같을까요?

　다음으로 「제니」가 말했습니다. 그 애는 저희 기숙사의 수수께끼며 머리 좋고 가장 매력 있는 여성이기도 합니다. 인텔리며 성격이 재미있고, 이해가 깊고, 거기에다 사람이나 사건을 객관적으로 본다는 우수한 능력을 가지고 있습니다. 아마 사회학(社會學)을 전공하기 때문이겠지요. 때로는 남을 낚아서 실토시키기 위해 반대로 나오는 일도 합니다. 저는 그의 참 목적을 모를 때가 많고, 또 그가 한 다리 끼면 의논이 그저 끝나지는 않습니다. 그 애는 여전, 집슨 껄스와 같이 보수적으로 행동하면서도 한편 자유연애 찬미자입니다. 저로서는 알다가도 모를 성격입니다. 아마 「제니」가 이런 태도로 나오는 것은 평범한 아이들 중에서 두각을 나타내려는 것인지도 모릅니다. 여하튼 「제니」는 아이를 훌륭하게 길러 갈 수 있는 미혼 여성이 임신하는 것이 왜 나쁜지 어머니께 여쭤보라고 부탁합니다. 여기까지는 훌륭한 교육을 받은 여성은 하잘 것 없는 남성보다 얼마든지 훨씬 많은 기회가 주어지고 있기 때문에 지금까지 찍혀졌던 비합법 결혼에의 낙인(烙印)이 쓰러져 버릴 것도 머지않을 것이라고 합니다. 더구나 많은 훌륭한 여성이, 남성에게 상대를 택하는 현명한 눈이 없기 때문에, 어머니가 될 수 없다는 것은 틀렸지 않느냐 남녀의 수효가 비슷하지 않다는 이유 뿐으로는 이해할 수 없다고 했습니다.

「제니」는 「에밀리 한」이니 「이브린 스캇트」처럼 사생아를 난 후의 그 애의 아버지와 결혼한 여성의 얘기를 했습니다. 이들 우수한 여인들은 저서(著書)로서 사건을 공포하고 조금도 실랑이가 없었습니다. 결혼 안해도, 아니 결혼하려고 생각지 않아도, 적어도 아이는 가질 수 있지 않습니까, 그래서 「제니」는 사회의 규정이 지나치게 고정화됐기 때문에 — 개정안을 낼 필요가 생긴 것이 아닌가하는 의문을 가지고 있습니다. 모두 통털어 썼지만 과히 엊잖아 하지 마세요. 트집쟁이 「샤-레」 외에는 — 그 애는 무엇이든 반대에요. — 모두 주신 편지를 멋지다고 찬양합니다. 그리고 더 많은 이야기를 들려주셨으면 합니다.

오늘 저는 「팀」에게서 짧고 통쾌한 얘기를 들었습니다. 이번에 뵈올 때 얘기하겠어요. 오늘밤 데이트, 어제 데이트, 내일 데이트 — 약속의 연발입니다. 공부의 방해가 되겠다고 어머니가 걱정하시겠네. 그 후의 사흘 밤은 기숙사에 붙어서 공부를 하렵니다.

자 이젠 정과(正課), 과외 모두 얘기했어요. 배가 고파요. 배는 언제나 고픈 것 같아요. 쿠키는 근사하고 맛있지만, 어머니들 중에는 음식을 보내오시는 이도 있는데. 그 음식이란! 「사라」 어머니가 보내신 소포! 그 애 어머니는 천사의 족속에 속할 거예요. 어머니 저 얻어먹기만하면 되요? 참 맛있었어요. 아세요? — 그래도 너무 바쁘시니까 뭐.

아이들이 모두 문안합니다. 저두예요.

무안한 사랑을—

「젠」 올림


귀여운 「젠」과 그 동무들에게.

대체 나는 무얼 하고 있단 말이냐. 멀리서 성에 대한 제미널을 지도하고 있는 격이 아니냐. 내게 그런 자격이 있는지 없는지 모르지만 나도 페팅에 대해 쓴 편지가 빚어낸 토론에 한몫 끼고 싶었단다.

내가 생각건대 주로 반대 의견이 생긴 것은 내가, 처녀들은 남성과의 관계를 극도로 진전시킬 것이 아니며, 만일 그런 일이 있으면 임신할지도 모른다고 쓴 대목 때문이다. 몇 분인가가 산아제한으로 사정이 훨씬 달라졌다고 지적했습니다. 여성들도 남성과 마찬가지로 욕망과 격정을 가지고 있다고. — 그러나 나도 그것을 인정합니다. 산아제한에 의해 여성이 특유한 결과에서 우리가 벗어날 수 있는데 왜 우리도 남성처럼 같이 욕망과 격정을 만족시키면 안 되느냐고, 한 동무는 말했지요.

나는 「샤-레」의 “어머니란 자는, 이래서 글렀어, 언제까지나 우리가 처녀로 있어야 된다는 거야” 라는 비평에 흥미를 느꼈습니다.

그리고 또 「제니」의 질문 “그래서 사생아를 가지면 무엇이 나

뻴까" 라는 것도 나의 주의를 끌었습니다. 전혀 「제니」가 말하듯 여러분들과 같은 또래의 처녀들을 위해, 남편이 될 남성의 수가 모자라는 점에 대하여 의논할 여지가 없음은 사실입니다. 많은 처녀들이 어머니가 되어보지 못할지도 모릅니다. 아이를 양육할 능력이 충분하고 지성이 풍부한 여성들이 아이를 낳는 것이 왜 나쁩니까? 왜 비합법적 결혼에 사회가 낙인을 볼까요?

「제니」 그런 언사를 써 보냈다고 절대로 걱정할 필요는 없다. 너희들 젊은 사람들이, 우리시대 사람들은 결코 직면할 필요가 없었던 환경과 문제에 부딪치고 있다는 것을 나는 여실히 알 수가 있다. 지금 사회는 무서운 변천 상태에 놓인 것이니까, 내가 내 친구들이 자라던 시대의 도덕 관념은 혹 그런 것들과 함께 변해야 할런지도 모른다.

그렇다면 이런 문제를 우리는 함께 검토해 보자. 나는 어떠한 질문에도 대답할 수 있으리라고는 생각지 않는다. 사실 중년쯤 될 사람도 너희들과 꼭 같이 의문에 가득 찬 것이다. 그러나 한편 이런 문제에 대한 여러 가지 시험이라는 것이 오늘 시작된 것이 아니다. 성 행위에 대한 생각할 수 있는 온갖 변화가 되풀이 오늘날까지 실험되었다고 나는 생각한다. 현재까지 나도 상당한 수의 이상한 관계도 보아왔고, 또 많은 사람들의 통사정도 들어왔다. 적어도 나는 너희들에게 그 효과(效果)를 전할 수는 있으니 너희들 각자의 지성에 호소하여 문제를 분석해 보아라.

너희들이 목표로 하는 것은 결국 오늘날과 같은 사회상태에서 최대의 행복과 여성으로써의 만족을 얻을 수 있는 생활양식에 있을 것이다. 그렇지, 나도 거기에는 찬성이다. 그렇기 때문에 나는 편견과 선입관을 제거하고 나의 힘 닿는 대로의 사고결과를 여러분께 주려는 것이다. 나의 논의의 약점에 대하여는 부디 사양할 것 없이 반박해 다오. 반대론 대 환영이란다.

그러나 장래에 도덕이 어떻게 변하든 간에 여러분은 모두 현대 아직 모성으로써의 준비가 되어 있지 않다고 생각한다. 거기서 우리는 먼저 문제에 중요한 관계를 갖는 산아제한서부터 시작하자. 이 문제에 대하여 나는 의견뿐 아니라 「사실」을 들 수 있단 말이야.

첫째 여러분이 생각할 것은 산아제한이란 사람들이 보통 생각하는 것처럼 어떤 바보도 알 수 있는 그런 것이 아니라는 점이다. 나는 어떤 친구가 아직 젊은 자기 아들에게 여러 가지 복잡한 산아제한의 방법과 그 위험과 곤란과 유효 정도를 설명해 준 것을 상기(想起)한다. 그 친구는 그때 가장 근대적인 방법으로 굉장한 과업을 하고 있다고 스스로 만족하고, 또 틀림없이 그렇기도 한 것이었다.

장황하게 늘어놓고 나니, 아들은 생각하고 또 생각한 끝에 한다는 소리가 "흠! 그럼 애초에 성 교섭을 가지지 않으면 아무렇지도 않겠죠"라고 말이다. 현재 알려진 산아제한의 방법에는 가다가는 쓸 수 없는 모 종의 기구를 사용하는 방법과 그렇지 않으면 남성 측에 꽤 강한 자제와 비상한 책임감을 지우는 방법이 있다. 그러나 이만한 책임감을 가진 남성은 자기가 선택한 여성에게 비합법적인 애정의 위험을 저지르기보다 당당하게 결혼하는 방향으로 나갈 것이라고 보는데, 이것은 단순한 의견이다(그러나 여성이 성 경험에 대해 이전 보다 훨씬 적극적으로 된다는 일이 남성 측의 이 책임감을 저하시키고 있는지 아닌지는 연구할 값어치가 있다고 생각한다).

다음으로 현재 행해지는 산아 제한의 방법은 어느 것이나 다 절대 확실하다는 것이 없음은 의학서(醫學書)를 보아서도 너무나 잘 알 수 있는 것이다. 가장 신용할 수 있는 방법도 숙련된 의사와 의논해 가지고 기구를 개개인에 맞게 하지 않으면 효과는 없다. 이렇게 주의를 해도 실수하는 수가 있는 것이다(겸해서 말해 둘 것은 신용 있는 의사는 결혼한 여성이든가, 곧 신부가 될 여성이 아니면 이런 것은 맡지 않는다. 물론 거짓말을 했을 때는 다르겠지만).

그 외의 방법은 효과의 대부분이 행운(幸運)플러스 남성의 정력과 여성의 수정 능력에 달려 있다. 그때 우연히 큰 지배력을 가진다. 우리 친구 중 하나는 아이가 너무 주렁주렁해서 산아제한을 오히려 절망적 노력으로 시험하고 있었는데 또다시 임신이 확실해 질 때 길에서 한 친구를 만났다.

이 주렁 부인은 제일 유명하게 알려진 피임약(避姙藥) 이름을 들면서 "이걸 쓰지 말아, 병 하나하나에, 어린애가 하나씩 들어 있단다." 네가 결혼한다면 이와 비슷한 얘기를 얼마든지 듣게 될 것이다.

셋째, 좋건 싫건 인간의 본성을 바꿀 수는 없으며 로맨틱한 욕망도 또한 지워버릴 수 없으니, 결혼했건 안했건 두 남녀는 가다

가 모험도 하는 것이다. 그래도 아무 결과가 나타나지 않을 때도
많은데, 하나하나의 남성도 여성도 생식능력에는 결코 정도가 같
지 않으므로 어느 여성은 몇 번이나 피할 수 있는데 다른 여성은
단 한번에 — 우물가의 아낙네들이 단 한번 저지른 게 하듯 —
《부뜰리는》일이 있다. 정말 예기 불가능한 일이다. 가진 주의를
다 해도 완전하다고 할 수 없고 특히 젊고 경험이 적은 사람은 실
패할 율이 많은 것이다. 아직 아이는 싫다고 하는 젊은 부부가 벌
써 그해 금음에는 엄마 아빠가 됐다는 예는 하나 둘이 아니다. 몇
년씩 살던 부부도 예기치 않은 아이를 날 때가 있단 말이야. 나는
칼레지 교정에서 열린 젊은 부부들의 푸에, 딸과 같이 어린애들을
시중하러 온 친구 하나에게서 재미있는 얘기를 들었다. 이 푸에는
어린애들이 퍽 많이 있었는데 어느 날 어머니들이 얘기를 하는데,
젊은 부부가 적어도 2년 동안은 아이를 가져서는 안 된다고 진심
으로 결정들을 본 후, 바로 아내가 임한한 것을 알았단다. 남편은
모두 칼리지를 졸업해야 하고, 일을 해야 할 사람들이었는데 생물
학은 전혀 다른 결정을 주어버린 것이다. 그래도 그 부부들은 모
두 어린 애들로 해서 행복을 누리고, 앞으로도 어떻게든 훌륭하게
길러 낼 것이다. 그러나 만일 그들의 계획과 열망이 순조롭게 실
현 되었다면, 저 아이들은 하나도 태어나지 않았을 것이다.

　나의 논의의 결말을 짓자. 보통 건강한 부인이면 성적 교섭을
경험하는 이상은 아무리 주의해도 임신의 찬스를 절대로 피할 수
는 없다는 것이다. 그리고 너희들이 결혼하면 아이를 갖는 것이
당연하다고 생각해야 된다. 결혼생활에서 아이가 있다는 일은 대

부분 행복을 가져오는 것이다. 만일 결혼하고 있지 않으면 — 자 이런 경우의 처리 방법으로서는 근대적 진보라는 것이 하나도 나타나지 않았나 보지? 나는 모르는데 여성은 결국 도망하려는 남성과 억지로 결혼하든가 — (그리고 사라질 로맨스를 그려 애타는 것이다.) — 그렇지 않으면 생긴 아이를 낳지 않고 더 강한 상처를 어루만지든가 둘 중에 하나 밖에 없는 것이 실제 사회일 것이다.

이런 산아제한 시대에 현 미국에서는 얼마나 한 사생아가 생기나 조사해 보는 것도 한 참고가 될 것이다. 아동국(兒童局)에서 내게 제시해 준 바에 의하면 一九四四년에는 三十八주(州)와 콜롬비아 특별구에서 八七, ○○○명이 사산(死産) 아닌 사생아였다. 이 보고에서 칼포니아와 대 뉴욕 두 개 큰 주, 그리고 인구가 많은 메사추세스와 코네디컷, 이 네 주가 제외되어 있으니 사생아의 총수는 최소한도 一二五, ○○○명은 될 것이다. 유산(流産)은 모름지기 더 많을 것이다. 아마 이들 결혼하지 않은 어머니의 대부분은 산아 제한이 무엇인지는 알고 있었겠지만 그 방법은 불완전했던 것이다. 그 외의 여성은 간단하게 충동에 저 버린 것이다.

나는 다음에 나올 질문을 알고 있다. "젊은 처녀, 자신이 다소 위험한 짓을 해도 좋다. — 많은 부인들이 그저 그런대로 지났으니까" — 라고 하면 어때? 또 「제니」가 그렇듯 "결혼하든 않든 아이가 갖고 싶을 때는 어떨까요. 우리가 결혼까지 처녀로 있어야 한다는 강한 이유는 무엇이에요? 자 어서" 그럴 거야.

나는 이런 질문에 딴청 하려는 건 아니지만 대답하기 전에 한 번 더 잘 생각해 봐라. 정말 나는 철저히 생각하고 또 생각해 버려야 시원하다. 그래서 오늘은 이만하고 그 동안에 정리를 하련다. 그리고 곧 이어 자세히 쓰려고 한다. 내가 너희들의 숨김없는 의견과 비평을 기다린다는 것을 잊지 말아다오. 이것 없으면 — (나는 더 어렵거든) — 토론에서 가치 있는 결론을 꺼낼 수는 없다. 혹은 너희들이 나의 생각을 일변시켜(개종시켜) 지금까지의 내 생활보다 더 충실한 생활로 이끌어 줄런지도 모른다. 그렇게 되면 상당한 것이다.

　너를 가장 사랑하는

어머니로부터

　식량요구의 애절한 호소에 응하여 약간의 먹을 것을 부쳤다. 무사히 도착하거든 설혹 잠시 동안이나마 그대들을 굶주림에서 건저 주기 바라면서...

편지 **4**

# 처녀성을 지킨다는 것은 스마트한 일일까요?

사랑하는 어머니.

전화를 걸려고 했는데 삼(三)분으론 도저히 애기할 수도 없고, 그래 전보를 치려고 열자를 가지고 제 생각을 아실까?……하며 우물쭈물 하다가 전문(電文)이 되니까 우편국이 닫쳐 버렸잖아요.

전보를 치려던 것은, 보내주신 것, 늦지도 않고, 찌부러지지도 않아, 먹고 나니 든든하고 어찌나 맛있었는지 그걸 알리려고 그랬어요. 같은 방 아이들이 모자를 돌려서 어머니 동상(銅像)을 세운다고 기금을 모았답니다.

먹고 있을 동안의 회화를 소개하겠어요.

"음 쩍 쩍 「젠」 어머니는 정말 솜씨가 놀랍구나."

"어쩜 — 이 닭고기 맛이라니!"

"이 밥은 기막히구나"

"쿠키도 손수 하셨을까? 그래, 조리법 비결을 아시나봐"

"슬슬 녹는구나! 꿀꺽"

「에리」는 어머니에게 화물차 다섯 개에 담뿍 사랑을 실어 보낸답니다. 확실히 모두 깊이 감사하며 먹었습니다.

그 후 요전의 편지를 꺼내서 조그만 소리로 읽었습니다. 저희들이 아주 모던한 줄 알았는 데 하나도 산아제한에 대한 견고한 지식을 가진 사람이 없었군요. 어처구니가 없었어요. 정말이지 「스우」 말마따나 이렇게 몰 상식하고서야 우리들이야 말로 앞으로 물의를 일으킬 장본인이 되겠어요. 어머니는 많은 책을 읽으셨으니까 산아제한의 위험을 예방하는 일이나, 애비 없는 자식에서 대답할 용의가 늘 있답니다.

나중에 그는 불쾌하게 말했습니다. "네가 처녀성을 우긴다면 건 그리 스마트하지 못한걸!"이라고. 「에미」는 "걱정 마세요. 난 그래도 역시 처녀성을 지킬 테야" 하고 대답했는 데 그것이 고작이었든 가봐요.

어머니 빨리 말하겠는데요, 전 아직 「에미」와 같은 경험은 없습니다. 「팀」은 유쾌한 이상(理想家) 타입이니까요. 그런 얘기를 할 턱이 없거든요. 그런데 많은 친구들이 이런 경험을 했습니다. 남성들은 결혼하려고 생각하는 여성이 처녀건 아니건 조금도 상관없다고 아이들에게 그런다고 하며, 또 저희들이 아는 범위 내에서도 역시 그렇다고 생각됩니다.

오해는 마세요. 「에미」는 처녀성을 지키려고 하고 대개들 그런 생각입니다. 그래도 앞으로 그런 경우가 올 때 대답할 수 있도록 하고 싶어요. 처녀성을 지켜내야 할 충분한 근거와 근본적인 이론을 알려 주세요. 요전에 페팅에 대해 대답해 주신 것처럼 명확하게 지시해 주시면 모두들 기뻐할 거예요.

저희들은 페팅에 관해 가르쳐 주신 것을 이렇궁 저렇궁 비판하는 것이 아닙니다. 주시는 편지가 센스에 넘쳐 있기 때문에 「제니」는 어머니가 기쁘게 대답해 주실 줄 믿고 질문한다고 합니다.

「제니」는 앞서도 얘기해 드렸지만 학교 안에서 꼽히는 얌전입니다. 그와 대항할 사람은 아마 「또디」쯤이겠죠. 「또디」는 남성들과의 교제는 일체 안하고, 절대로 결혼도 하지 않는다고 뻑이고 있습니다(「또디」처럼 상냥하고 따뜻한 처녀가 왜 그런 부질없이 완고한 생각을 하는지 도시 알 수 없는 일입니다. 흔들흔들하고 침착치 못한 우리를 어머니처럼 귀애해 주거든요). 어머니가 상상하셨듯 우리들 중에 사생아를 낳아도 좋다는 엉뚱한 사람은 하나도 없습니다.

그러나 우리들이 모르는 것을 털어놓고 의논하여, 야단맞고 저녁도 못 먹은 채 자리에서 울 걱정도 없이 윗사람과 의논할 수 있는 일이 얼마나 좋은지 어머니로써는 좀 모르실거예요.

강의(講義)는 「안」이 가져온 브로치의 《셰르모》를 듣고 끝났습니다. 이것은 죽고 싶도록 아름다운 문장입니다. 그것을 듣고 있으면 달콤한 고뇌에 잠기고, 영 취한대로 나이프를 몸에 꽂은 채 점점 차다차게 굳어버리는 것처럼 멋있는 일이 또 없을 것 같습니다. 「에리」는 만일 제가 이런 아름다운 자살을 감행하면 시체를 연구차 필요하다고 합니다. 그래서 다음 문서를 만들어 증인을 세워 제가 서명을 했습니다.

"나 「젠」은 사후 해부를 위해 시체를 「에리노아 죤스」에게 주며 해부 후는 「에오싱」과 「헤모디구스링」만으로 염색하여 완전한 상태 하에 매장하기 위해 「올드 안다데카」에 반환할 것을 위촉한다."

「또디」는 어머니께서 이런 농담은 싫어하실 거라고 말했습니다. 그러나 안심하세요. 「팀」네 방에서는 오는 토요일 튀김고기 대회를 연답니다. 각자에게 스틱 통째로 하나랍니다. 그러니 요다음 토요일까지는 아무래도 살아야겠어요. 그런데 공부가 산더미처럼 밀렸어요. 《나의 생활 목표》라는 이(二)천백의 작문, 십(十)분간의 연설 초고(草稿)작성과 강연, 양서(良書) 소개, 독일어 작시, 세 가지 어려운 시험 — 다소 질렸습니다. 거기다가 매일 학과가 있고, 방의 사교 부장으로 당선 되었고 아주 야단났습니다. 왜 이렇게 제게만 차지가 올까요. 좀 싸보타 — 주로 할까 합니다.

맛난 음식에 다시금 감사드립니다. 닭고기가 제일이었어요.

뜨거운 사랑을 어머니에게

「젠」 올림


귀여운 「젠」.

처녀성에 관한 논의가 아직 계속이라는 소식 고맙다. 많이 계몽도 받고, 흥미도 느꼈다. 특히 「에미」의 상대자가 "처녀성을 지키다니 그리 스마트하지 못한 걸" 했을 때 뭐라고 대답할지 당황했다는 얘기는 참 시사적(示唆的)이다.

내가 너만 했을 때의 사상과 지금의 변화를 이처럼 분명히 일러주는 것은 없다. 옛날에는 관례를 깨뜨린 처녀들은 어떻든지 그 행위를 정당화할 이유를 찾으려고 눈이 벌겠단다. 지금은 거꾸로 됐어. 관습을 따르려는 처녀는 그 때문에 어떤 이유를 내세워야 되니까. 그리고 그 이유를 찾지 못해서 여간 애들을 쓰지 않는 형편이구나.

조금 주의해 두는데 이 문제를 너희들의 상대와 이것저것 의논한다는 것은 사실 필요 없는 일이다. 이리떼들이란 —「에미」의 친구도 아마 그런 사람 같은데 — 이런 논의는 하지 않을수록 좋은 것이다. 성 문제를 생각하고 논의하고 지식을 얻는 것은 처녀들의 자유란다. 이러한 화제 속에 너희들을 끌어넣으려는 젊은 남성의 십중팔구는 이것을 이용해서 여성을 손아귀에 넣으려는 것이지 결코 궁극의 진리를 목표로 하는 것은 아니다. 이런 수단은 유사이래. 여성을 유혹하는 유효한 방법으로 알려진 것이기 때문에 네가 멀쩡하게 여기에 걸려들었다기로서 조금도 스마트할 것이 없단 말이다. 그래서 나는 「에미」의 "역시 난 지킬 테야" 한 대답이 최상의 것이라고 생각한다.

그러나 전통적(傳統的) 도덕관이 여지없이 뚫어져라 가는 세상에 태어난 처녀보고 이 청년이 시험한 처녀성의 가치 평가(評價)는 우리들 논의를 위한 좋은 출발점이 된다. 남성과의 행복하고 만족한 관계를 세우는 데 대체 이것은 여성의 득점(得點)일까 손실(損失)일까?

원만한 생활을 위해 성의 만족은 절대 필요한 조건은 아닐지라도 바람직한 일이라고 나도 동의하고 출발합시다. 나도 그 만족을 얻을 수 없었다면 슬픈 일이었겠지. 그리고 나는 결혼은 안했으나 처녀는 아니었던 부인들에게 돌을 던질 수는 없다. 또 사회도 벌써 돌을 던지지는 않겠지. 적어도 분별이 있는 부인은 여간해서 성 문제에 실패를 보지는 않는 법이다.

그러나 나도 몇 명의 이름을 들 수 있는데 온화하고 기품 있는 듬직한 독신 부인의 생애에 하나나 둘의 보랏빛 연애 간주곡을 가졌다고, 그것을 시비하는 것은 유식한 사람 간에는 있을 수 없는 일이다.

그러나 성이란 것은 감정과 밀접한 관계가 있어서 나의 의견으로선, 그릇된 터전에 놓인 성생활을 전혀 거기에서 떠난 생활 이상의 — 까지는 아니나 — 같은 정도의 혼란과 상처의 원인이 되는 것이다. 이것은 특히 부인인 경우에 현저한 것이다. 물론 그럴 듯하게 얼버무리는 재주를 가진 사람도 있지만 이런 여성은 절대로 존경을 받을 수가 없으며, 양식이 있는 남성은 이런 여성을 경원(敬遠)하는 것이다. 보통 감정을 가진 처녀라면 육체를 허락할 때 마음의 일부분도 남성에게 주지 않을 수 없다고 너희들도 생각하고 있을 것이다. 이것은 여인의 천성이라 해도 괜찮을 것이다. 그리고 그 감정이 병행(倂行)하지 않을 때 우리 여성의 고민이 있는 것이다.

그래서 남성의 사물을 보는 눈이 중요하게 되는 것이다. 왜 남성이 여성을 절개가 없는 존재처럼 생각하는지 나는 모르겠다. 왜냐하면 만일 여성이 그 육체를 아끼지 않는 것이 정상이라면, 남

52

성은 당연히 남성의 은인인 여성에게, 존경과 감사를 가져야 하는
데 사실은 어떠냐? 사내들이란 실컷 향락하고서 그 기회를 제공
한 상대편을 추잡한 여자라고 욕을 하고 업신여기는 것이다. 언해
로써의 생활체험에서 나는 한 유리한 수확을 가졌다. 이런 종류의
문제에 대한 남성들의 생각을 직접 알 수가 있는 것이다. 그리고
소위 《개런티》가 얼마나 믿을 수 없는가하는 일이다. 여성의 연애
에피소드를 비밀로 하려는 그런 선심은 안 쓰는 것이다. 반드시
선전되고 여인의 이름에 녹이 스는 것이다.

여러분은 나를 구식이라고 할지 모르고, 또 요즘 남성들은 여
성의 순결은 바라지 않는다고 할지 모르지만 나는 충분히 이것을
연구해 보았다. — 내가 여러분을 위해 한 일을 들어 보아라!

나는 나의 흰 머리를 특권 삼아 친척들과 친구들을 염치없이
찾아다니며 캐물으며 요즈음 세상에서 행해지는 실정을 찾아냈고
한걸음 더 나아가 남성들이 이런 세태(世態)를 어떻게 생각하는가
하는 것까지 들었다. 거기서 모두 일치된 점을 정리하면 다음과
같다.

1. 남성이 한 여성을 충심으로 사랑할 때는 아내로 택할 것이
   다. 이점 고금을 막론하고 고통하다.
2. 남성은 매력을 느낀 여성들을 열심히 유혹한 일은 있으나,
   진실로 사랑하는 여성을 유혹한 일은 있으나, 진실로 사랑
   하는 여성을 유혹하려고는 안한다. 연인만은 별도로 취급하
   는 것이 남성의 본능이다.
3. 남성은 대체로 결혼에 있어 신부의 처녀성을 바란다. 그것

은 신부인 여성이 결혼을 위해 스스로를 깨끗이 다스렸다는 의미이며, 그 때문에 그를 존경한다. 요즘 세상에도 자기에게 결혼할 의사가 없는 여성의 순결은 유린하지 않는다는, 옛날부터의 憲章을 인정한다. 물론 이 헌장을 저버리는 사람은 많이 있으나 그런 패들은 남성의 찌꺼기다. 젊은 해군 사관이 내게 한 얘기인데 생각 없는 젊은 것들이, 되도록 많은 처녀를 먹어 보자고들 얘기하더란다. 그런데, 이 사관의 동료들은 그래도 꽤 고상한 책임감을 가졌다는 것이다. 그래서 그들 간에는 처녀성이 인생에의 첫걸음으로써 얼마나 소중한 것인가 알기 때문에 절대로 이 기회를 도적질하지 않는단다. 이 사관들은 사관학교에서도 우수했고 지금은 칼레지에 돌아와 장래를 위해 준비하고 있는데, 아마 어느 방향으로 나가건 두각을 나타낼 것이다. 예를 들면 처녀의 얼굴 껍질을 벗겨 허리춤에 차고서 좋아하며 엉덩이춤을 추는 도배들과는 비교할 수 없는 우수한 클럽이며 이런 타입이야말로 여성이 일생을 함께 하기에 알맞은 배우자인 것이다.

나는 고결한 남성들의 처녀성에 대한 존경은 결코 불변할 것이라고 생각한다. 거기에는 건실한 근거가 있는 것이다. 즉 장래 자기의 남편이 되고 아이의 아버지가 될 사람을 위해 처녀성을 지킨다는 것은 매력 있는 부인에게 인격과 이상과 양식을 제공하는 것이 된다. 이러한 덕성은 지식인이 아내와 어린애의 어머니에게 구해 마지않는 것이기 때문이다. 내 견해로써는 세상이 썩으면 썩을수록 너희들이 결혼하려고 할만한 남성들은 점점 더 도덕성과 처녀성의 가치를 인정하게 될 것이라는 것이다.

나는 대단히 유명해진 어떤 분이 다음과 같이 한 말을 잊을 수가 없다. 이 사람은 결혼하고 있었는데 자기보다 훨씬 젊고 매력적인 처녀와 연애를 한 것이다. 그 애인은 기쁨으로 그에게 몸을 맡기려고 했으나 그 애인이 처녀라는 이유에서 그 후의 것을 거절해 왔다. 그는 내게 하는 말이 "저는 그 여인을 사랑합니다. 그러나 가정을 파괴할 생각은 없었습니다. 그 처녀도 언젠가는 결혼할 생각이 나겠지요. 가치 있는 남성이면 밤낮 감시를 필요로 하는 아내를 좋아하지는 않을 것입니다"라고.

내가 설명하고 싶은 넷째점이 있다.

나는 이 논의 속에서 조금도 공갈이나 위협을 하기는 싫지만, 성병(性病)은 사생아의 출생과 낙태를 병행하여 점점 맹위를 떨치고 있단다. 나는 이 원인은 방종한 성 관계에 기인한다고 본다.

너희들은 매독과 임질 얘기를 들은 일이 있겠지만 이런 성병이 과연 어떤 것인가, 어떤 증세를 가져오나, 하는 것을 알고 있는지? 개중에는 비교적 가벼운 임질이라도 남녀 함께 불임(不姙)의 원인이 되고 몸이 여기저기 아프고 나중에는 눈이 멀어진다. 매독 초기에는 붓고 국부에 빨간 부스럼이 돋으며, 제 三기에 들어서면 온몸 각 기관에 독이 돌아서 아무데나 무서운 모양이 된다. 심하면 미치거나, 손발이 굳거나, 간장(肝臟), 폐, 동맥에 침범하거나 한다. 여성에게는 사산(死産)이나 조산(早産)을 가져온다. 설혹 살아서 태어났다 해도 매독을 가진 어머니의 아이는 유전 매독이 되는 것이 보통이다.

성병은 어떻게 전염하나. 극히 예외를 제하고는 성교(性交)에 기인하는 것이다. 《성 해방》이 주 원인이 되는 것임은 의심할 여지가 없다. 남성에 있어 가장 무서운 이 두 가지 병이 주로 난잡한 성관계에 의해 전염한다는 것은 단순히 우연한 것일까? 아무도 대답할 수 없을 것이다. 그러나 이 문제 속에는 어딘지 모르게 중대한 것이 있음을 느끼지 않을 수 없는 것이다. 서로 사랑하는 한 충실한 남성을 지키는 여성은 성병에 걸릴 위험은 거의 없다. 이런 남성은 첫째 성병을 짊어지고 들어올 것 같지도 않다. 만일 전염되었다손 처도 사랑하는 여성에게 일부러 옮기는 짓은 아마 안할 것이다. 결혼이 수리(受理)되기 전에 혈액 검사를 하면 더욱 확실하다. 이것은 여러 주(州)에서 현행되고 있다.

여기서 다시 알코올에 대한 얘기를 하겠다. 술이야 말로 성의 혼란을 일으키는 큰 책임이 있기 때문이다. 다만 두어 잔 때문에 청춘 남녀는 평생 생각지도 않던 구렁에 빠지게 되는 것이다. 너희들과 같은 처녀가, 절대로 만난 일도 없는 종류의 남성들과 자리를 같이 한다든가, 알코올 아니었다면 결코 일어나지 않았을 그런 상태가 되는 것은 바나 술좌석 이외에서는 일어나지 않는다.

술과 성병을 처녀성에 연관시킨 것은 「톰」이었다. — 그의 논의는 다소 지나친 것 같으나, 그 자신은 절대로 그렇지 않다고 생각한다. 연애도 결혼도 빼놓고 처녀성을 잃는 일에 대한 그의 의견은 아마 너의 흥미를 끌 것이다. "딸한테 얘기하쇼, 딸들이 정말 성의 방종(放縱)을 누리겠다면, 상대편 남성에게서 그 전날까지의 건강체를 확인할 수 있는 건강 증명서를 보이게 하고, 자기도 사후에 곧 의사에게 진찰을 받아야 한다"고. 이건 로맨스가 아니라 지옥이구나. 순결을 잃은 여성이 얻는 것은 무엇일까. 첫째 경험. 여성은 "그것이 어떤 것인가"를 알게 된다. 성에 대한 욕망이 흥분하여 나중에는 성의 방종에 빠진다고 하는데, 그런 것은 안 쓰겠다. 나는 이런 상태가 필연적으로 일어날 것이라고는 생각지 않는다. 그러나 내 나이와 경험에 비추어 성 경험이라는 것은 아무리 잘 생각해 보아도 젊은, 미혼 여성에게는 의심할 정도의 가치밖에 없는 것 같다.

다음에 처녀가 갖는 미묘한 정서가 제거되면, 모종의 남성들을 더 한층 거기에 매력을 느끼게 되어 그 여성을 점점 더 쫓아다니는 경우가 있다. 그러나 잘 기억해 두어라, 성적 방종성 때문에 너를 따라 다니는 남성은 같은 이유로 다른 여성에게도 간단히 끌려들어 쫓아다닐 것임으로.

셋째 순결을 잃은 여성에게는 성적 자유를 느끼게 된다. ─ 맛부딪는 이리떼마다 이 점을 따고 들어, 차근차근 서비스를 하려고 열망할 것이다. 아! 그러나 이리떼들은 이런 일에도 신용할 수 없으며 언제나 새로운 사냥터를 찾아다닌다. 정해진 한 남성을 가지지 못한 여성은 이렇게 되면 성의 음란(淫亂)으로 빠지든가 ─ 이것은 언제나 비극으로 끝난다는 것은 다 아는 사실이다. ─ 아니면 또 성적 실패를 되풀이해 가든가 둘 중에 하나를 택해야 할 막다른 골목에 다다를 것이다. 애정으로 보답을 믿지는 못할망정 욕정(欲情)뿐인 성의 실패를 되풀이해 가는 것은 말로 다 할 수 없는 큰 해를 가져오리라는 것인데, 프로이드학파는 이 점에 충분한 주의를 하지 않는 것 같다.

　네가 결혼을 잘 하려는데 순결에 대한 시비를 이 이상 논의할 필요가 없겠다. 특히 너는 도덕적인, 선량한 여성이 계획적인 가치 있는 남성을 놓치고, 그다지 순수하지도 못한 인물을 택한 실례를 들어 얘기할지도 모른다. 그런 일도 있다. 연애도 인생 그 자체와 같이 도박(賭博)의 요소를 다분히 가지고 있다. 그러나 네가 들 한 예에 대해, 나는 반대쪽 실례를 몇 타(打)든지 보여줄 수가 있다.

　인제 다소 개인적인 감상적인 일을 쓰련다. 「젠」아, 한 두 서너 달 전이다. 뉴욕의 부레부르드에서 식사한 일이 있었는데 그때 너는 몰랐겠지만 옆에 테이블에 있던 유명한 가수(歌手)가 너를 자꾸 돌아다보았다. 거기에는 너와 비교도 안 되는 호화찬란한 옷차림을 하고 얘기도 잘하는 여성들이 많이 있었는데 네가 하필 그 가수의 주의를 끌었는지 나는 잘 알았고 또 나는 너의 어머니라는 점에 자랑을 느꼈다. 그 까닭은 네가 정상적인 감정을 가진 자면 누구나 귀엽다고 느낄 모습 — 밝고 신선하고, 깨끗하고, 정신적으로도 순결한 — 을 나타내고 있기 때문이다.(형용사의 나열인지 모르나 그 점 용서해라). 센스가 있는 남성이라면 그 이상 매력을 느끼지 못할 것이다. 여성은 사랑해 주는 남성에게 사랑으로써 몸을 바치면 이러한 특성을 잃는 일이 없다. 그러나 만일 장난조로 성의 유희에 빠져 그 대가(代價)를 받을 따위의 일을 하면 이러한 특성을 여지없이 부서지고 마는 것이다. 어버이가 딸을 참으로 사랑하고 아껴서, 결혼하기를 절실히 바라는 남성을 위해 딸의 처녀성을 존중히 하는 것은 실로 이 점에 있는 것이다. — 그렇지 못한 길을 택하면 실망과 고통이 기다리고 있다는 것을 너무나 잘 알고 있기 때문이다.

아이, 굉장히 긴 편지가 됐구나! 사생아 문제는 부피가 많으니 다음번으로 돌리자.「젠」아 처녀성에 대한 내 생각을 모두 비평해서 보내다우. 내 딸이 사교부장이라고 충분히 그 직책을 다할 줄 안다.「빌」은 그의 문안도 보내고 싶다는데 그간 편지할게다.

온갖 사랑으로써

어머니 씀

편지 5

# 마음의 상처

　사랑하는 어머니.

　그 일이 정말예요? 저를 보고 있었어요? 왜 이런 일을 제게 알려 주시지 않았어요? 그렇지만 이제부턴 가만히 슬쩍요.

　요즘은 당초 제가 동무들 틈에 끼기만 하면 도덕률이니 윤리니 하는 화제가 되거든요. 거기다 누구나 약속이나 한 것처럼 모두 제게 집중 사격이거든요. 그리고 지금 제가 이 기숙사 안에서 불리는 별명은 《순결 아가씨》예요. 어젯밤에는 전등 줄에 이렇게 써서 매달아 놓았습니다. ─《죄 다음에는 대가가 온다》모두 이런 식입니다. 어머니가 유명해지면 딸이 어느 정도의 벌금을 물지 않으면 안 된다는 것은 알지만, 그래도 이건 너무 지나치지 않을까요. 농담은 그만하고 요전번의 처녀성에 관한 편지는 여기서 대인기입니다. 그리고 두말 할 것 없이 저는 성자(聖者)연 하고 동무들에게 말하고 있어요. 만일 제 모범으로 단 한사람이라도 환락의 자리에서 이끌어 낼 수 있다면 저는 제 생애의 보람을 느낄 것이에요.

그러나 저희들은 모두 상당히 근심하며 슬퍼하는 일이 있습니다. 즉 어머니가 말씀 하신 그런 의미에서 남성들 떼가 「샤-레」얘기로 쑥덕공론이 랍니다. 「샤-레」가 너무 간단하게 자기를 내 던져서 「팀」에 기숙사에서는 모두 웃음꺼리로 안다나요. 모두들 「샤-레」를 《김빠진 처녀》라고 부치고 그 애와의 체험을 서로 자랑한답니다. 그 애는 친구를 만나러 오는 청년들에게 까지 유혹하러 덤비는 것이에요. 어느 날 밤도 「밀」이 때마침 찾아온 보이 프렌드와 담화 실에서 얘기하고 있을 때, 「샤-레」가 살이 다 비치는 얇은 옷을 입고 들어왔다 나요. 아무도 없는 줄 알았다고 하지만 「밀」은 처음부터 계획적이라고 합니다. 그리고서 천연스레 앉아서 얘기에 한 몫 끼어 그 사람이 돌아 갈 때까지 거기 있었대요.

어느 남성들은 그 애를 이용하여 키스나 그밖에 일을 하고는 일일이 그것을 자기의 《애인》들에게 들려준답니다. 「샤-레」는 아름답게 생겨서, 그렇게 선동적인 태도를 꾸미지만 않으면 더 야단들을 할 텐데 참 아깝군요.

「샤-레」는 상당히 불행하고 퍽 괴벽한 생활을 해 왔기 때문에 우리들은 모두 그 점에서 동정합니다. 그 애가 「또디」에게 — 우리는 우리들의 트러블을 모두 「또디」에게 의논하는데 — 얘기한 바에 의하면 「샤-레」의 어머니는 아직 「샤-레」가 아주 어렸을 때 아버지와 이혼하고, 그런 뒤는 수많은 친척 집으로 이리 저리 신세를 지고 굴어 다녔답니다. 그 사람들을 「샤-레」는 하나도 좋아하지 않았고, 또 그들에게서 한 조각의 호의도 받아 본 일이 없답니다. 그 애는 어머니와도 잘 맞지 않았답니다. 보기에는 아주 날씬하고, 남성들의 마음을 끌지 않고는 못 베길 것 같은 미인이예요.「샤-레」는 어머니의 미모와 그 포로가 된 사나이들을 자랑스럽게 얘기하지만 한편 그런 사람들을 꽤 미워하는 것 같아요. 사실 그 애는 모든 일에 반감을 갖거든요. 자 이게 배경입니다. 무엇이 일어났는지 벌써 아시겠지요. 어머니의 편지가 닿았을 때, 너나할 것 없이 모두 하던 일을 집어 치우고 왁작거리며 모여 들었습니다. 정말 온통 기숙사생 전체가 말예요. — 만일 이 이상 계속되면 이제부터는 회의실로 옮겨야겠다고 생각합니다.「에디」는 어머니 생각이 참 훌륭하다고 합니다. 어머니 말씀하시는 방향으로 해 나가겠답니다. 그리고 다른 아이도 대개 찬성이며,「에디」같은 아이는 신바람이 나서 그 훌륭한데 대한한 열변을 토하려고 의자 위에 튀어 올라갔습니다. 바로 그때에「샤-레」가 뛰어 들었습니다. 그 애는, 어머니는 어머니가 말씀하시는 것을 당신께서도 잘 모르실 것이라고 했어요. 아마 그것은 어머니의 처녀 때 얘기요 지금은 사정이 판이 하다는 것입니다. 성을 어떻게 취급하면 좋을까를 알아서 그것을 최대한으로 이용하는 일은 여성에게 있어 상당히 재미있는 일이라고 합니다. 어머니들이란 그런 재미있는 것을 자기들에게 맛보이지 않기 위해 실제로 자기들은 조금도 그렇지 않은데도 불구하고 이런 소리를 해서 우리를 훈계하는 것이랍니다. 그리고 마지막으로 "나 혼자의 의견은 이런 동전 한 푼의 값어치도 없는 처녀성 따위를 헌신짝처럼 벗어 버리기 위해더 기다릴 것이 없단 말이야"고 하는 것입니다. 우리는 모두 어이가 없었습니다. 조용해 버렸습니다. 바늘 떨어지는 소리라도 들릴 정도로 긴장된 침묵이었습니다. 「샤-레」가 이렇게 극도로 흥분한 것은 보기도 딱한 일이었습니다. 덕행(德行)이야말로 최상의 코— 스며 향락을 쫓아 놀아난다는 것은, 영락없이 우리가 가장 바라는 것을 잃는 것 밖에 아무것도 아니다 하는 것이, 마치 실제로 그 애에게 무슨 육체적인 상처라도 주는 것인 가고 생각될 정도였습니다. 「또디」가 이 서슬이 퍼런 공기를 녹여 주었습니다. 「또디」는 타고난, 친절하고 부드러운 태도로, 「샤-레」의 생각은 잘 알지만 전연 틀린 것이라고 분명히 잘랐습니다. 이제 한 일년만 더 있으면 더 바른 의견을 갖게 되겠지 했습니다. 즉 말하자면 「젠」어머니가 아주 깨어진 사발이 되기 전에 이런 분별없는 무지한 행동에서 우리를 지켜주시려는 것이지 그밖에 다른 아무 악의가 없다는 것을 알게 될 거라고.

거기에 용기를 얻어, 나는 「팀」이 얘기해 준 남학생들과 같이 놀러 다니는 아이들에게 대해야 할 태도에 관해 두 서너 가지 일을 되풀이 여러 아이들에게 얘기했습니다. 그 후에 「밀」은 어머니에게 여러 가지 질문에 대한 회답과 그보다도 정말 술직하고 조금도 자극적이 아니면서, 잘 알도록 해주시는 노력을 감사하고 모두 답례하는 사인을 하자고 제안했습니다. 일동 찬성으로 먼저 「밀」이 허두를 쓰기 시작했습니다. 여기에 동봉(同封)합니다.

「샤-레」는 빨애서 잠자코 있습니다. 그리고 자기 차례가 오기 전에 공부가 있다고 하며, 한마디도 쓰지 않고 나가버렸습니다.

누구 하나 뭐라고 하지는 않았지만 모두 저처럼 몸서리친 것을 저는 다 알고 있어요. 불상한 「샤-레」, 그 애는 필요도 없는데 공연히 자기 자신을 불행을 만들고 있어요. 그렇다고 어떻게 해 줄 수도 없지 않지요.

다른 아이들은 모두, 이제 사인으로 아시겠지만 어머니 편지를 여간 기뻐하지 않습니다. 남편 될 사람이 나타나기 까지 단단히 처녀성을 지키겠다는 데로 모두 개종해 버렸습니다. 여기에 대해서는 이만하고 — 어머니는 아마 귀중한 딸 소식을 이것저것 듣고 싶으시겠죠. 정말 우리들이 경험으로써 배울 바가 많은가 보죠. 어머니가 토요일마다 큰 일, 더욱이 복잡한 일을 맡고 계셨던 때의 염려도 꽤 알 것 같군요. 뭐니 뭐니 해도 저는 미용상 적당한 잠이 필요하다고 했고 「빌」은 「빌」대로 연못에 가서 새끼 까마귀가 둥지 트는 것을 보겠다고 천지가 떠나갈 듯 떠들어댔죠. 철없는 저희를 상대로, 사실 어머니는 틈이 없으셨지요.

아시다시피 저는 사교부장으써 금주 사교시간을 준비해야 합니다. 우리는 꽤 대대적인 모임을 구상했습니다. 공부는 울고 싶도록 밀리고 — 이렇게 파득거리기는 처음이에요. — 그래서 누구든지 도와달라고 했으나 대개 모두 싫다고 합니다. 이유도 없이 거저 《노-》에요. 《할 일이 태산 같아》하는 아이도 있고. 그러나 단하나 여태껏 상대도 안했던 아이가 자진해서 원조해 주어서 퍽 많이 살아났습니다. 대체 우리 친구들이 어데 갔을까? 약속이 있어 나갔나? 아니 나도 열심히 해야 할 시험공부에 골몰하고 있나? 겨우 두 사람 끌고 와서 무리로 좀 도와 달랬습니다. 다른 패들은 우리가 바쁘게 일하는 데 와서 좀 지껄이다가 일이 밀렸다고 가 버렸습니다. 몇몇 사람이 끝까지 도와주었고 — 그중 둘은 할 수 없이 억지로. 저도 여러 번 어머니에게 이런 인상을 드렸을 것이라고 후회합니다(아이 참 제가 어른이 된 탓일까요).

그러나 모두 근사한 애들이에요. 사교부일 때 도와주었으면 하고 제가 생각한 때는 나오지 않았지만 매우 열심이며 재미있는 사람들이에요. 저는 그 애들을 알았기 때문에 얼마나 배웠는지 모릅니다.

끝으로 어머니는 어떠신지요. 거리에는 무슨 일이 없어요? (질문사항, 우리의 거리에서 무엇이 일어날 가능성이 있을까요.) 「빌」에게도 안녕히 — 이번 공부가 끝나는 대로 편지를 쓰겠어요.

만일 〈나의 학교〉를 창립하면 — 청춘 남녀 교제에 대해 고도의 교육과정 이외에는 — 아무런 공부를 필요하지 않는 제도로 할 작정이에요. 우리가 주려는 유일한 학위(學位)는 MRS, (미세스)에요. 그리고 어머니가 전 클래스를 담당하셔야 되요.

그럼 「제니」에의 회답을

하루 속히 주시기를

「젠」 올림


귀여운 내 아가야.

딱하지. 그래 부레부르드 일 때문에 나도 무슨 일이나 일어나지 않을 까고 은근히 걱정은 했다만 설마 네가 〈순결 아가씨〉라고 불리리라고는 꿈에도 몰랐다. 너희 젊은 애들이 그럴듯하게 서로 흥을 잡아내서 골려 먹는 것에 나는 아직 익숙지 못한가 보다. 너희들은 옛날의 우리보고 「순한 양(羊)」이라고 불렀을 것이다. 어쨌든 이제부터 네가 핍박을 받을 만한 짓은 안할 테다. 적어도 그렇게는! 이 편지는 너 혼자 읽어라. 다른 친구들에게는 보이지 않도록 — 왠지 곧 알게다. 요전 날 네 편지를 받은 후 나는 쭉 「샤-레」가 나의 처녀성에 대한 의견에 반발해 온 일을 생각하고 있었다.

이 문제에 들어가기 전에 한 마디 — 저 처녀성 문제의 편지에 대한 여러분의 그럴 듯한 반응은 얼마나 나를 기쁘게 해 주었는지. 남의 집 딸을 위해 도의적 문제를 생각해 준다는 것은 여간 신경이 쓰이는 법이 아니다. 너무 지나치지나 않았을까 좀 모자랄까. 혹시 오해를 사지는 않을까…… 하고 편지 부칠 때 마다 나는 언제나 이렇게 번민하는 것이다. 어떤 때는 나를 아무것도 모르는 늙은이라고 할까. 어떤 때는 젊은이들을 타락시키는 나쁜 어머니가 아닐 까고 생각해 보곤 한다. 여하간 도덕에 관한 문제라고 하면 나는 기묘하게 신경이 과민 되는 것이다. 아마 이것은 아직 내가 용감히 문제에 직면해서 씨름을 한 일이 없기 때문일지도 모른다. 「샤-레」 밖의 여러분이 나의 처녀성 문제의 분석을 유익하다고 생각해 주신데 에 큰 기쁨과 무한한 위안을 받았단다.

나는 「샤-레」에 대해 생각해 봤다. 그 애가 내 설에 찬성하지 않았다는 까닭이 아니라. — 본시 나는 열렬한 반대를 기대하고 있었다. 그런데 이와는 다른 「샤-레」의 반대점과 태도에 대해서

다.

　남성들은 정조에 대해 흐리멍텅한 여성의 약점을 타서 알랑거
리나 속으로는 여성을 경멸한다고 쓴 대목이, 사실 육체적으로
「샤-레」를 꼬집은 것처럼, 보기도 딱하게 흥분해서 반대했다고.
그러나 나의 설이 진실이란 것은 「팀」이 말한 것을 미루어 알 수
있다.(특히 요즈음 네 편지에는 "「팀」이 그러는데"라는 표현이
잦게 되었더라. 너희들 두 사람도 순조롭게 진행되는 것을 기쁘게
생각한다. 그의 기숙사 생활의 보고를 들을 수 있는 것을 행운이
라고 생각지 않니? 있는 그대로의 남성의 견해를 안다는 것은 어
리석은 여성의 저 잘난 맛을 깨뜨려 주는 좋은 방법이다). "네게
나 다른 처녀들에게 처녀성을 지켜 나가는 것이 최상의 코스"라
고 한 나의 결론에 대해 「샤-레」는 문제를 제출한 셈이다. 너의
어머니는 틀렸다. 「젠」 "이런 동전 한 푼에 값어치도 없는 처녀성
을 벗어 던지기 전에 나는 더 기다릴 아무것도 없다" ─ 제 아무
리 사상적으로 비약한 처녀라도 이런 반응은 결코 건강한 것이 아
니다. 여러분들이 든든히 나를 지지해 준다는 것은 참 건전한 일
이다. 이 일을 「샤-레」에 대한 네게서의 회화에서 종합적으로 생
각해 보아 처녀성 문제가 그 애를 그렇게까지 아프게 한 것은 결
국 자기가 그릇된 길로 들어가게 된 것을 알았기 때문이다. 더구
나 강렬한 감정적 이유에서 거기에 휩쓸리고 있는 것을 스스로 환
히 내다보고 있기 때문이라고 생각한다. 실제 문제로써 그 애가
부질없이 성의 향락에 빠졌다고는 절대로 안 믿는다. 상처를 아물
려 버리려고 애정을 찾아 헤매는, 그 때문에 모든 남성들 앞에 체

면도 없이 자기 자신을 맡겨 버리고 기숙사의 웃음 꺼리가 된 것이라고 생각한다. 지금까지 몇 번이나 예로 인용해서 아마 너도 알겠지만 다음과 같이 말한 사회학자가 있다. ― "성문제를 일으키는 대다수의 처녀는 사랑을 구하는 것이다. 그것은 그들의 가정에서는 결코 얻을 수 없는 것이기 때문에"라고.

전쟁 중에 열셋, 넷, 다섯 살 쯤 된 소녀들이, 오가는 사람 중에서 놀 상대를 구하러 밤늦게 거리를 헤매는 것을 보았는데 그런 아이들에 대해서도 나는 이런 것을 연상했다. 이것은 「샤-레」와 같은 대학생에게도 적용될 것이다.

네 편지에 의하면 「샤-레」의 환경의 악조건은 여기에 꼭 들어맞지 않니. 이혼한 어머니에게 남겨진 아이로써 근거 없는 생활, 어느 누구하나 알뜰히 생각해 주지 않는, 여지까지의 생애에서 얻을 수 없던 애정이나 친절을 얼마나 그 애는 갈망했을 것인가는 상상하고도 남겠지. 아마 남성들과의 경험이야말로 그런 것을 베풀어줄 길일 것이라고 생각하는 게지. 불쌍한 「샤-레」, 그 애는 처녀가 그 여성으로써의 품위와 정조를 희생하고 사랑과 우정을 얻을 때는 무엇이 이러나는가 하는 고리타분한 실례를 또 하나 남기려는데 불과한 것이다.

남학생들이 그 애를 《김빠진 처녀》라고 부르고 남학생을 유혹하려고 천한 행동을 한다는 것을 네가 「팀」에게서 들었다고 했을 때, 소름이 끼쳤다. 이거야 말로 남성의 잔인성이라는 게다(생각나는데 우리 학생 시절에는 너의 아버지 학교 친구들이 이런 희미한 처녀들을 《찌게벌레》라고 불렀단다. 왜 그런지 알지. 뻔한 일이다). 유감스럽지만 마음의 상처를 고치기 위해, 혹은 자기에게 못되게 구는 자에게 복수하기위해, 여성의 도의심을 집어 던질 때, 그 여성이 걸머져야 할 것은 참으로 깊은 상처와 더욱 큰 손해 밖에 아무 것도 없다. 그런 것의 기억을 더듬으면 얼마든지 예가 많다.

그야말로 엉망진창으로 생활하던 두 부인이 있었단다. 이런 타입의 여인으로써 내가 아는 사람은 이 둘 뿐이었는데, 애정이 없이, 덮어놓고 의심만 하려드는 전체주의적 어버이에의 반항에서 청청한 그의 생애를 뒤죽박죽으로 망쳐놓은 것이다. 제 멋대로 자란 어느 아가씨는 잘 알지도 못하는 사나이와 집을 나갔다. 그것도 단지 그 사나이에 대해 어버이가 좋지 않다고 했을 뿐인 이유 때문인데, 그래서 그 애는 비참하기 짝이 없는 실로 천한 경지에 빠졌단 말이야. 그리고 이건 요 며칠 전에 들은 얘긴데 어느 좋은 가정의 아가씨가 약혼자에게 배척된 상처로 자포자기하여, 불장난에 눈이 어두운 나머지 악당과 처음이며, 단 한번의 교섭으로 임신했다는 것이다.

유혹은 젊은 사람에게만 한하는 것이 아니다. 우리 친구 중 아주 불행한 결혼을 한 사람이 있었다. 그 남편의 속임수와 불성실함은 이로 다 할 수 없는 것이었다. 후에 그 부인이 내게 고백했는데, 결혼 후 오랜 세월을, 붙들고 울 수 있는 남성의 어깨를, 그리고 있는 불행을 모조리 통터러 얘기할 수 있는 부드럽고 동정 있는 남성의 귀를, 미치듯 갈망했더란다. 그런 시련을 뚫고 드디어 그가 도달한 결론은

1. 슬픔과 한숨의 쓰레기통으로써 남성을 구하는 충동은 남성을 눈물의 장벽으로 이용하는 것뿐이다.
2. 그의 현 심경으로써는 설사 자기에게 귀를 기울이는 남성을 발견한들 그것은 결국 같은 불행을 경험하는 재판(再版)이 될 가능성이 많다.

라는 것이다. 총명한 그는 그의 마음에서 여러 가지 로맨스를 쫓아내고 자기의 생애에 낭비된 생활의 단편을 추려 정리하기에 여념이 없었다. 그 일이 좋은 결과를 가져올 때쯤, 별로 적극적인 아무 노력도 안했을 때, 한 원만한 남성에게서의 행복하고 아름다운 애정이 주어진 것이다.

도덕적 문제에서 특히 중요한 점은 — 처녀성에 대한 편지에서 있었는 데 — 이성에 대한 태도가 그때 그때의 충동이나 자극에 지배될 것이 아니다. 그런 천박한 조건에서 주어질 수 있는 것으로써 애정은 너무나 행복의 관계에서 귀중한 것이다. 사랑을 구하기 위해서 도덕상의 청결과 신용을 내 던지는 것은 오히려 가실 수 없는 마음의 상처를 받는 결과가 된다.

인생에 퇴폐(頹廢)나 혼란을 가져오지 않고 영속하는 만족을 가지고, 미와 품위를 더하기 위해 최상의 기회를 가추고 있는 코스는 대체 어데 있을까? 성 행위는 이러한 점을 기준으로 하여 결정될 일이다. 감정을 만족시킬 대답으론 부족하다. 감정과 동시에 이성이 만족할 그런 결론이기 전에는 모든 것을 파괴로 이끌 맹목적인 행동은 절대 금물로 하자.

그것은 성의 실패란 참으로 심한 황무지를 초래하기 때문이다.

어버이가 이토록 걱정하는 것도 — 아이들 생각에는 전혀 지나친 간섭일 정도로 — 젊은이들의 성적 경향에 마음을 괴롭히는 것은 모두 이 때문이다. 자기 행동의 의미를 확실히 의식할 수 있는 나이가 되기도 전에, 단순히 분별이 없기 때문에 무모한 짓을 해서 생애의 지침(指針)을 돌려 버릴지도 모른다고 어른들은 근심하는 것이다.

다행이 「샤-레」는 아직 돌이킬 수 없는 정도는 아니다. 너무나 강렬한 성 경험에의 동경이 오히려 남성들에게 반감을 갖게 하는가 보다. 그러나 그런 태도로 그냥 나가면 조만간 그 애의 처녀성을 빼앗을 남성을 만날 것이다. 그리고 그런 경우 만일 상대편이 그 애의 감정을 조금이라도 생각해 준다면 그야말로 기적이다. 그래도 그런 일은 아마 없을 것이다. 이렇게 해서 다음에는 어느 점에서, 맨 처음에 가진 상처보다 더 큰 고통을 갖게 될 것이다. 만일 진실로 그 애에게 끌리는 남성이 있다 하여도 그 사람은 언젠가 한번 그 애에게 대한 조롱을 듣게 될 것이다. 온 기숙사의 까싶에 도전하기 위해 그의 애정은 아주 넓고 굳은 것이 아니면 안 될 것이다. 귀여운 「젠」, 나는 너나 너의 친구들을 새삼스레 똑똑하다고 본다. 그중 하나는 「샤-레」의 주장에 굴복하지 않은 것 — 그러한 급진적인 사상이 무엇에 유래하는지 여러분도 알 것이다. 그것은 흔들리고 있는 감정에서 나오는 것이며 그런 주장아래서 행동하는 결과는 말썽과 두통꺼리를 자아 낼 뿐이다. — 둘째로 「샤-레」와 같은 환경에 놓인 사람은 비난보다 동정해야 한다는 너희들의 현명함과 동정이 풍부한 마음씨다. 내가 너희들 나잇살

엔 그렇게 못 했을 것이다. 하물며 너희들처럼 자기 데이트를 파헤치고 《친구를 빼앗기게 되는 경우에도 말이다.》 생각하면 우리들 시대에는 너희들처럼 여러 가지 문제에 대해 여럿이 모여 얘기한다는 일은 전연 없었다. 참 좋은 일이다. 그리고 「샤-레」와 같은 입장에 선 아이들을 돕고 올바른 인생관을 갖도록 하기 위해서는 그렇게 여럿이 모여 의논하는 것이 가장 좋다고 생각한다. 그 애가 아무리 그릇된 생각을 발표했건 너희들은 그것을 넘어설 수가 있고 동시에 한편으로는 어떤 일을 생각하던, 얘기하던 「샤-레」에 대한 너희들의 호의와 우정에 변함이 없다는 것을 깨닫게 할 수도 있는 것이다. 이것은 너희들이 그 애를 아주 돌려뱅이 치고 그 애에게 자기가 생활의 온갖 면에서 쫓겨나고 있다고 느끼게 하는 것보다 더 우수한 효과적 방법이며, 너 자신에게도 앞으로 언제까지나 따뜻한 우정의 기억이 되어 행복감을 가질 것이다.

마지막으로 좋은 뉴스 하나가 있다. ─ 네 동생이 애인을 가게 됐다. 그게 어떤 변화를 가져왔느냐 하면? 어제 오후 내가 돌아오니까 언제나 좋아하면 부기우기 대신 심포니를 듣고 있단 말이야. 몹시 멋쩍은 듯, 음악 감상반이 어떠니 하고 자꾸만 중얼대더라. 이것은 분명히 연애란다. 엄마는 첫사랑이 얼마나 달콤하고 로맨틱한 건지 까맣게 잊어 버렸다. 이런 경지에서 언제까지 머물러 있었으면 얼마나 행복하겠니, 뭐 불가능하지는 않을 것같다 ─ 어떤 거면 좋을지 한번 생각해 보자.

강물과 같이 흐르는 사랑을

어머니 씀

편지 **6**

# 아버지는?

사랑하는 「젠」과 그 동무들에게.

내가 쓴 처녀성에 대한 편지를 모두 읽어 주었다니 대단히 기쁘고 감사하다.

「루스」의 솔직한 "당신께선 마치 남성을 원수처럼 말씀하시는 군요. 그래도 저는 남성이 좋아요, 안될까요." 라는 곳을 읽고 나도 모르게 웃었습니다. 나에게는 당장 쓰고 싶은 사상적 사실이 많이 있는 것입니다(결코 당신네 생각이 모자란다는 게 아닙니다. 「루스」, 나도 남성을 좋아합니다. 여태까지 우리는 남성을 너무 심하게 다뤘는지도 모릅니다. 편지로써). 먼저 「제니와의 약속을 지켜 사회에서 비합법인 결혼에 대한 강한 비난이 옳은지 그른지, 그리고 적어도 독립할 수 있는 부인의 비합법 결혼을 언제까지나 비난하는 것이 정당한지 아닌지를 생각해 봅시다(「제니」 이것이 그대가 생각하던 일이죠? 그렇죠?).

　귀여운 「제니」당신은 어쩌면 이렇게 어려운 문제를 내놓았소. 미국에서는 몇 십만 아니 몇 문제를 내놓았소. 미국에서는 몇 십만 아니 몇 백만이라는 여성이 보통 남성들처럼 가족을 부양할 수 있는 수입이 있답니다. 사실 혼자서 가족을 부양하는 여성이 얼마든지 있습니다. 또 나처럼 절박하게 모성에 대한 여성의 욕구가 얼마나 큰가 하는 일. 개인 뿐 아니라 사회 전체로써도 훌륭한 여성이 어머니가 될 수 없었던 때의 큰 비극을 아는 사람은 없지 않을까 생각합니다.

　만일 내게 아이가 없었으면 그것은 인생 최대의 실망이었을 것입니다. 아무리 큰 사업에 성공을 해도 이 허전함을 채울 수는 없을 것입니다. 지금의 내가 나보다 훌륭한 소질을 가진 부인들에게 이런 혜택을 주지 말자고 주장할 수가 있겠습니까.

　도 합법적으로 결혼하지 않은 부인과 그 아이들에게 사회가 묵인하는 데 대해 여러분들이 어떻게 생각하는지도 잘 압니다. 젊었을 때 나도 슬쩍 보기에는 올바른 사회 비판에 대해 크게 의문을 느낀 때도 있었습니다. 아주 똑 같이 참 연애를 경험하고 전혀 같은 경과를 지나 임신한 두 여인이 단지 목사나 혹은 판사 앞에서 두어마디 중얼거렸다는 차이로 한쪽은 축복을 받아 모성을 만족시키고 다른 한편은 치욕을 받고 박해를 받는다는 것은 암만해도 틀려먹은 것 같다고 의분을 느꼈습니다. 「젠」도 같은 의견이겠지. 그러나 만일 내가 "비합법적 결혼을 비난하는 이유는 전혀 없습니다. 상관없으니 어서들 하시오." 라고 해서, 그래서 여러분 중 몇몇이 이를 감행하고 그들이 행복해지지 않았다면 나는 어떤 심정이겠소.

정말이지 나는 이 문제에 들어가지 말까하고 몇 번이나 망설였습니다. 이것은 참으로 큰 문제며 대부분은 현재의 여러분의 경험 밖에 속하는 것인데, 나는 깊이 생각지도 않고 여러분에게서의 어떠한 질문에도 대답하겠다고 약속했습니다. 잘 생각해 보면 이것은 이제부터 생각해야 될 더 직접적인 도덕상의 문제와도 연관이 있는 것입니다.

「제니」가 정말 말하려던 것은 다음과 같겠지요. 남성의 신세를 지지 않고 자기나 아이가 생활해 나갈 수 있는 경제력을 갖는 요즈음, 성 경험보다 반드시 합법적인 결혼 수속을 밟지 않으면 안 되느냐는 점입니다. 이것은 절실한 문제입니다. 그리고 현재 혼란된 도덕의 핵심에 육박하는 것을 가지고 있습니다.

그럼 이 문제와 결부시켜 척척 해 치웁니다(이 말투는 어때? 반갑지 않아 「제니」!). 나는 요점만 얘기하겠으니 더 묻고 싶은 게 있으면 사양치 마십시오.

내가 여러분만 했을 때, 꽤 오래 됐지만 합법적으로 결혼하지 않은 어머니들에 대한 나의 동정과, 이 세상에 태어난 일에 대해 아무런 변명을 갖지 못한 어린이들에게 사회의 낙인을 찍는 것에의 불합리는 여전히 변함이 없습니다. 그러나 왜 내가 사생아를 갖는 일에 대해 사회가 비난하는지, 적어도 여성에게 있어서는 결혼 이외에 성적 결합에 강한 제제를 하는지는 차차 안 것 같습니다.

나의 의견이 차차 변하기 시작한 때 「젠」을 낳고 얼마나 안 있다가 사생아들의 어머니 수용한 「홈」을 찾아간 일이 있습니다. 나는 몸조리를 못해 비틀거리는 — 평균 열여섯, 혹은 열둘이라는 사람도 하나 있었는데 — 이러한 젊은 어머니와 그 아기를 보고 있는 동안 만일 내가 이런 장소에서 어린애를 안고 혼자 사회에 나가야 한다면 하고 생각했습니다.

그때의 나는 결코 어린애는 아니었습니다. 칼레지 학위도 가졌고 몇 해인지 직업도 가진 경험이 있었습니다. 그래서 이 「홈」에 있는 사람들에게 비하면 훨씬 독립할 능력을 갖고 있었던 것입니다. 그래도 장래를 상상하고는 몸서리 쳤습니다.

「젠」아버지가 돌아간 후, 직접 체험한 바도 많습니다. 나의 입장으로써 가장 쓰라렸던 것은 아버지 없이 아이를 기른다는 고독감이었습니다. 의논할 상대도 없고 「젠」과 「빌」이 뛰어나게 좋은 성적을 받아도 그 기쁨을 나눌 사람도 없다는 것—특히 아이들이 어린 때 내게 무슨 일이 일어나면 이 철없는 어린것들이 어떻게 될 것인가 하는 걱정이었습니다.

남편의 조력 없이 아이들을 키운다는 것은 생활을 위해 마루 닦기나 빨래를 할 필요도 없고 세상 사람이 모두 동정을 해 줄 때조차 결코 쉬운 일이 못됩니다. 그 증거로서 어떤 과부든지 자기 딸이 이렇게 되었으면 좋다고 생각하는 사람은 하나도 없을 것입니다.

이것이 우리가 보기에 지나친 도덕적 속박(束縛)이 필요한 첫째 이유입니다. 어떤 처녀든지 정작 현실적인 어머니가 될 때까지는, 분만하기 전의 어머니의 가냘픔, 새로 어머니가 된 사람의 연약함, 힘센 팔에 의지할 수 있는 고마움, 등을 깨달을 수는 없으리라고 생각합니다. 그러나 우리들이 사회라는 이름으로 부르는 이 정체 모를 기구(機構)가 그 간의 소식을 알고, 어머니와 아이에게 많은 보호를 하고 있는 것입니다. 우리들의 선조들이 최대의 보호자 곧 남편이란 것 없이 어머니가 되려는 분별없는 딸을 제지했다고해서 그것을 우리가 너무 비난한다는 것은 좀 어떨까요.

인생과 그 쓰라린 경험이 우리에게 가르쳐 준 제의 사실은 아이들 교육에 아버지와 어머니가 함께 필요하다는 일이었습니다. 우리 부인들이 아무리 노력해도 어린 아이들이 아버지 없이 자라날 때는 어딘지 모를 손실을 갖는 법입니다. 내가 부럽게 생각하는 가정은 재산이 있던가, 좋은 집에 살던가, 여러 가지 특권이 있던가 하는 것이 아니라, 애정이 넘치는 그리고 아이들에게 관심을 갖는 아버지가 있는 가정입니다. 신용 있는 보육원에서는 아무리 훌륭한 인물이라도 독신 부인에게는 양자로써 아이를 주지 못하게 되어있는 것을 여러분은 아십니까? 사랑에 굶주린 부인이, 있는 애정을 다 발동시켜 아이를 귀여워할 것은 사실이지만, 그 부인이 길러내는 것은 어리광쟁이에 신경질에, 불행한 존재밖에 못 되며 원망한 성격의 유용한 인물은 될 수 없기 때문이겠죠.

어머니가 혼자의 힘으로는 아이를 위해 가정을 꾸밀 수 없고, 양육해 갈 수 없는 어려운 경제적 사정 속에서는 또 다른 종류의 사회의 부담이 됩니다. 앞서 말한 것처럼 여러분의 질문에 대답하려고 사회사업가를 소년재판소로 찾아간 일이 있습니다. 그리고 죄를 범한 대부분의 소년들이 비합법 결혼에서 태어났다는 것을 알았습니다. 여러분도 이것을 들으면 놀랄 것입니다. 이들 소년들은 어렸을 때부터 방랑생활을 하든가 불친절한 친척들과 살았던 모양입니다. 감화원에도 꽤 많은 자들이 있는데 기적이 일어나지 않는 한 장래 행복한 생활에 들어가기란 그른 일입니다.

문명의 여명기(黎明期)에서, 지금 우리가 살고 있는 사회에 가까운 최초의 형태가 생긴 그 옛날에 아버지의 보호와 지도를 받지 않은 모자가 부락민들에게 끼친 폐는 심하여 이런 모자에게 낙인을 찍은 것이 아닐까요. 낙인을 취소만 한다면 모자를 보호할 아버지가 없다는 본질적인 결함을 메울 수가 있겠습니까? 나는 그렇게 생각지 않습니다.

비합법 결혼을 포함한, 어머니뿐으로 자란 아이가 훌륭한 인물이 된 실례가 없다는 것은 아닙니다. 「제니」나는 그대가 이름을 든 사람들을 정죄하려는 것이 아닙니다. 한 사람의 「에밀리 한」이나 한사람의 「이브링 스캇트」에 대해 수천 명의 여성들이 자발적이건 아니건 스스로의 짐을 질 수 없어서 실패하는 것입니다. 비합법 결혼으로 가장 행복해진 어머니라도 예외적인 여성 외에, 자기와 같은 길을 밟으라고 권할지 의심스럽다고 생각합니다.

셋째로 다음과 같은 사실에 주의 해 주십시오. 영속하는 애정의 관계 — 합법적 결혼 — 없이 아이를 낳을 때 장래 여러 가지 복잡한 문제를 일으킬 문을 열었다고. 여러분은 대개 조만간 연애를 하게 됩니다. 그러나 아이에게 의붓아버지를 준다는 것은 여간 어려운 일이 아닙니다. 많은 부인들은 자기는 행복을 찾고 그 갚음은 아이가 받게 됩니다. 더 양심적이거나 혹은 선견지명(先見之

明)이 있는 부인은 아이를 위해서도 연애를 단념하고 있습니다. 만일 과거에 행복한 결혼 생활의 경험을 가졌다면 또 참을 수도 있겠지만 그렇지 않으면 꽤 쓰라릴 일이겠지요.

나의 넷째 이유는 아이가 의붓아버지를 따르지 않든가 존경하지 않든가 하는 일입니다. 맥킨레 컨터는 그의 생동력 있는 저서 「아침을 기다려라」에서 특히 이 점을 강조하고 있습니다. 그의 양친은 물론 합법적 결혼을 한 사람들이었는데 어머니가 상당한 이유로써 이혼했습니다. 그런데도 불구하고 컨터는 아버지에게서 알 수 없는 그림자를 보았기 때문에 소년시절서부터 치욕과 고독감에 사로잡혔다고 되풀이 썼습니다.

아이들에게 있어 아버지가 어머니를 사랑하지 않았다. 적어도 결혼할 만큼 사랑하지 않았던 일, 그리고 그 자신이 세상에 뿌린 생명에 대해서도 아무 관심을 갖지 않는 사나이라는 것을 아는 일은, 감정상으로도 큰 장애가 될 것입니다. 사생아의 경우와 예컨대 전사해서 한번도 보지 못한 아버지의 아이의 경우, 여기가 차이점입니다. 과부는 만일 아버지가 살아 있었으면 언제나 같이 지내고 가득 찬 사랑으로 아껴주었을 것이라고 확신합니다. 이것이 과부생활 전선에서 원동력이 되는 것입니다. 아이에게 있어서도 힘과 의지가 될 것은 의심할 여지가 없습니다. 원래 어린애의 출생에 대해 조금이라도 정상에서 벗어난 경우 이것을 요리조리 감추려는 것은 세상 사람들의 쑥덕공론보다도 아이의 장래를 생각하기 때문입니다.

내가 아는 훌륭한 어떤 부인은 사정이 사정이라 결혼을 했습니다. 상대편은 처음부터 그 부인을 숭배하였고 결혼을 열망했었습니다. 그런데 그 부인 편에는 또 그대로 이유가 있어 결혼을 거부해 왔었는데 임신했기 때문에 할 수 없이 결혼을 했습니다.

그 사람은 친구들에게 이렇게 얘기했습니다. "나는 부끄럽다고 생각지 않는다. 도덕을 결정하는 것은 애정이요 형식이 아니니까. 딸이 크면 이 일을 잘 알도록 가르쳐 주겠어." 이건 꽤 오래된 일이지만 지금은 통이 문제를 입에 담지 않습니다. 이 어머니는 지금에 와서 모든 것을 잊어버리고 싶은 것이라고 나는 미루어 볼 수 있습니다. 그것은 그 부인 자신을 위한 게 아닙니다. 친구 간에도 아무렇지 않으나 그러나 아이에게는 의혹과 불안의 무거운 짐을 지운다는 것을 겨우 알았기 때문입니다. 우리들 나잇살의 사람들을 이렇게 보수적으로 만드는 것은 여러분 젊은이들입니다.

이런 이유를 생각하는 동안에 — 그리고 이 문제에 대해서는 꽤 신중히 했습니다. — 나는 다음과 같은 사실에 생각이 갔습니다. 즉 이러한 일은 인생의 경험이 적은 처녀로써는 자기 뱃속에 생명을 갖기 전에는 이해할 수 없는 것이란 것을. 그러나 그때에는 이미 소 잃고 외양간 고치기란 말입니다. 그래서 기록된 역사 이전부터 성의 향락에 앞서 결혼의 형식이 필요하게 된 것이 아닌가 생각합니다. — 남녀가 생애를 함께 살아나가는 일을 맹세하는 이 식전(式典)을 올리고, 그리고 남성도 성 생활의 결과에 대해 여성과 함께 책임을 지게 되는 것입니다.

욕망 중 성적 욕망이 새 생명 창조란 신비와 관계를 갖습니다. 성 욕구에는 다른 욕망보다. 훨씬 강한 감정이 붙게 되는 것도 다

이 때문이라고 생각되며 또 이 욕구를 만족시키는 결과로써, 만들어 질지도 모르는 새 생명을 생각하여 교회와 사회가 특히 방종을 경계하는 것인가 합니다.

왜냐하면 생명이란 것은 태어난 이상에는 불러드릴 수 없는 것입니다. 싫건 좋건 여기 태어난 생명을 통해 이후 몇 대를 이어나갈지도 모르는 상태가 버려졌기 때문입니다. 자기의 생명에 대해서 아무런 선택을 할 수 없었던 아이들이 괴롭고 황막한 유년기를 지내야 하는 처지에 놓이게 될지도 모르는 것입니다. 사람들이 제멋대로 《자연 그대로》라든가, 결혼했건 안했건 상관없이 자기의 성욕을 충분히 만족시키는 일이, 건강하며 행복하다고 하는 것은 이 현재에서 장래에 거친 중요한 점을 잊고 있는 것입니다.

만일 어버이나 나 많은 분 들이 여러 젊은이들에게 이 인생의 가장 귀중한 곳에서 실수를 하지 않도록 감독하지 않았다면 오히려 여러분들 스스로가 왜 그때에 주의 시켜주지 않았던가 하는 불평을 말하게 될 때가 반드시 오리라는 것을 나는 예언할 수 있습니다. 그런데 「젠」아 — 자꾸 너를 끌어 대서 안됐는데, 사실 너는 내 견본 제 일호니까 친구들도 용서하겠지만 — 네가 여렸을 때의 피크닉을 연상한다. 맨발 벗겠다고 야단을 처서 나는 할 수 없이 그러라고 했었는데, 첫 번째에 네가 저지른 것은 별안간 뜨거운 잿더미에 들어간 일이거든. 뜨거우니까 소스라쳐 울면서 "엄마가 맨발로 있어도 괜찮다니까 그랬지 뭐야" 했단다. 젊은 나는 아직 다 탄 모닥불 곁에서라도 아이들을 놀린다는 일이 위험하다는 것조차 몰랐던 것이다. 좋은 환경에서 성인이 되어 어린이들을 양육

하는 능력을 구비한 여성은, 친척간의 동서(同棲) 생활로 말미암은 어린애의 출산이란 극히 드문 일입니다. 이런 부인들은 정조를 지키기 때문입니다. 그러나 누구든지 지금 세상에 일부러 사회의 제약을 깨뜨려버리는 일은 하지 않아도 될 것입니다. 지금까지 든 이유에서 책임 관렴과 양식을 갖춘 여성이라면 어머니가 되기 전에 먼저 남편을 가질 생각을 할 것이기 때문입니다. 여러분들이 어머니가 됐을 적에는 반드시 이 법규가 얼마나 우수한 것인가를 알게 될 것입니다.

자! 이건 상당한 약이죠. 아마 여러분 상상외로 조제(調劑)되었을 겁니다. 「제니」 그러나 그대가 제출한 문제를 음미(吟味)해 보시오. 한 권의 책이 아니라 한 벌의 문고(文庫)가 실컷 될만한 큰 문제요. 만일 이의가 있거나 더 자세한 설명이 필요하면 알려주시오.

온갖 호의를 가지고

어머니 씀


제일 좋은 어머니.

말씀하신대로에요. 「제니」에의 회답은 저희들에게 일대 선풍을 일으켰습니다. 「제니」가 큰소리로 편지를 낭독한 후 잠시 동안은 아무도 입을 여는 사람이 없었습니다. — 이런 일은 이 홀에서 아직 한번도 일어나지 않은 일입니다. 그리고 「제니」는 기운을 내어 답장은 대체로 잘 써 주셨다고 했습니다. 그리고 「밀」이나 제가 한번도 감화원(感化院) 출입을 하지 않은 것은 마땅하다고 부가 시켰습니다. 어머니는 딱한 분이었고 운이 나쁘셨지만 바라시던 대로 아이들을 가지셨으니 — 남편도 아이도 없었다면 꽤 쓸쓸하셨을 것이에요.

저는 조금 생각한 다음. 여러 가지 일을 여태까지와는 아주 다른 의미로 보게 되었습니다. 외롭고 괴로울 때에 저와 「빌」에게 해 주신 일은 당연하였다고 생각하던 것은 저의 착오였습니다.

저는 「빌」과 같은 하찮은 아이들 때문에 어머니가 힘에 겨운 일을 하시고 근심 걱정하신 보람이 정말 있을까요. 어머니께서 낙심하고 걱정하고 계실 때에도 저희들은 아주 망난이었습니다. 만일 제가 어머니의 입장에 놓였다면 아마두 아이를 끌고 나와 물 속에 잡아 처넣었을 것입니다. 누구든지 이런 너절한 아이들을 기르기 위해, 어머니 당신께서 하신 것처럼 24시간 죽도록 노동을 한다는 것은 얼마나 어리석은 일이냐고 하니까 모두 웃었습니다. 그래서 긴장이 풀리고 「또디」는 「빌」과 제가 울보 쩜보, 뗌라고 했대도 아마 어머니께서는 「젠」처럼 생각지는 안으실 것이라고 했습니다(호호, 이쯤 되니 비행기 태우는 자가 많군요). 「또디」는 말을 이어 너의 어머니는 어머니와 아이들을 위해 바른 가정을 마련해 놓으셨다. 그러나 만일 이 준비가 없이 아이를 가지셨더라면 그건 전혀 다른 사정이 되어버렸을 거라는 것입니다.

거기에서 모두 아이를 갖기 전에 어떤 준비를 해 둬야 하나 하는 것을 얘기했습니다. 모두 각가지 방향으로 갔기 때문에 생략하겠습니다. 다음으로 아버지 얘기로 들어가 많은 경우 어머니보다 이해가 있을 것, 아버지가 없으면 생활자체가 아우 달라질 것이며, 그 생활은 슬플 것이라는 얘기가 됐습니다. 우리 아버지의 추억은 재미있는 얘기를 해 주시든가 다른 유쾌한 일로 가득 찼습니다. 반대로 아버지가 한 개의 퀘스천 마크로써, 그 점에 대하여는 온 가족이 침묵을 지켜야 했다면 정말 어쨌을 가요. 우리들은 《우리》의 어머니가 — 세상의 관례대로 밟아 오신 것을 감사하고 우리도 또한 아이를 갖는다면 훌륭한 아버지를 갖게 하자고 결의합니다. 하긴 좀 더 말에 주의해야 했을 것입니다. 왜냐하면 「샤-레」가 어려서 그 애 어머니는 아버지와 헤어진 것입니다. 그래서 가만히 있었습니다. 「또디」도 입을 다물고 이상한 얼굴로 「샤-레」를 응시했습니다. 저는 「또디」의 어머니도 이혼하였다는 사실을 생각했습니다. 그 애는 절대로 얘기하지 않았지만 입학원서를 본 아이가 있어 탄로난 것입니다. 어머니! 왜 세상이 이렇게 복잡할까요. 그러나 제가 아는 한 모인 아이들 중에 사생아는 하나도 없었습니다. 분명히 우리는 세상에 어린애를 보내려는 두 사람의 책임이란 것에 대해 전보다 확실한 생각을 갖게 되었습니다. 적어도 한 사람의 친구는 앞으로 더 주의해야 겠다고 생각한 것 같습니다.

그럼 성적 얘기를 쓰겠습니다. 될 수 있으면 안 쓰려고 했었어요. 아주 굉장하거든요. 아시다시피 상당히 곤란한 학과를 갖게 된 탓도 있어 형편없습니다. 이건 공갈이 아닙니다. 이제부터 학장에게서 가는 편지는 기대치 마시기를. 그렇지 않으면 실망하실 겁니다.

「제니」는 평균이 플러스였는데 성적이 나쁘다고 부끄러워합니다. 그러나 「제니」는 저보다 머리가 좋기 때문에 저는 아무 것을 받아도 할 수없다고 생각합니다.

오랫동안 아버지 논의를 교활한 후 영어 시험을 치러 가지 않으면 안 된 것은 좀 서툴렀지만 마침 문에서 「샤-레」를 만나 같이 시험장에 들어갔습니다. 그런데 저는 A를 받아서 깜짝 놀랐습니다. 확실히 저는 이렇게 잘하는 학생은 못됩니다. 반대로 「샤-레」가 마이너스를 받아서 두 번 놀랐습니다. 그래도 그 애는 태평이었습니다. 그리고 "A를 받아서 좋겠다. 모두들 기뻐할 거야" 했습니다. — 실은 신입생에게는 A가 붙지 않은 전통이었어. 모두 제 예외를 자랑할 것이라고 하는 것입니다. 「샤-레」는 진심으로 그렇게 얘기해 주었으니 친절한 아이입니다.

그러나 저는 「샤-레」가 늘 나쁜 성적을 받는 일이 딱합니다. 「또디」가 「샤-레」는 무엇인가에 대해, 혹은 누구에겐가 대해서 성공할 필요가 있다고 하지만 정말 그렇습니다. 그러나 편지 드린 것으로도 아시겠지만 「샤-레」는 번번이 실패하기에 알맞은 학과를 택해 늘 말썽을 부립니다. 어떻게 할 수 없을 까요.

그것을 빼면 저는 제 성적이 좋은 것에 만족합니다. 저도 「팀」도 이번 학기에는 어려운 과목을 골랐기 때문에 이 난관을 돌파하고 멋있게 급제하기 위해 첫째 공부, 둘째 향락이라고 정했습니다. 그래서 앞서 방어선을 그어 놓은 것 같이 설사 성적이 떨어지는 일이 있어도 공부가 부족된 탓은 아닙니다.

이것은 칭찬을 받을지 모르지만 만나는 사람마다 모두 어머니에게 도덕상 문제로 고민하는 문제를 전하여 달라고 합니다. 직접 편지를 쓰라고 대답하고 있습니다. 괜찮아요? 지금도 몇 아이가 이것을 실행하고 있습니다. 그들의 편지도 동봉합니다. 만일 마음에 드시지 않거나, 틈이 없으시면 일일이 회답을 주시지 않아도 괜찮습니다. 그러나 편견 없는 윗사람과 의견을 교환하는 일은 우리들에게 흥미가 있고 또 고마운 일이기 때문에 만일 회답을 주신다면 모두 어머니를 사랑해 버릴 것입니다.

「빌」에게도 연인이 생겼다고요 ― 벌써 그렇게 컸다고 생각되지 않으세요. 사실상 좀 빠르다고 생각지 않으세요? 제가 개구쟁이 동생 얘기를 하면 아이들은 웃어 죽겠다고 들 하는 중인데, 그 애가 별안간 교향악에 열중하다니! 아이를 기른다는 일은 확실히 재미있는 일이군요. 다음에는 딸이 무슨 짓을 하는지 모르구요.

〈래프쏘디 인 블루〉는 멋있었어요. 지금 라디오에서 흘러 나와 우리를 달나라까지 끌어 올립니다. 아름다워요. 동무들이 당신께 연애에 대한 고뇌를 말씀드리는 동안 심리학 공부를 할 겁니다. 아무래도 가끔 제게는 천재적 소질이 발동하는 것 같다고 생각이 되요.

깊은 애정을 붙여서

「젠」 올림


모두 편지를 아직도 쓰고 있습니다.

어째서 이런 일이 갑자기 유행하는지 저도 모르겠습니다. 좀 어머니 생각도 해달라고 하세요. 네. 어머니는 바쁘시니까 회답을 받기 힘들지도 모르겠다고 하긴 했습니다. 저는 편지를 분류해 두었습니다. 이렇게 하면 한 다발의 편지에 대해 하나의 회답으로 끝날 테니 말씀입니다. 모두 몇 주일이건 몇 달이건 회답을 주실 때까지 분별없는 짓은 안하겠다고 약속했습니다.

《순결 아가씨》의 문제는 걱정하실 것 없습니다. 그것은 점점 잘 수습이 됩니다. 저는 아무염려도 하지 않습니다(모든 것이 환해졌습니다. 마치 서치라이트처럼). 이전에는 저 하나의 개인적 문제라고 생각하던 일이라도 그것이 잘못된 길을 밟으려는 처녀들에게 참고가 된다면 마음대로 인용해 주십시오. 불평은 하지 않을 테니까요.

편지 7

# 이리 **떼**는?

L 아주머니.

이렇게 글월을 올려 죄송합니다. 아주머니의 편지는 모두 기쁨으로 받아 뵈었습니다. 읽은 편지는 모두 기쁨으로 받아 뵈었습니다. 읽은 후에는 거기에 대한 토론을 합니다. 「젠」이 저희 각자의 문제를 각각 쓰면 어떠냐고 그랬을 때는 모두 모두 기뻐서 춤을 췄습니다. 제 문제를 말씀드리겠습니다. 저 페팅에 대한 편지 속에서 아주머니는 사촌 오빠 「톰」 얘기를 빌어 "그런 몹쓸 도배들은 쫓아버리라고 「젠」한테 그러시오." 라고 쓰셨습니다. — 그래서 저는 어떻게 해서 쫓는지 알고 싶습니다. 제가 아는 남성은 모두 보통 이상으로 욕심을 부리는 것 같습니다. 저들을 성내게 하지 않고 피하는 일은 여간 어렵지 않습니다.

먼저 제 자신에 관해 말씀드리겠습니다. 고등학교시대에 저는 이거 보이프렌드를 갖지 못했습니다. 별로 흥미도 없었습니다. 아마 아주머니께서 「젠」에 대해 말씀하신 것처럼 저도 성장이 뜬 편이었나 봅니다. 때로는 저도 데이트를 만든 일이 있지만 그것조차 조금도 깊은 의미가 있는 것은 아니었습니다.

정작 이 대학에 와서 저도 겨우 한사람의 구실을 하게 되었습니다. — 여러 친구들과 섞이어 어떻게 행동하는 것이 좋은가를 알게 되었습니다. 남성들이 제게 호의를 보여 주는듯하고 초대도 꽤 많이 받아 한때는 퍽 재미있었습니다. 그러나 다른 한편으로 아주머니와 전혀 같은 의견을 갖고 있다는 것을 기억해 주세요. — "아무리 남성들이 유혹하여도 처녀는 결코 순결을 잃지 않는다는" 점입니다.

첫 번 얘기로 돌아갑니다만 저는 이번 학년 초에 열렬한 연애를 했습니다. 첫사랑 — 얼마나 황홀한 것입니까. 저런 일은 아마도 두 번 다시없을 것입니다. 두 달이란 건, 정말 안개 속에서 헤매다시피 지났습니다. 저희들은 실제로는 결혼을 했다고 할 수 있으나 그러나 대부분의 사람이 애정 생활을 하기 위해 필요하다고 생각하는 관계에는 가까이 하지 않았습니다. 거기까지 가지 않았기 때문에 그렇게 달콤하고 멋있었든 거라고 생각합니다. 그러나 결국 제가 그를 위해 맞지 않는 상태였는지 그뿐으로 막이 내렸습니다. 그 후 저는 자꾸 자꾸만 가슴이 꺼지는 것 같은 경험을 하였습니다. — 그것은 정말 거의 만날 때마다, 또는 첫 번 데이트 끝에 일어나는 것입니다. 먼저 바래다준다든가 좀 활발치 못한 청년이면 두 번째나 세 번째 데이트까지 기다립니다. 그리고 시작입니다. 당신이 제일 좋다, 당신은 아름답다, 같이 있으면 즐겁다 그런 얘기를 합니다. "그냥 같이 있는 것 이외에 무엇이 좀 있어야지, 남성은 그렇게 슬금슬금 사귀어 갈 수는 없다"고 합니다. 그것이 하나뿐 아닙니다. 거의 예외가 없습니다. 최초의 데이트에서 영화 구경도 가자는 일 없이 어두컴컴한 장소에다 차를 세우고 시작합니다. 처녀성을 지킨다는 어린애 같은 소리는 작작하라고 떠드는 자도 있습니다. 또 순결을 지켜가면서 교제를 계속할 수는 없다. 어떻게 그런 일이 기대되는가 하고 질문하는 용감한 도배도 있습니다. 그 침이 마르기도 전에 우리는 지조 견고한 처녀가 아니면 결혼하지 않는다고 단언하는 것입니다. 이것은 제 문제뿐이 아닙니다. 이 기숙사 안에서도 많은 남성들과 교제를 하며 저와 같은 얘기를 할 수 있는 사람은 스무 명쯤 될 것입니다. 세 번이나 어느 때는 다섯 번이나 같은 사람과 데이트를 갖는 일이 있습니다. 그러나 그가 동정심을 버리면 그로써 다시 만나는 일은 없어집니다. 당신은 멋있는 사람이라든가 스타일이 좋다든가 매혹적이라든가 여러 가지 달콤한 얘기를 해 놓고, 나중에는 거리에서 만나도, 교실에서 같이 앉아도 생각해 주지 않는 것이 보통입니다. 무슨 까닭으로 남성은 이렇게 여성에게 바라는 것이 많은지요? 저는 이해할 수 없습니다. 알려주십시오.

「에미」 올림


그리운 L아주머니.

아주머니께서 「젠」의 그룹에게 주신 편지 하나하나를 흥미 깊게 읽었습니다. 그래서 이 저라는 또 하나의 「젠」을 위해서도 지도하여 주시기를 바라고 있습니다.

먼저 저는 열아홉이며 정말 생활을 즐기고 있습니다.—적어도 지금까지는 그랬습니다. 그러나 이 서너 달 동안, 데이트가 있기 시작한 다음부터 몇 사람인가의 버릇없는 이리를 만났습니다. 제가 말씀드리는 뜻을 아시겠지요. 저는 학교에 와서 꽤 많은 데이트를 만들어 퍽 똑똑하고 단정한 청년과 만났습니다. 그러나 그리 감탄하루 수 없는 청년들과도 많이 만났습니다. 그리고 이젠 이 이상 이리 떼를 참을 수는 없습니다. 이 수 주일동안 저는 모든 데이트를 모조리 거절하고 있습니다. 이제 유모어도 없어지고 지금까지의 경쾌함도 없어져 — 무거운 기분에서 벗어날 수 없습니다. 또 데이트를 만들까하고도 생각합니다만 건드리고 꾀어내고 하는 것이 아니 꼬아서 이제 다시는 그런 일을 가까이 하려 하지 않으렵니다. 아무쪼록 최고의 충고를 들려주십시오. 저는 달리 의논할 분이 없습니다. 어떻게 해야 좋을지도 모르겠습니다. 이런 편지를 읽어 주시는 수고를 감사하며 답장 주실 것을 기다립니다.

「밀」 올림

L아주머니.

아주머니의 편지를 다른 여러분들과 함께 늘 기쁨으로 기다립니다. 저도 다른 친구도 모두 처녀성을 잃지 않으려고 하지만 그것은 정말 어려운 일입니다.

잠깐 전에 저는 서로 존경하고 신뢰하고 있는 보이프렌드와 만날 약속을 했습니다. 그러나 어느 날 밤, 성적 충동이라고 하는 건지는 모르지만 그는 그 충동을 누를 수 없었던 것임인지, 별안간 이리로 변해 버렸습니다. 저는 이에 대항하느라고 죽을힘을 다 했었는데 참으로 그것은 굉장한 것입니다. 아주머니.

집에 와서 대체 믿을만한 보이프렌드가 있을까하고 생각해 보았습니다. 어두운 다음에 남성과 함께 외출해도 안전할까요? 왜 우리들의 인격을 존중해서 「노」라는 의미를 이해하려고 하지 않을까요? 자기들의 결혼에 있어서는 모두 처녀를 고르려는 듯 합니다. 그러나 그들이 그런 무지한 짓을 계속하고 있으면 처녀란 한사람도 남지 않을 것입니다.

정조를 지키려는 처녀들을 그렇게 유혹해 내는 것을 보면 속이 뒤집히는 것 같습니다. 처녀들 한 사람 한 사람이 천사라고 할 수는 없습니다. 많은 사람 중에는 나중에 생각하면 팔이나 눈 하나쯤 잘라도 시원치 않은 과실을 저지르는 자도 있지만 이런 것도 다 이리들에게 감쪽같이 속아 넘어갔기 때문입니다.

어떻게 하면 저이들이 이성 간에 인기를 차지하고 있으면서 스스로의 몸을 지킬 수 있을까요. 남성들은 저희 여성에게서 무엇을 바라는 것일까요. 남성들처럼 부량하고 자유를 찾는 처녀들이 것도 알고 있습니다. 그러나 정당한 의미에서 교제를 하고 데이트를 가지려는 우리인데 이리의 술책에 빠지는 것을 어떻게 하면 좋겠습니까.

아주머니의 편지를 고대합니다. ― 저는 아마 같은 또래의 많은 처녀들과 같이 성적 일에 대해서는 전혀 무지합니다. 이 일에 대해 알려주실 수 있는 한 모든 것을 다 가르쳐 주십시오. ― 정말 살아날 것입니다.

　마지막으로 저희들은 모두 결혼하여 가족을 가지려고 합니다. 결혼에 성공하려고 생각하기 때문에 앞으로 우리의 결혼 상대가 될 남성을 위해 몸을 지키려 합니다. 그러나 그렇다고 해서 언제 까지나 집구석에 처박혀 있기는 싫습니다. 정말 어떻게 면 좋겠습 니까.

「애리스」 올림

　「젠」과 다른 여러분들에게,

　매우 혼잡해졌군요. ― 이 이상 내 편지를 「젠」 앞으로 쓸 것인 지 좀 어리둥절합니다. 그러나 이렇게 많은 분들께서 편지를 받는 다는 것은 기쁜 일입니다. 그것은 여러분이 느끼고 또 직면하는 문제에 대해 좋은 참고가 됩니다. 솔직히 말하면 여러분이 모두 비상한 이상주의(理想主義)임이 나를 기쁘게 하는 것입니다. ― 우리들이 여러분만 한 때 느낀 것과 근본적으로 조금도 다르지 않 는 혼란임을 알고 나는 적이 안심했습니다. 사실 「젠」의 편지에서 내 편지가 여러분의 회람처럼 돌았고, 동시에 토론한 기록이 쓰인 것을 보았을 때, 정말 가슴이 내려 앉아 화석(化石)이 된 것처럼 굳어버렸습니다. 그는 낡은 도덕에 반대하는 약아빠지고 오히려 비꼬인 아가씨들을 상상한 것입니다. 페팅이나 처녀성에 대해 여간 강렬한 이론을 전개시키지 않는 한 대항할 수 없을지도 모른다고 생각하기도 했습니다. 여러분이 모두 감상이나 전통은 본 척도하지 않고 변증(辨證)과 이론을 요구하리라고 생각했습니다.

당치도 않은 착각이었지요. 여러분이 각자의 문제와 의문을 말해 주셨을 때 나는 여러분이 모두 결국은 「젠」과 다름없음을 알았습니다. — 나는 「젠」을 무서워하지는 않습니다. 여러분이 내게 보내주시는 신뢰를 진심으로 감사하고 나도 최선을 다 해 이에 보답하기로 하겠습니다.

그럼 쓰기 전에 좀 실례합니다. 제 딸에게 두어 마디 쓰게 해 주십시오. 브라보 — 「젠」! 성적은 닫았다. 그리고 뜻밖에 좋은 성적이었다. 그리고 너와 「빌」을 내가 가져야 했었는지 아닌지에 대한 논의는(자꾸 L가의 문제를 끄집어내서 미안합니다. 여러분) 여러분들 전부의 말이 실질적으로는 적당하다고 대답하겠다. 확실히 나는 내 두 아이들이 아무리 악한이라도 다른 아무 것과 바꿀 수 없습니다. 그러나 내가 다시 한 번 나의 인생을 갖는다고 하고 지금처럼 이렇게 아버지를 일찍 여의는 아이들을 갖는다는 것을 미리 안다면, 나로써 가장 몰아적(沒我的) 생활은 나의 어머니로써의 본능을 다른 아이들을 돌보아 주는 방향으로 돌릴 것이라고 생각합니다. 그것은 수천수만의 아이 없는 부인들이 해 오던 일이며 지금도 여전히 계속되는 일입니다. 그들에게는 보다 큰 힘의 발휘이며 지금까지 몰랐던 위대한 감격이기도 한 것입니다.

자 이 문제는 그쯤 해 두고 「젠」이 분류해 준 여러분의 편지의 톱은 「에미」와 「밀」과 「애리스」의 〈몸서리나는〉 소위 **뻔뻔스러운**

이리떼들에의 참을 수 없는 분함의 가지가지이었습니다. 나는 여러분이 바라는 대로 여러분을 그렇게 괴롭힌 남성들을 제일 먼저 들겠습니다. 무엇이 그들을 도덕의 표준에서 밀어내는가, 어떠한 일이 행해지고 있는가를 기어이 발견하기로 합시다.

여러분들이 당하는 이리의 행동은 페팅과 함께 현대의 발명입니다. 그리고 보니 우리 처녀 시절에도 〈뻔뻔스럽다〉고 우리들이 한 사나이를 이 있었는데, 여러분이 말하는 남성에게 비하면 양이나 같습니다. 〈뻔뻔스런〉 사나이란 것은 첫 번 만났을 때부터 처녀의 손목을 잡는다든가 팔을 돌려 안기도 하며 꽤 대담한 자쯤 되면 키스를 도둑질하려 드는 것이었습니다. 그러나 우리가 그런 용서할 수 없는 무례를 거절하기만 하면 그것 때문에 화내는 일은 결코 없었습니다. 대개는 잘못 했다고 빌었습니다. 개중에는 우리들이 그렇게 호락호락 넘어가지 않는 점을 알아서 기쁘다고 덧붙여 말했습니다. 「에미」를 비롯한 여러분이 직면한 그런 문제는 적어도 우리대의 대학시절에는 들은 일도 없었던 일입니다.

더구나 길바닥에 차를 세운다든가 하는 야만한 사람들의 얘기를 들어본 일이 없었습니다. 그때의 외출은 대개 전차(電車)였었고 만나든가 얘기하든가 하는 것은 전부 어른들의 모습이 가까이 보이는 응접실이나 현관 포취에서의 일이었습니다. 만일 울타리를 넘어서는 일이 있기만 하면 그것은 부모로 하여금 화를 머리끝까지 치밀게 만드는 위험을 초래하는 것이었습니다. 여름밤에는 공원에도 갈 수 없었습니다. 그저 늘 밝은 장소를 택했습니다. 나무 그늘이라든가 사람이 없는 구석빼기를 찾아드는 일은 잘 알고 충분 신용할 수 있는 이유를 가진 남성이 아닌 이상 일부러 그 에스코트를 가장 나쁜 일로 유혹하는 일이라고 본 것입니다. 적당한 정도의 교우관계를 보유할 것은 물론, 더욱이 에스코트해 주는 남성에게 무엇을 느끼게 하는 기회를 피하는 것은 여성 측의 덕성으로 여성에게 부과된 책임이었습니다. 만일 여성이 이런 주의를 하지 않으면 그 여성의 틈을 탄 남성에 대해서 사회는 그리 엄한 비난을 하지 않았습니다. 제 탓이라고 대개는 말하고 싶었을 것입니다. 성에 대해서는 대단히 순진하고 무지했다고는 하나 지금의 젊은 사람들에게는 좀 이해되기 곤란한 어떤 생각을 가지고 행동하고 있었습니다. 그것은 여러분들이 그렇게 당황하는 거의 모든 남성의 품행이란 것을 꽤 여실히 설명하는 것입니다. 즉 남성이란 것은 원래 침략자이며, 또 성에 눈 뜨지 못한 경험 없는 여성들은 도저히 이해할 수 없는 강한 성적 충동을 가지고 있다는 것입니다. 자연은 남성을 특별히 그렇게 만든 것입니다. 과학이 지적하는 바에 의하면 남성의 생물학적 기능은 될 수 있는 한 많은 여성들에게 수태(受胎)시키는 일입니다. 그래서 여러분이 교섭을 갖는 연령의 남성들은 그 생물학적 자극의 가장 왕성한 시기에 있는 것입니다. 우리 여성에게 있어 다행한 일은 문명이란 것이 그 충동을 막는 한 방패가 되어주기는 하나, 사태가 그것에 적합하다든가, 여성이 약하다든가 혹은 바란다든가 하는 때는 제어하기가 여간 어렵지 않을 정도로 강하고 무서운 힘입니다. 남성이 이런 기회를 눈앞에 놓고 《노》할 수 있으려면 상당히 깊은 교양과 고도로 세련된 양심을 소유하고 있지 않으면 안 됩니다. 보통 생각이 얕은 청년들은 왜 자기를 제어하지 않으면 안 되는지 그 이유를 갖지 못하는 것입니다.

저와 의논해 주신 분들에게 들은 얘기인데 많은 처녀들이 사람이 덜 지나 다니는 길바닥에서 《너무 오래, 그리고 너무 지나치게 교묘한 키스》를 했기 때문에 스스로 불쾌한 체험을 초래한 것 같습니다. 한편 페팅은 남성의 경향에 따라서는 최후적인 향락에의 자극이 되며 ― 또 그렇지 않더라도 ― 현대는 그야말로 이 새로운 습관이 주는 위험성이 큰 것입니다. 만일 「에미」나 「애리스」가 말하듯이 이 이리떼가 점점 늘어 사납게 된다면 차를 세운다든가 애무하는 종류의 습관은 더 강하게 비난돼야 한다고 나는 생각합니다. 보통 남성의 심리로는 이런 행동에 대해 여성 측에서 《푸른 신호》를 발할 경우가 많습니다. 그래서 의식적이거나 무의식적이거나 그런 태도로 나오는 여성은 자연히 남성에게 주는 가장 강한 힘의 하나를 자극하고 있다는 것이 됩니다.

그러나 이것으로 다가 아닙니다. 남성에게는 생물학적 성질과 함께 여러분처녀들이 알아두어야 할 또 하나의 중요한 면이 있습니다. 지금 우리가 든 ― 여러분이 이리라고 부르는 ― 이 무지막지한 젊은 사나이란 이렇게 여성의 틈을 엿 보는 것입니다. 그럼에도 불구하고 별로 취하지 않는 멀쩡한 때에는, 여성이 선량하고 성실하며 또 싫어하는 줄 알면, 결코 무리하게 자기의 힘을 행사하는 일은 우선 안합니다. 그것은 성적 충동보다 훨씬 강한 것이며 그 때문에, 진정 적당한 신용을 얻을 수 있다는 것을 남성다운 남성이면 잘 알고 있을 것입니다.

뿐 아니라 이 같은 남성이란 것이 어느 때는 자기의 연인을, 또 개인적으로는 자기에게 아무 관련이 없는 여성을 모욕하고 폭행에서 보호하기 위해 싸우고, 혹 필요하다면 죽음도 사양치 않는 것입니다. 진실한 사랑 앞에는 자기의 연인을 위해 그 힘을, 능력을 또한 생명조차 바치고 후회치 않는 것입니다. 예부터 가장 아름답고 로맨틱한 이상주의적 연애시(詩)나 음악은 모두 남성의 손으로 된 것입니다. ─ 이 일을 잊어서는 안 됩니다. 남성은 여성을 남성의 폭력과 불법한 압박에서 보호하기 위해 법률을 만들었습니다. 그리고 그 것을 지킨 것도 역시 남성이었습니다.

이 모든 불가사의한 행위 속에서도 가장 불가사의하다고 말할 수 있는 것은 성인도 악한도 아닌 보통 남성이, 예쁘고 귀여운 아가씨들에게 싫어하는 짓을 안다는 것을 이해시키려는 것입니다. 그 남성 자신도 남성으로써의 본질의 어느 한구석에서는 처녀가 동의치 않았으면 하고 바라는 것입니다.

남성에게는 무엇인지 모르게 늘 여성이 선량하고 고상할거라 하고 비는 마음이 있는 법입니다. 여러 세기를 통하여 인류가 동물적 레벨을 떠났을 때 남성은 여성 속에서 인스프레이션을, 덕망의 거울을 찾은 것입니다. 남성에게 있어 여성은 세계 어디인지 확실히 있을 선(善) 그것의 상징이었습니다. 그래서 여러 가지 시대에 여성이 도덕적으로 타락했을 때 남성은 스스로 선한 것에 나아가려는 향상심의 원동력을 잃고 마는 것입니다.

자 이번에는 여러분들을 그렇게까지 괴롭히고 있는 남성이란 종족을 연구해 봅시다. 「에미」! 당신이 자기의 이상에 충실하려고 할 때 남성들은 정말 길길이 뛰면서 화를 냅니까? 아니 결코 그렇지는 않습니다. 글쎄 정말 여러분이 남성에게 모든 것을 주는 것처럼 보이고, 상당히 욕망을 북돋아 놓고서, 최후의 포인트까지 끌어다 놓고, 그리고 그 찰나에 거절한다면 ─ 그럴 때 남성이 광폭해 짐은 물론, 이때 나는 과연 남성을 진적으로 비난할 것인지 의심합니다. 그러나 당신이 정당하게 행동하고 있는데 상대편이 이성(理性)을 잃는 다면 그것은 단순히 《이성을 잃은》척 하는 수작이요. 그런데 호락호락 넘어간다면 그는 당신을 어지간한 등신으로 단정해 버릴 것입니다(「에미」 그대가 그렇지 않은 것은 참 다행입니다).

그러나 「바른 행동」이란 표현은 좀 설명을 필요로 합니다. 어떤 남성들의 말에 의하면 그들의 행동은 처녀들이 그것을 기대하고 있는 것처럼 생각되기 때문이랍니다. 여러분은 모두 부정하겠지만 그것은 여러분이 이에 관한 경험을 갖지 않았기 때문입니다. 별로 그럴 의도도 없는데 어떤 때는 의식적으로 처녀들은 자기가 먼저 불장난의 실마리를 만들고 있는 것입니다. 나 자신도 남성에게 자극적인 감동을 주는 것을, 그렇다고는 전연 의식치 않고 행동하고 얘기한 일이 종종 있습니다. 그렇기 때문에 지금 여러분의 문제를 잘 알 수 있는 것입니다(그리고 더 고백한다면 나 자신 전연 무죄라고 단언할 수 없던 두어 개의 장면도 떠오르는 것입니다. ─ 여성의 고통 성으로써 잠깐 겉으로만 유혹하려는 것인데 ─ 거기서 도저히 예기치도 않았던 입장이 된 스스로에 깜짝 놀라는 것입니다).

　남성 측에서 상대하는 처녀의 성격을 어떻게 해석하는 가가 큰 문제입니다. 「에미」 당신은 첫 번 데이트 때에 쓸쓸한 길에 나란히 가면서 태연했다지 않습니까. 보통 젊은 남녀가 컴컴한, 오가는 사람이 드문 장소를 찾는 목적에 반감을 갖지 않는구나하고 해석해 버리는 것입니다. 그리고 또 여러분 중의 하나가 우연히 안 남성의 고임에 응하였다고 해 보시오. 그 남성이 당신의 예의범절에 감탄할지도 모르나 — 때로는, 정말 예의범절에 철한 사람이, 모르는 남성의 권유에 선선히 응하지는 않는 것이라고 생각할지 모릅니다. 그래서 그는 존경이나 혹은 경멸이나, 그때에 판단에 따라 취급을 할 것입니다. 여러분은 점점 남성을 이해해 감에 따라 친밀함과 차츰을 잃지 않고, 충분히 상대에게 자기의 품격에 대해 올바른 인상을 줄 수 있는 기술이 늘어 갈 것입니다. 이것은 여성이 가정과 어버이를 떠나, 또 사랑하는 약혼자나 남편을 떠나 세상에 나갔을 대 누구나가 다 몸에 지녀야 할 테크닉입니다. 어떻게 해서 지니는지를 말씀해 드렸으면, 좋겠으나, 결국 우리가 남성을 보고 있는 동안에, 그들의 여러 가지 타입의 행동이 보여 주는 반응이 어떤 것인지 알게 됨으로 거기에 따라 바른 태도를 우리는 자연이 알아 갈 수 있는 것입니다. 남녀의 교제에 있어서 적어도 서로 상당히 잘 알기 전에는 여성의 위엄을 지니는 편이 날 것입니다. 다소 거만하게 구는 편을 배워 두는 게 좋을 것입니다. 아가씨다운 다정함을 어떤 남성들은 오해하는 사람이 있습니다. 확실히 대부분의 여성은 이 문제를 마음속으로 충분히 생각하고 있기 때문에 자기들이 바라는 것, 생각하고 있는 것이 올바른 방

향으로 나가는 일에 확신을 가지며 그 기준에 의해 해나가려는 각
오는 벌서 되 있을 것입니다. 남성은 그것을 잘 알기 때문에 만일
우리들의 존경과 우정을 얻으려고 생각하면 우리들의 감정을 건
드리지 않으려고 애 슬 것입니다.

이 테크닉을 훈련하면서 — 이것은 여성으로써 필요한 일부분
인데 — 동시에 데이트를 만드는 일에 조금 주의를 하고, 불쾌한
사건이 이러날 기회를 담는 것이 필요합니다. 나는 이런 생각이
듭니다. 「에미」여 당신은 너무 수줍어서 자기가 바라는 일을 잘
표현하지 못하는 것이 아닙니까. 남성들이 데이트를 제의 한 때는
당연히 그가 당신에게 즐거운 시간을 주려는 것이라고 생각해도
무방합니다. 보고 싶었던 영화를 따라가서 구경하는 것도 좋겠지
요. 그밖에 큰 소리를 내면 곧 사람에게 들릴 만큼 가까운 거리에
서는, 어떤 오락이나 자기가 좋아 하는 것을 주문해도 좋습니다.
미리 딱딱 계획을 세워 놓으면 쓸쓸한 골목을 찾아드는 일은 결코
이러날 염려가 없습니다.

영화나 뭐가 끝나면 공부가 있다고, 내일 아침 일찍 이러날, 그
러한 이유를 붙여서 곧 돌아가겠다고 말할 수 있지요? 그것을 주
장하시오. 문간에서 안녕을 하십시오. 만일 하고 싶으면 여기서
꿈?나이 키스를 하는 것은 무방합니다. 그러나 질 질 오래 그러서
는 안 됩니다. 당신이 정말 즐거웠던 하룻밤을 치하하고, 도 상대
에게도 즐거웠던 하로 밤이었다고 기뻐하도록 세심한 주의를 하
십시오. 만일 그 사람이 여지없이 당신에게 끌렸으면 꼭 다시 나
타날 것입니다. 그렇지 않고 순전히 당신을 시험하고자 했던 것이

었다면 그런 관심을 가진 상대와 헤어지는 것이 빠르면 빠를수록 좋은 것입니다.

사실 말하면 지금까지 얘기해 온 일은 사촌오빠 「톰」의 지혜입니다—그대로 이리 문제를 그에게 의논하러 갔더니, 우리들의 이 선량한 회색 이리는 비상히 열심을 보여 주었습니다. 젊은 애들이 데이트를 훌륭히 처리하는 것은 매우 소중한 일이라고 하는 것이 그의 의견입니다. 그리고 그가 아는 상당한 나이의 부인이 독특한 솜씨로 그것을 처리하고 있는 경우를 얘기해 주었습니다. 그 부인은 혼자 살고 있으며 새로운 숭배자를 받아 드리기 전에 우선 일정한 시험기를 두고 자기의 아파트에서 단 둘이 만나는 시간은 피하는 게 현명하다는 주장이랍니다. — 라고 함은 어떤 남성들은 단 둘이 된다는 일에 대해 특별한 해석을 가지고 있기 때문에 경계가 필요합니다. 그 부인은 저녁에는 댄스나 영화, 때로는 몇몇 친구를 초대하며 지내지만, 상대편 남성이 우정과 선의의 가득 찬 다고 인정되지 않는 동안은 결코 둘이서만 마주 않는 식사에 초대하든가, 돌아가시는 길에 들리세요. 따위의 권유는 안 한답니다. 《이것이 여러 가지 말썽을 일으키지 않는 비결이거든》하고 「톰」은 말합니다.

나의 경험에서 보아도, 어떠한 장애에 부딪칠 때 — 그것이 건전한 구실을 가졌다면 — 남성의 관심을 깎아 버리지 못합니다. 오히려 더 강하게 하는 것입니다. 「데이트」나 그밖에 이런 종류의 일에 시간제한을 하는 부모를 보았는데, 그것이 결코 남성을 가까이 하지 못하게 되는 것이 아니라, 오히려 이런 양가의 처녀를 호위했던 남성들은 왜 그런지 자기가 특별 취급을 받는다는 느낌을 갖는 것입니다.

그러나 최선의 주의를 해도 역시 남성이 술책을 쓰든가 동의를 구하든가 하는 일이 있습니다. 옛날 우리 때의 남성들과의 경험을 말하면 될 수 있는 한 온건하게 그 그릇됨을 타이르는 것이 좋으리라고 생각합니다. 우리들 시대에는 자기의 의향을 전하는데, 상대편의 머리를 도끼로 치려는 일은 없었습니다. 우리들은 거저 자기가 더 할 나위 없는 훌륭한 처녀라는 사실에서 만 《더 할 나위 없는》 처녀에게 알맞은 남성을 얻을 수 있는 것이었습니다.

"저 같으면 처녀들에게 덤불 주위를 돌아다닐 것 없이 자기의 태도를 분명히 취하라고 하겠습니다." 젊은 해군장교는 말했습니다. 나의 명부 가운데, 전에 얘기한 일이 있던 사람인데 그는 좀 얼굴을 붉히며 이렇게 얘기했습니다.

"제가 아직 독신으로 이리 저리 술 먹고 다니던 때, 꽤 많은 아씨들과 지내 보았는 데 모두 제가 난폭한 짓만 하지 않으면 다음의 데이트를 만들어도 좋으나 그렇지 않으면 싫다고 아주 분명히 딱 자르더군요. 저는 육체적인 욕망에서만 움직이고 있지 않다는 것을 보이기 위해 다음 데이트를 약속했죠. 역시 분별이 있고 품격이 좋은 처녀가 더 좋았고 저를 위해서도 좋았습니다."

그리고 「밀」문제에 대해 「톰」은 이렇게 말했습니다. 〈남성이 데이트를 제의했을 때, 이렇게 말하면 된다. ― 함께 가고 싶지만 최근에 언짢은 경험을 해서 조금 생각 중입니다. 함께 갈 땐 맨손으로 가도 좋을까요? 그렇지 않으면 완전 무장은 무거워서 피곤

하니까요 ─ 라고.〉

요즈음 이리들은 내가 알고 있던 때의 얌전한 이리들과 달라 더 무슨 대담한 거래를 필요로 하는지 모르나 ─ 그것은 내가 비평할 바 못됩니다. 이쪽의 의향을 빨리 알아차리고, 그렇기 때문에 더 좋아할 사람도 있을 것이고, 여러분 편에서 더 엄하게 다뤄야 할 상대도 있겠지요. 여하간 중요한 일은 상대편 남성 마음속에 기연미연한 점을 남기지 말 일이며 거기에 대해 쓸데없는 의논에 휩쓸리지 말 일입니다. 남성을 성내게 하는 일을 두려워하는 것은 어리석은 일입니다. 그러나 확실히 알아야 할 것은 상대가 견고한 처녀로구나 해서 흥미를 잃는 따위는 그 상대가 타락했을 때 가장 먼저 물리는 사나이인 것입니다. ─ 그때 처녀 편에서는 보이프렌드뿐 아니라 자존심까지도 잃게 되는 것입니다.

자 「에미」, 「애리스」, 「밀」 그리고 이리 문제를 경험하고 있는 여러분께 나는 이렇게 말하렵니다. 여태까지 얘기한 일 때문에 여러분의 생활에 대한 정열을 식혀서는 안 됩니다. 데이트를 주저하거나 하지 마십시오. 단단히 마음을 가다듬어 불쾌한 결과를 가져오는 일에 빠지지 않을 일입니다. 또 그 점 잘 주의하여 데이트를 훌륭히 다루십시오. 그러면 머지않아 이 남성이라는 불가사의한 동물을 멋있게 조종하는 비결을 갖게 될 것입니다.

"도덕적 기준을 결정하는 것, 그것은 여성이다."

요즘 처녀들이 순결 되려고 하는 일은 우리들 젊은 시절보다 퍽 어려워졌다면 그것은 여성이 어디에선가 스스로의 손으로 경계선을 늦춘 때문입니다. 그 나쁜 결과는 여러분 자신을 잡으려고 합니다. 남성들이 거기에 편승하려는 태도는 절대로 용서할 수 없는 것이지만 그것이 남성의 선천적인 본성임을 잘 유의해야 됩니다.

동시에 현재의 레벨을 다시 원래의 높이 까지 끌어올리는 것도 여성의 힘임을 명심해야 됩니다. 그것을 완수했을 때야말로, 곧, 우리들이 자기에게 알맞은 반려(伴侶)로써 예의 바른 훌륭한 남성을 차지할 수 있게 됨을 나는 믿습니다.

현대의 남성도, 어느 때나 같으며, 광폭한 성의 충동에 밀려 나갔을 때, 더구나 여성이 이를 영접할 때 애욕의 사냥꾼과 같은 경박한 모습으로 변하기는 하나, 그래도 한편으로는 사실 별을 향해 발돋움 하려고 노력하고 있는 것입니다.

오늘 쓴 것에는 많은 반대 의견이 있으리라고 생각합니다. 아무쪼록 또 써 보내 주십시오. 「젠」이 정리해 준 편지의 다음 다발 첫 번은 「에루씨」에게서의 남성의 동정(童貞)에 관한 것입니다.

「젠」은 남성이란 것을 취급한 이상 끝까지 철저히 연구하려는 모양입니다. 그래서 나의 다음 명제(命題) ─ 는 괜찮겠지요.

사랑과 최선을 다해 「젠」과 여러분들께

어미니 씀

편지 **8**

# 남성도는?

L아주머니.

「젠」이 우리들에게 들려주는 아주머니께서의 편지는, 얼마나 흥미 있고 솔직하며 교훈에 찬 것일까요. 특히 제일 좋았든 것은 처녀성에 대해 써 주신 것이었습니다. 그러나 그것은 여성에 대한 것 뿐이었는데 남성에 대해서는 어떨까요. 지금 드리는 편지에서 제가 질문하는 요점을 잘 추려서 곧 이 문제를 해결해 주시기 바랍니다.

이 반년 동안 두 살 위 되는 사람과 친히 지내고 있습니다. 그는 군대에 가 있었고 제가 만난 것은 그 2,3년 후였습니다. 그는 제게 아주 부드럽고 명랑하고 기탄없이 대해 주어서 저는 순식간에 연애의 포로가 되어 버렸습니다.

그런데 어느 날 그는 "나는 이제 벌써 인간이 할 일은 모조리 알았다"고 하며 저와의 관계도 어서 갈 곳까지 가버리고 싶다고 말하는 것이 있습니다. 어떤 의민지 물었더니 그는 지금까지 몇 번이나 많은 처녀들에게 다른 남성들과 같은 《일을 했다》고 하는 것입니다. 물론 저는 방망이로 얻어맞은 것처럼 쇼크를 받아 그 후부터는 같이 다니기를 거절했습니다.

저는 모르겠습니다. 그는 상냥하고 사려가 깊어, 친척들 간에도 친구 간에도 대단한 인기였으며, 뻔뻔스럽거나 지나친 얘기도 하지 않아 저도 여간 좋아하지 않았었는데 지금과 같은 얘기로 모든 것이 깨져 버렸습니다. 그는 계속 편지도 하고 싶으며 친구로 삼겠다고 하지만 저는 거절했습니다. 그러나 저는 엉망진창으로 뭉겨진 심리상태입니다. 밥도 먹히지 않고 잠도 안 오며 중량도 꽤 줄었습니다. 저는 아마 신경쇠약에 걸렸나 봅니다. 그러나 이것이 제가 고민하는 원인이라고 부모님께 말씀드릴 수는 없습니다. 저는 남성이란 남성은 이렇지 않기를 바라고 있는 것입니다. 만일 아주머니께서 남성에게 있어 당연한 일이라고 말씀 하신다면 아마 저는 좀더 깨끗이 그러한 생각에 익숙해야 될 것이지요. 그는 결혼하여 건실한 가정을 가지고 싶다고 합니다만 저는 벌써 절교(絕交)해 버렸는데 과연 그와 같은 남성이 가정을 가질 권리가 있을까요.

"결혼 전에 여성에게 문제를 가졌던 남성은 결혼 후도 같다"고 지금 저희들은 모두 책에서 본 얘기를 하고 있습니다. 허다한 심각치 못한 연애는 인생의 자극제라고 농담을 하는데 남성은 정말 결혼 전에 연애의 가지가지를 경험해야 합니까? 그것이 그들에게나 그의 아내에게나 플러스되는 일일까요? 남성은 모두 결혼 전에 성 관계를 탐색한다던 데 사실일까요?

아주머니의 편지는 저희들에게 있어 얼마나 보배로울는지. 인생에의 보다 나은 이해를 위해 정말 큰 도움이 됩니다.

더욱 많은 지도를 바라며

「에루씨」 올림


그리운 「젠」의 어머님.

전번의 이리 문제에 관한 반대 의견이 있거든, 이라고 하신 말씀 감사합니다. 오랜 동안 저희들의 고민꺼리가 되었던 문제가 있어 「에루씨」의 남성의 동정(童貞) 문제에 관한 질문과 함께 회답해 주셨으면 하여 급히 썼습니다. 저와 마찬가지로 다른 사람들도 모두 혼란과 곤혹을 느끼는 문제가 있는데 모두 동봉하면 아주머니의 수고도 좀 덜어드릴 것 같습니다.

먼저 전번에 제가 결혼 이외의 방법으로 어린애를 갖는다는 문제를 말씀드린 일을 너무 건방지다고 생각지 마시기 바랍니다. 저는 그럴 생각은 조금도 없었으나 거기에 반대할 명확한 이유를 발견할 수 없었기 때문입니다. 매우 분명한 회답을 주셔서 기뻤습니다.

처녀성에 관한 편지는 멋있었습니다. 저는 이 문제에 대해서 늘 속고 있었습니다. 장차 제 남편 앞에 부끄럽지 않은 정결한 몸과 마음을 지니기 위함이라든가, 장래를 행복하게 하기 위해 그날의 《그》를 위해 깨끗한 생활을 한다든가, 처녀의 자존심이나 도의심을 별도로 하더라도 아주머니가 편지에서 적어 주신 것처럼 처녀들이 자제할 필요를 설명할 실제적 이유는 많이 있습니다. 그러나 지금 제가 이해키 곤란한 것은 남성들의 도의심에 대한 것입니다. 아주머니의 편지는 그것 자체로써는 극히 솔직하고 확실하고 알기 쉬운 것이지만, 이 남성의 도의심이란 점에 의심이 가는 것입니다. 적당한 레벨의 교우관계를 갖는 일은 여성의 책임이라고 당신께서는 강조하고 계십니다. 특히 저 이리문제에선 남성들은 기회만 있으면 처녀를 유혹하려고 하는데 그것은 과히 이상할 것이 못됩니다.

아주머니께서는 이 문제에 대해서 남성은 하등의 책임이 없다고 하시는 건가요. 그들이 몇몇 모인 곳에서는 예외 없이 손아귀에 넌 처녀들의 이야기를 자랑스럽게 나팔 부는 것입니다. 저를 늘 조끄만 누이동생처럼 여기는 어떤 분이 어느 때 자기 방에 있는 친구 하나를 보고 코 흘리는 도련님이라고 하며 자기는 처녀들을 흥분시키고 유혹하는 수단을 얼마든지 안다고 자랑하던 일이 있습니다. 성 경험이 풍부한 것이 마치 벼슬이나 되는 듯이……

성 교육이 필요하다고는 생각합니다. — 제가 반대하는 것은 그것이 아닙니다. 청년들은 다른 사람들이 얘기하는 것이나 자기가 보는 것은 이해할 필요가 있습니다. 그러나 결혼에 대해서 처음으로 허락되는 교섭은 결혼 첫날밤까지 남겨둬야 하겠지요. 만일 그 결합의 신성이 상실 되 버렸다면 그것은 하등 자랑할 이유가 없는 사실입니다. 방종한 생활은 여성을 낮추는 것임과 동시에 남성도 낮추는 것이 아닐까요.

이것은 결코 모던하지 못한 상태임은 저도 잘 압니다. 자기의 욕망을 누르고 정결하게 몸을 가누는 청년도 있는 것이라고 생각합니다. 제가 이 한 가지 유혹에는 이겼다고 해서 스스로를 미덕의 정형이라고 생각한다고 오해하시지 마십시오. 그리고 제가 냉혈한(冷血漢)이나 불감증이라고 생각지도 마시기를. 저는 결코 성을 숭고한 곳에 추켜 놓으려는 것도 아니며, 반대로 이 인간 활동의 원동력이 되는 것에 치욕을 느끼는 것도 아닙니다. 또 성 문제에 넘어져 후회하고 있는 사람들을 다른 여러 가지 실패를 한 사람들과 구별하여 각별이 가혹하게 비난하려는 것도 아닙니다. 한 남성에게 있어 제가 최초의 존재 — 가 못 된다 해도 용서할 후 있을 것 같습니다. — 또 언젠가 저도 그런 일을 용서하든가 또 일생 실망한 채 지내야 된다는 경우에 빠질지 모릅니다.

그러나 저는 충동을 누르려고도 않는 득의양양한 사나이들은 참을 수 없습니다. 만일 이것이 남성에게 있어 극히 당연하다고 하면, 왜 여성에게 있어서도 정당하다고 말할 수 없을까요? 솔직히 말해서 처녀들에게는 결혼까지 깨끗하라고 요구하면서 한편 남성들에게 자유연애가 주어지고 있는 일은 정말 분개할 일입니다. 이것을 설명해 주실 수 있겠습니까 — 잘 부탁드립니다.

이 점 이외에 「젠」이나 저희들 그룹에 부쳐주실 편지를 제가 얼마나 감사히 뵈었다는 것을 다시 한번 말씀드립니다. 여대생의 입장에서 제가 느낀 일은 무릇 이 명제 하에 씌어진 모든 일들이 저희들의 지성을 기만하려거나 그렇지 않으면 모욕이외 아무것도 아니라는 것입니다. 아주머니의 솔직한 편지 덕분으로 우리들의 문제를, 저 자신이 성 문제에 관해서 특히 의아하고 있던 문제를, 남김없이 말씀드렸습니다.

　진심으로 감사와 경애를 올리며

「제니」 올림

사랑스런 「젠」, 「에루씨」, 「제니」 및 다른 여러분들에게.

　이번에 「제니」에게서 온 남녀 성관계에 대한 상대적 책임에 관한 제 태도를 비평한 글월은 아주 훌륭했습니다. 「젠」이 소개해 주는 여러분의 질문은 그것이 개개의 경우에 있어 우리들의 논의를 폭넓게 이끌러 주는 의미에서 귀중한 것입니다. 나는 「젠」이 당신 별명을 「두뇌 명석형」이라고 부르는 것을 압니다. 당신은 사물을 어데 까지나 철저히 생각해 버리려고 하며, 거기에 이상주의자인 것이 나를 여간 기쁘게 하지 않는 것입니다.

　그러나 이번에 당신이 제출한 것은 도덕 문제의 가장 어려운 면에 다치고 있습니다. — 이중 표준과 남성의 양심이니까요. 이런 과제에 대해 여러분들 뿐 아니라 최고 지식경험을 가진 사람들 간에도 전적으로 동의할지 나는 대단히 의심스럽다고 생각합니다. 아마도 내가 정직하게 대답한다는 일은 당신이나 「에루씨」가 가지고 있는 이류존을 깨뜨려 버리는 일이 될 것입니다. 그것은 항상 내가 꺼려하는 일입니다.

　물론 「제니」여 도덕 문제에 대해서는 남성이 여하한 때라도 여성과 동등하게 책임을 저야 하는 일은 당신이 말하는 대로입니다.

그리고 또 그와 같이 전쟁과 탐욕과 불친절, 완고, 강한 자의 착취 그런 것이 있으면 안 됩니다. 또 이런 종류의 다른 많은 주장은 정당한 것입니다. 그러나 우리의 토론에 있어 내가 여러분께 주려던 것은 있는 그대로의 사회와 대처해 나가는 태도였지 《그래야 할》 세계의 이상 형태는 아니었습니다. 우리가 직면해야 할 현실의 하나는 도덕상 기준이 남녀 양성이 평등하다는 것임에도 불구하고 당신이 말하다시피 그 준수 방법은 양성 간에 여간 차이가 많다는 일과 그것을 지키지 않은 경우 남성에게는 여성에게 있어서 보다 관대하였다는 것입니다.

남성들이 여성에 대해서는 한 도덕률을 세워놓고 자기 자신에게는 다른 기준을 두려는 얄미움은 화가 나는 것입니다. 그리고 자기들이 우리 여성에 대해서 세워 논 도덕률에서 손쉽게 벗어날 수 있는 행동으로 꾀어내려고 애를 쓰는 남성을 생각하면 정말 나의 혈압은 최고도로 올라갈 것 같습니다. 여기 뿐의 얘기지만 특히 나를 화내게 하는 것은 중년 도배들의 이리입니다. 사물에 대한 의젓한 분별을 가지면서도 유혹하는 부량 중년층입니다. 그리고 젊은 이리들에게는 주물리우고, 모략에 넘어가고 유혹되어 고민하는 여러분의 일을 생각하면 온 몸에 소름이 끼치는 것입니다. 이러한 일을 내가 싫어하고 미워하는 것은 당신들 이상일 것입니다. 그러나 이것이 전체 남성들의 상태는 아니라는 것도 생각합니다. 따라서 집단적으로써의 남성 양심이라는 것은 없으며 있는 것은 개개의 즉 세상에 사는 남성의 수효 만큼이란 것입니다. 예를 들면 자기들에게 생의 향락을 주는 여성들의 장래의 운명이나 감정을 전연 존중하려고 하지 않는 사냥꾼도 있습니다. 또 같은 저울의 다른 쪽에는 가장 예민한 여성도 그렇게 결백하리라고 할 수 없을 만치 성에 대해서 책임감이 강한 남성들도 있는 것입니다. 전자와 후자 그 중간을 차지한 것이 여러 가지 모양의 양심을 갖는 사람들 혹은 전혀 양심이 결핍된 사람이 되는 것입니다.

그래서 우리들이 남성의 도의심을 운운할 때는 어느 타입의 사람을 얘기하는지를 알고 있어야 하는 것입니다.

자 그런데 「제니」가 자세히 써 보내준 현행되는 이중 도덕률 — 이란 것은 남성들 간의 결혼 전의 성에 대한 태도로써는 오히려 보통이겠지요. 지금까지 우리들은 도덕률을 여성의 입장에서만 보아 왔지만 여하튼 이번에는 일반 남성들 — 성인도 아니고 또 특별히 악한도 아닌 보통, 기본적으로는 예의 바른 본성을 가진 사회일반의 남성들 — 의 눈을 통해 다시 보기로 합시다.

먼저 이중 도덕률 자체에 대해 생각해 봅시다. 그것은 무슨, 남성에게 의해 우리들에게 강제된 것입니까. 그리고 만일, 남성들이 우리가 세운 표준에 의해 생활하려고 하지 않는다면, 단순히 평등한 이념(理念)뿐으로 우리도 남성들 쪽으로 표준을 내려야 될 것인가요?

아마 나는 동성애의 반역자일는지 모릅니다. 그리고 여러분들 가운데 페미니스트 중에는 아마 내 태도에 불만을 가질 것입니다 (여러분을 비난하려는 생각은 털끝만치도 없습니다. 나 자신도 한때는 페미니스트였기 때문에). 그러나 이중 표준에 대해서는, 변명까지는 못 되어도 이유가 있는 것입니다. 그것을 아주 노골적으로 예증해 볼까요?

　우리 집에는 귀엽고 조그만 암캐가 있습니다. ― 아마 「젠」이 여러분께 얘기했겠지요. 이 토리크쉬도 커서 차차 동리 집 수캐들한테 놀러가려고 합니다. 그리고 아마 우리가 씌워준 개 나라의 수컷들이 제멋대로 떠들고 자기들에게 아무런 해를 가져오지 않고 자유로 성의 자유를 실행하는데 반하여 우리 토리크쉬에게 그것을 용서한다면 그 결과 우리 토리크쉬는 아마 6개월만큼씩 난잡한 잡동사니 개를 우굴우굴 낳고 기진맥진할 것입니다. 이일은 우리 여성들에게 절대로 회피할 수 없는 기본적 사실입니다. 질투하고 흥분해 보았자 어쩔 수 없는 사실입니다. 일시적 성 관계에 있어서 남성은 적어도 남성의 견지에서 보면 아무것도 잃지 않고 일체를 얻을 수 있는 입장에 있는 것이며 한편 여성은 소득이 없이 잃는 것은 막대한 것입니다.

　남성들은 이 사실을 잘 의식하고 있습니다. 그러기 때문에 그 선까지 떨어지는 따위의 여성을 멸시합니다. 누구나 미숙한 철부지를 존경하지는 않을 것입니다. 특히 남녀를 불문하고 그 어리석음 때문에 상대편에게 이용당하는 사람을 누가 존경하겠습니까. 그것은 정당한 일도 아니며 공평한 일도 아닙니다. 그러나 이것이 실정입니다. 더구나 여기에 남녀간의 죄의 대한 태도의 상이가 생기는 것입니다.

　내가 페미니스트였던 젊은 시절에 「제니」 나도 꼭 당신과 같은 불공평한 처사에 말할 수 없는 의분을 느낀 것입니다. 그러나 그러는 동안 여성의 역할에는 몇몇의 보상이 있음을 안 것입니다.

그리고 또 생리적 우월을 미끼로 하지 않은 훌륭하고 존경할 만한 참 기사적(騎士的)인 남성을 나의 생애를 통해 몇 사람이나 만날 수 있어, 정말 이와 반대되는 한낱 보잘 것 없는 남성들을 위해 너무 골치를 앓는다는 것은 어리석다고 생각하게 되었습니다.

그럼 이번에는 일반 청년들이, 혹은 여러분 처녀들이, 현재 혹은 장래에 만날 일반 이상의 청년들에게 있어, 이 도덕이란 것이 어떻게 생각되는지를 조사해 봅시다. 먼저 첫째(이상을 가지고 있다는 점에서) 그들 남성에게 몇 점 주기로 합시다(실행에 있어서는 아무리 불가능 하더라도). 「에루씨」가 인용한 책은 아마 킨 제이 보고서라고 생각합니다. 나도 남성의 경향을 알려고 이것을 보았습니다. 그리고 인상에 남은 점은 대부분의 대학생들이 결혼 전의 동정을 이상으로 한다는 점입니다. 그리고 결혼 전의 성의 탐익(耽溺) 배율이 다른 남성에 비해 훨씬 낮다는 것이었습니다. 지식이나 교육이나 가정의 배경이 나가 남성 개개의 도의심을 배양하는데 있어 중요한 구실을 하는 것 같습니다. 그래서 아마 보다 지적이요 보다 고등교육을 받은 사람이면 당연히 결혼까지 그 동정을 지키는 것을 목표할 것입니다. 여하튼 모든 남성이란 남성은 모두 결혼 전의 정사를 파고드는 것이 아니라고 가정할 수 있는 것입니다.

둘째로 남성에게는, 설혹 이상은 가졌으나 그에 따른 행동이, 여성에게 있어서 보다 훨씬 곤란하다는 점입니다. 그것을 실행하는 사람은 덕망이 높은 처녀에 비해서 더 비교될 수 없이 평가하기에 족한 것이며, 사실 이러한 사람들이 많지는 않다고 해도 과히 놀랄 것이 못 됩니다.

이 설명에 예는 먼저 이리 문제에서도 말한 것처럼 남성의 격한 정욕입니다. 킨제이 보고서에 의하면 평균 15세의 남성이 달하는 성적 성숙에 여성이 달하는 것은 29세라고 하는 것입니다. 집에 「빌」도 꼭 열다섯 살입니다. 잘 알 수 있는데 이 나이의 소년에게, 스물아홉이나 된 여인이 성욕을 컨트롤하는 데 필요한 판단이나 경험이 있을 리가 없는 것입니다. 그래서 자기의 행동에 관해서 참 뜻을 이해 할 만큼 성장하기 전에 소년이 동정을 잃어버리는 일은 간단하고 쉬운 일입니다.

다음으로 남성은 여성보다 훨씬 유혹에 빠질 기회가 많다는 것입니다. 「제니」도 했듯이 그들은 친구들의 이야기를 듣고, 또 방종하게 될 기회도 많은 것입니다. 오늘의 생활에 있어서 우리들 주위의 모든 것이 남성들의 욕망을 불타게끔 만드는 것입니다. 이 점에 대해 여성에게 나무 받을 하등의 이유가 없는 것입니다.

집은 남성들 눈에 뜨이는 부인들의 소지품을 생각해 보십시오. — 선동적인 향수, 괴상한 잠옷, 속옷 — 이래서야 제아무리 점잖으려던 청년도 그 길은 결코 평평해지지가 못합니다.

현대의 많은 영화나 문학의 주류가 되어 있는 이 성 문제가 정상적인 성욕을 가진 남성을 조발시키는 것은 굉장한 것입니다. — 평범한 여성에게 있어서 보다, 훨씬 강렬한 것입니다. 더구나 현대의 데이트 같은 교제법으로는 남성을 위해 그 성욕을 컨트롤하는 방법이 조금도 강구되어 있지 않을 뿐 아니라 오히려 전연 정반대인 것입니다. 어떤 청년들이 《성의 해방》은 훌륭하고 정당한 것이라는 생각을 갖게 되는 것도 구지 의심할 바가 못 되는 것입니다. 여하튼 지금 세상은 그것 이외에는 아무것도 생각지 않는 것 같습니다.

셋째 일이란 반드시 남성에 한한 것이 아니라는 점입니다. 나도 내 아들이 예의 있고 진중하기를 바라며 또한 여성들과 교제하게 될 때에는 상대편에 순결에 대해 책임을 질 수 있도록 나로써 최선의 노력을 다 하고 있습니다. 그러나 또 내가 남성들의 본성을 미루어 어두컴컴한 골목에 있는 단하나의 방종한 계집 때문에 내가 열심히 쌓아 올리려는 노력이 하루아침에 무너진다는 것은 너무나 명백한 것입니다.

많은 청년이 손위 여성이나 혹은 같은 또래의 이미 경험을 가진 여성에 의해 마치 처녀들이 청년에게 유혹되듯 걸려 넘어가는 일은 조금도 이상한 일이 아닙니다. 세상의 모든 여성이 정결하기만하면 자연 모든 남성은 결혼하기까지 동정일 수 있겠지요—그렇지요.

넷째 동등한 레벨로 데이트 관계를 가지려면 남성에게 있어 때로는 여성에게 없는 사교상의 문제를 가져오는 것입니다. 상대편 여성들이 페이튼이나 그 이상을 바라는 경우입니다. 이점 남성들에게 동정해 줘도 괜찮은 것입니다. 남성이 트럭을 사용했을 때는 여성이 분개하고 거절할 수도 있습니다. 그러나 예의 있게 교육된 남성에게 있어 여성 편에서 거는 책략을 과히 떠들어대는 일없이 받아 넘기는 일이란 보통 청년 남성들에게는 너무나 어려운 재주입니다. 그리고 남성들이 하는 말을 들으면 여성도 여간 유혹하려

드는 것이 아니라고 합니다.

　내가 알고 있는 사람이 밤이 이슥한데, 한길에 면한 자기 침실 창, 바로 밑에 차를 세워놓은 두 사람의 회화를 듣는 줄도 모르게 들었답니다. 그것이 옆집 아들이오. 그를 찾아온 처녀임은 곧 알 수 있었습니다. 처녀는 성관계를 육박하는 데 청년은 어떻게든 거 절하려고 열심입니다. 그러나 처녀는 요구하고 호소하고 드디어 그를 함락시켜 버렸습니다. 사실 성관계를 바라지 않는 때 어떻게 거절하는가 하는 지혜를 그 청년은 2,3년 후면 터득할 수 있었을 것이지만 거절하는 테크닉은 여성과 같이 남성도 배우지 않으면 안 되는 것입니다. 그러나 남성은 이성에게서의 유혹을 물리치려 할 때 우리 여성들 보다 훨씬 곤란한 입장에 서게 되는 것입니다.

　남성을 공평하게 평한다면, 반드시 최고의 기준에 따라서 행동 할 수 없는 남성이라도, 그로서의 기준을 가지고 있으며, 그 정도 에서 꽤 충실하려고 노력하는 것입니다. 결혼할 의사도 없이 처녀 를 유린하든가, 술을 먹여서 범하든가, 폭력으로 여성을 침범하는 것을, 본능으로써 기꺼워하지 않는 하나의 튼튼한 《침묵의 규정》 이 남성들 간에는 존재하는 것입니다. 아무리 그들이라 해도 의식 적으로 처녀의 순진함을 이용하려고는 안할 것입니다. 사촌 오빠 「톰」에 대해 나는 여러분에게 그리 좋은 인상을 주지 못한 것 같 아 다소 걱정이므로 여기 그의 입장을 한 가지 변명해 두겠습니 다. 이런 일에 대해서는 「톰」은 절대로 여러분들의 아버지만큼 신 용할 수 있는 사람입니다. 「톰」의 말에 의하면 이리저리 여인을 바꿔가며 돌아 다녔지만 그것은 모두 상당히 분별 있는 여성이었으며, 경험도 풍부하고 일의 절차를 잘 알고 그 행동의 결과를 미리 알 수 있는 그런 여성에 한했답니다.

남성은 대체로 이 불문법(不文法)을 깨는 동성을 혹독하게 비난하며 죄 없는 처녀나 정결한 여인이 까닭 없이 떨어져가는 것을 보고 의분을 느끼는 것입니다. ─ 사실 그들은 이 종류의 행위에 대해서는 간섭도하고 또 예방하도록 노력하고 있습니다.

「젠」이여, Y부인이 얘기해 준 것인데 집 근처 대학에서 이러난 일입니다. 바에서 어떤 남성이 같이 온 처녀를 고의로 취하게 하려는 것을 함께 있던 두 대학생이 보았습니다. 좋지 않은 목적임이 분명합니다. 처녀가 아주 곤드레가 되어 자기가 어데 있는지 무얼 하려는지 조차 모르게 되었을 때 사나이는 유인하기 시작했습니다. 학생들은 서슴지 않고 해치고 들어가 사나이를 물리치고 양쪽으로 처녀를 부축하여 무사히 집까지 데려다 주었답니다. 이 두 사람도 성 경험이 절대로 없다고는 할 수 없겠지요. 그럼에도 불구하고 그런 것을 보든가, 또 멀쩡한 처녀가 그런 함정에 들어가는 것을 보는 일은 그들의 침묵의 규정을 위반하는 것이 되기 때문입니다. 나 자신도 여태까지 여러 번 처녀들에게 어리석은 비행을 멀리하도록 노력해 주는 남성을 목격했습니다. 그들은 반드시 저 가라헛드(아사왕의 기사)는 아니지만 자기가 무엇을 당하려는지 모르는 처녀들에게 책임을 느끼는 것입니다.

그래서, 이 점만으로는 우리들의 표준에 맞지 않지만, 다른 의미에서는 훌륭하고 예의 있는 남성들을 가혹하게 평하는 것은 그만 둡시다. 남성들의 가는 곳에는 늘 함정이 마련되어 있다는 점

을 생각해 주기로 합시다. 만일 남성이 그 함정에서 전혀 빠져나
갈 수 없다손 쳐도 — 처녀들이 오히려 비난받을 만한 상태에 있
었기 때문에 그들이 이리로 변하게 되었다면 더욱이 — 그 오점
(汚點)이 물든 심사를 깊이 생각해 주지 않으면 안 될 것입니다.

청년이 서로 사랑하는 좋은 처녀를 찾았을 때 그의 마음은 다
른 모든 일을 하직하는 것입니다. 물론 남성이라 해도 여러 가지
모양입니다. 그리고 그중에는 그 엉터리없는 것과 저열함이 형언
할 수 없을 때가 있습니다. 그러나 나의 경험에서 보면 이런 부류
의 남성들은 극히 소수에 지나지 않습니다. 여러분도 그것을 부정
하지는 않겠지요. 일반 청년들은 연애를 할 때 그 흥미 본위인 성
에의 관심은 잃고 마는 것입니다. 그는 상대편과 더불어 전진해
갈 것을 바라며 아마 비상한 진지성과 성실로써 서서히 걸어 나갈
것입니다.

「에루씨」여 당신은 결혼 후의 불성실을 통계표를 보고 지나친
걱정을 하는 것 같습니다. 내가 아는 대부분의 남편들은 그런 일
시적 정사를 불을 조심하듯 피하고 있습니다. 때로는 난잡한 말도
하지만 — 그것은 대개 아내가 옆에 있을 때입니다. — 여성 편에
서 그것을 정말로 받아드린다는 것은 그야말로 여성에게 있어 평
생의 실수가 됩니다. 남성은 사랑하는 아내가 행복한 가정을 가지
고 있으면 결코 그것을 위험한데 드러내지는 않습니다.

이 성 문제에 대해 나는 조금도 표면을 칠해버리든가 속이지는
않습니다. 나는 여러 다정한 남성과 부딪친 일이 있습니다. 여러
분도 앞으로 당하겠지만, 그때마다 그 사람들의 아내를 불쌍히 여

긴 것입니다. 그러나 이 오랜 세월을 통해 내가 가장 가까이 하고 있는 사람들의 일을 생각해 보면 결혼 후의 성실이라는 점에서의 레코드는 상당히 높은 것입니다. 그래도 아마 결혼 전에 몇 번이나 연애 경험을 한 남성들일 것입니다.

사회의 실정과 생물학적 견지에서 나는 남성을 판단하는데 과거의 실수보다 오히려 현재의 태도나 대체적인 성격을 기초로 하고 싶습니다. 「에루씨」여 지금 당신이 괴로워하는 그 청년은 당신이 그보다 갑절이나 결백한 청순함에 끌리고 있는 것입니다. ― 정말 고리타분한 말일지 모르나 ― 그 사실의 하나가 그의 품성이나 이상을 얘기하고도 남음이 있을 것입니다. 뿐만 아니라 그는 구혼하기 전에 자기 실책을 인정했습니다. 이 일은 명백히 그와의 결혼에 의한 행복이 예상되며 성실하고 공정한 정신을 보여주는 것입니다. 내 의견으로써는 오히려 그의 편에서 절교를 선언할 권리가 있을 것 같군요. 이렇게 내가 실수한 청년들을 변호한다고 해서 내가 《두 종류의 도덕률》을 지지한다고 생각하면 곤란합니다(여러분의 보이프렌드에게 내가 이렇게 얘기하더라고 하지 않는 것이 좋겠습니다. 아직 완전히 성숙치 못한 청년들이 이것을 전연 일종의 《장려》라고 오인하면 큰일이기 때문입니다. 생물학적인 필요는 조금도 없으니까).

그리고 「제니」여, 남성이란 남성이 전부 백퍼센트로 도덕률을 지키지 않으니 여성도 말한 그대로 좋다는 저 구식 여성 존중론의 함정에 빠지지 않도록 주의하십시오. 그것으로 덕을 보는 것은 값없이 성의 향락을 누릴 수 있는 방탕아뿐입니다.

　결국 보다 높은 상호 책임감이란 것이 남녀가 함께 최후의 목표이어야 할 것이며 언젠가는 우리도 거기에 다다를 것입니다. 그러나 거기에 닿기까지는 성관계를 컨트롤해 갈 책임은 여성이 저야 한다는 것이 우리들의 상식입니다. 자기의 입장을 굳거니 지키고 이러한 남성들의 기준에 현혹됨 없이하면 그만큼 남성이 우리들의 기준에 닥아 올 날이 빠른 것입니다.

　남성에 대해 또 다른 질문은 없습니까, 그렇지 않으면 「젠」이 추려준 다음 문제로 옮길까요, 즉 "여러분 전부가 남편을 가질 수 있을까" — 마치 여러분은 내게 예언자가 되라는 것 같군요.

　한없는 사랑으로써

어머니 씀

편지 **9**

# 꼭 있을까요?

그리운 L아주머니.

저희들은 당신께서, 저희들의 어려운 당면 문제를 위해 애써 주시는 것을 영광으로 생각하며 또 당신의 생각하시는 것과 동감입니다. 당신께서는 저희들이 하고저하는 일을 거침 없이 해 나갈 이유를 가르쳐 주셨으며 또 반대론에 항변할 용기도 주셨습니다.

그래서 저의 질문은 반대 의견이 아닙니다. 오히려 보다 좋은 장래를 초래하기 위한 호소입니다. 말씀을 읽고 있으면 서로 사랑하며 장래에 결혼하고자 하는 사람과 쭉 친밀한 관계를 계속해 가라고 하시는데 이것은 또 저희들의 희망이기도 합니다. 그러나 당신께서 다치지 않으신 문제가 하나 있습니다. 이제 이 점을 설명해 주시면 저희들 많은 친구들이 얼마나 도움이 되는지 모르겠습니다.

당신께서는 바른 사랑과 《그 사람》이 우리를 위해 있으리라고 하셨지만 통계를 보면 아무래도 그렇지 못한 것 같습니다. 전쟁 이후 저의들 같은 처녀들에게 남성들의 수가 상당히 부족 된다는 논문을 많이 읽었습니다. 그리고 그 결과가 여성에게 어떤 경과를 초래하는 지도 잘 알고 있습니다. 이것을 생각하면 누구나 데카단 이 되며 불쾌해 집니다. 요즈음 어떤 교수는 현 미국에는 2백만 명쯤 결혼할 수 없는 처녀가 있는데 전쟁인지 뭔지가 원인이다 하였습니다.

교수의 말씀은 진실입니다. 처녀가 나이를 먹을수록 희망은 옅어가고 스물다섯을 넘으면 거의 희망이 없고 서른 소리가 나오면 단념하는 것이 확실합니다. 교수는 남편과 아이를 갖고 싶거든 될 수 있는 한 빨리 남성을 붙들고, 너무 이 사람 저사람 고르지 말라고 까지 하셨습니다.

우리들은 이 일을 몇 번이나 생각해 보고 당신의 의견과 어긋나는 곳이 없나 하고 의심해 보았습니다. 어떤 아이들은 교수의 말씀이 옳다고 하고 만일 당신께서 말씀하시듯 적당한 사람을 기다리고 있다간 모두 팔다 남은 찌꺼기가 되겠다고 걱정하고 있습니다. 정말이지 많은 처녀들에게 상대가 없으며, 또 상대를 찾는 데 과히 성실치 못하게 됩니다. 제가 아는 사람은 무리로라도 결혼하기 위해 임신했습니다. 그 남성은 결혼해 주었습니다. 저의 친구는 물론 학교는 퇴학했습니다. 상대편 남성은 대학만큼은 졸업하려고 애썼지만 마침내 할 수 없이 군대에 돌아갔습니다. L아주머니 여인국은 확실히 인연이 먼 사람뿐이라 큰 일 났습니다. 당신의 말씀대로 나아가는 처녀들은 상대를 잃어버릴 것입니다.

대개의 처녀들이 거기서 비굴해 지려고 하지 않습니다. 무서운 일입니다. 당신께서는 그렇게 생각지 않으십니까. 결혼 전의 성에 대한 생각을 바꿔야겠다는 사람도 꽤 있습니다. 지금은 우리들이 청년에 대해 매력을 가지고 있지만 자꾸 자꾸 젊은 처녀들이 나오니 우리는 곧 저 버릴 것입니다. 만일 참 사랑을 얻을 때까지 순결을 지키고 있다면 성적 매력이 강한 처녀들에게 빼앗겨 버리지 않을까요.

L아주머니, 저희들은 이런 아니꼬운 것은 하고 싶지 않지만 당신께서 말씀하시는 것보다 이쪽이 더 현실적이라고 생각하고 있음을 믿어주십시오. 저희들은 갈팡질팡하고 있습니다. 아주머니의 생각을 알려주십시오.

삼가 「메리」 올림

사랑하는 「젠」과 그 친구, 특히 「메리」에게

이것은 대단히 좋은 질문입니다. 「메리」 그리고 나는 당신이 이 문제를 제출한 것을 기뻐합니다. 내가 제시한 일에 찬성한 사람이 많은 것과 그리고 당신이 질문한, 내가 제시한 해결법에 따르는 곤란을 지적한 것을 내가 알게 된 것도 큰 기쁨입니다. 편지를 보고 안 일은 지금 세상에는 교제하는데 대한 문제가 뜻밖에 많다는 것입니다. 우리들은 전후의 젊은 사람들이 직면하고 있는 일들을 잘 알지 않으면 안 되겠습니다.

물론 여성의 완성을 위해 결혼과 어린애를 희망하는 것은 당연한 일입니다. 만일 결혼을 못한다면 최대의 손실입니다. — 이것은 당신이 실감한 그대로이며 결코 틀린 것이 아닙니다. 보통 성숙한 부인들은 누구나 같은 의견일 것입니다.

내가 젊은 사람을 위해 든 원칙은 지금 세상에서는 아사왕궁의 기사처럼 실제와는 거리가 먼 얘기일까요, 위엄과 자존을 가지고 기다리고 있으면 — 《그 사람》을 기다리고 있으면 당신네들 보다 용감하고 수줍지 않은 처녀들이(「메리」의 말로는 성적 매력이 많은) 약삭빠른 처녀들에게 저버린다는 것은 정말일까요. — 당신이 아직 로맨스의 경험이 없다면 로맨스를 구하는 일은 집어 치우시오. 그리고 제2류의 결혼이라도 전연 결혼하지 않는 것보다 낫다고 생각해야지요. 그리고 합법적이건 비합법적이건 상관할 것 없이 연애의 기회 같은 것을 붙잡는 게죠. 이것을 노치면 파멸이라고나 하듯이 — 여러분이 방법을 좋아하지 않는다는 것을 나는 충분히 이해하고 있다고 생각하는데, 즉 이것이 상식이라고 믿으니까 취하는 행동이라고 당신은 말하는 폭이 됩니다.

이것은 심각한 문제이며 정직하게 대답을 해야 합니다. 나도 다소 곤란합니다. 내 의견에 따르기만 하면 누구나 다 이상적인 로맨스를 가질 것이라고 보증할 수는 없습니다. 그러나 한편 설사 二百萬명 이상의 여성들이 남성보다 남는다고 해서 여성의 위험과 자제와 도덕을 벗어던지면 남성을 얻을 수 있느냐는 일은 역시 보증할 수 없는 것입니다. 사실 지금까지는 도덕심의 동요에 너무 열중하여 결혼의 기회를 잃는 원인이 된 것이었습니다.

지금은 다르다고 하십니까. 사태를 냉정히 관찰하고 분별없는 사람들과 뇌동하지 않도록 주의 합시다. 그리고 사실이 어떻게 되어있나 생각해 봅시다.

제1조 — 남편을 얻기 위한 경쟁은 유사 이래 처음이 아닌 것을 깨달을 일입니다. 여성에게 경제적 독립이 없이 결혼이 유일한 장래였던 시점의 일을 생각해 보십시오. 빅토리아시대의 소설을 보면 뽑힌 독신 남성은 기생충적인 처녀들 뿐 아니라 그 모친들에게까지 쫓겨 다니지 않으면 안됐던 일을 엿 볼 수 있습니다.

그러나 통계적으로 말해서 남편이 부족된 것은 빅토리아 시대 뿐이 아닙니다. 우리 때에도 전쟁이 있어서 우리들이 특이 이 점에서 피해자가 될 것입니다. 이번 전쟁처럼 지독하지는 않았고, 양성의 균형이 오늘날처럼 터무니없지는 않았습니다. 그래도 우리들의 결혼이 불가능하게 되지나 않을까하는 근심은 지금과 같은 정도로 심각한 것이었습니다. 그것 때문에 성급한, 생각이 모자라는 결혼이 선행하여 차례차례 깨어져갔던 것입니다. 그럴 때에도 많은 우수한 남성들은 빼어난 선택을 하였고 상당한 남성을 기다리던 여성은 훌륭한 배우자를 발견했습니다. 혼기가 늦은 여성 중에서도 가장 행복한 결혼을 한 사람이 있었습니다. 지금과 옛날이 그렇게 다를까요. 나는 아무래도 그렇지 않은 것 같습니다.

제2조 — 훌륭한 남성들이 하잘 것 없는 여성의 수단 때문에 여지없이 신세를 망치거나, 좋은 처녀들이 후보자속에서 고르고 골라 잘 어울리지도 않은 상대를 택할 때가 있습니다. — 사람이란 묘한 것입니다. — 여성이 우량하면 할수록 스마트한 남성의

선택은 강하게 되는 것입니다. 선택의 여지가 넓어지면 넓을수록 최상을 고르려고 진중해 지는 것입니다. 나는 세상의 남성들이 이 전보다 바보가 되었다고 생각지도 않으면 남성들이 자기의 생각 으로써 선택을 하는 이상 추구되면 될수록 기개가 높아간다는 것 쯤 알고 있습니다. 대개의 남성들은 자기편에서 추구하려고 합니 다.

「젠」아, 나는 「루스」의 결혼 청첩을 동봉한다. 여러분은 아마 「루스」의 로맨스를 듣고 싶겠지요. 「젠」이 얘기 했겠지만, 「루스」 는 건강하고 좋은 인상을 주는 사람이었는데 결코 차밍한 여인은 아니었습니다. 전쟁 중에는 어느 여대생이나 다 그랬지만 학교에 있는 동안에는 아무에게도 열렬히 쫓긴 일은 없었는데 그렇다고 별로 비관하지도 않았습니다. 조용히 공부도 하고, 장래 유리한 일에 종사할 것처럼 생각되었습니다.

거기에 이전 축구 선수가, 이번에는 싸움터의 용사로써 귀환했 습니다. 나는 말예요 영화이외서 그와 같은 호남을 보지 못했습니 다. 처녀들은 와 — 하고 그에게 몰려들었습니다. 그러나 그는 한 사람도 넘어뜨리는 일없이 「루스」와 처음 만났습니다. 그 후부터 는 급행입니다. 그는 「루스」가 출석하는 클럽의 만찬의 초대장을 준비하랴, 매일매일 빠짐없이 데이트를 만들랴, 이런 일을 졸업식 까지 계속했습니다. 그때까지 약혼이 성립되었습니다. 〈당신은 구애(求愛)당하자마자 남성의 팔에 자기 자신을 내맡길 사람이 아 닐 줄 알았다.〉— 이것이 첫눈에 그 여인을 사랑하게 된 그의 설 명이었습니다.

자 빨리 상대를 붙잡아야지, 팔다 남은 찌꺼기가 되면 어쩌나 하던 당신의 발언을 다시 한번 검토해 봅시다. 20대에 찬스가 제일 많은 것은 분명하지만 그것은 그 시대에 경박한 남성이 많다는 것입니다. 그러나 그 다음에 남성은 제로가 된다는 것은 너무 세상의 실정을 무시한 얘기입니다. 나는 요전에 사십대의 훌륭한 신부(新婦)와 점심을 같이 했습니다. 자연 과학의 대학 교수인데 새 부장님께 인사를 하러 갔다가 나왔을 때는 훌륭한 남편과 함께 이었습니다. 이즈음 이 동리에서 굉장한 재혼 남성과 결혼한 것은 누구입니까. 그 사람은 55세까지 독신이었던 부인입니다.

나는 그런 나이까지 무턱대고 기다리라는 것은 아닙니다. 단지 실례가 보여주듯 서른이 되건 마흔이 되건 쉰이 되건 로맨스는 얼마든지 있다는데 — 왜 여러분과 같은 처녀만이 20대로써 절망하는가 말입니다.

최후로 영원히 찬스가 없어지는 것을 두려워하고 닫는 대로 성적 경험을 가지려는 가부를 생각해 봅시다. 여러분은 20세 전후입니다. 이것이 과연 여러분의 최후의 찬스일까요. 여러분이 그다지 절실하게 조바심하고 있지 않는다면 이태도의 우스꽝스런 점을 알 수 있을 것입니다. 나이 많은 분들에게 들어보면 60이 되어도 찬스는 있다고 하며 그 후 얼마가 되든 젊음과 단정한 몸가짐과 매력을 잃지만 안는다면 앞길은 양양합니다.

또 하나 얘기를 들어주십시오. 스물다섯이 되어도 연애 경험이 없는 처녀가 있었습니다. 그에게는 충실한 구애자가 있었지만 결혼할 생각은 없었습니다. 여러분도 이런 생각을 하는 분이 있는 것 같은데, 매일 매일을 무미건조하게 지냈습니다.

어느 날 그 여성은 나와 또 다른 결혼한 친구에게 말했습니다. "나는 그와 성관계를 맺어 보려고 합니다. 그러면 그를 좀 좋아질 수 있을 최후의 기회가 올지도 모르니까." 우리들은 이구동성으로 "사랑이 없으면 그런 짓은 아예 그만 두어라"고 말렸습니다. 수개월 후 한 남성이 이 거리에 나타나 그 여성과 미친 듯한 연애에 빠져 곧 결혼해 버렸습니다. 나는 이 일을 장본인과는 일절 얘기하지 않았습니다. — 누구나 이런 일을 지난 후에 생각하기는 싫거든요. — 그러나 나는 참된 경험 때문에 자중하고 기다리던 일을 후회했다는 여성을 만난 일은 없습니다. 나는 무엇이든지 내기를 하겠습니다. 결코 그런 사람은 없습니다.

지금 쓴 것 같은 로맨스를 나는 여러분 전부에게 약속할 수 없는 것을 되풀이 하겠습니다. 그러나 내가 여러분들에게 자각해 달라고 하는 일은, 그 연령이 아직도 미숙한 시대라는 것입니다. 터놓고 얘기하면 멋진 로맨스는 아직 여러분에게 일어나지 않는 편이 다행하다는 것입니다. 여러 가지 보이프렌드와 가볍게 다니며 노는 것이 고작일 나이랍니다. 지금 여러분은 비나 교육, 재능과 능력의 발달에 소비될 시기입니다. 이 시기를 잃으면 그야말로 결코 두 번 다시 기회가 오지 않습니다. 그러나 과히 이상을 원대하게 갖지 않는다면 수업과 교육을 동시에 얻을 수가 있는 것입니다.

결혼과 모성은 정말 멋있는 것입니다. — 이것을 단념시키려는 것은 아닙니다. 다만 어린애의 아버지인 남편을 경애하지 않으면 안 됩니다. 그렇지 않으면 결혼도 모성도 실로 두려운 것이 되어 버립니다.

우리들 중, 대개의 사람들에게는 결혼생활이란 가장 잘 되었다 하여도 아이들이 자라서 독립할 때 가지 변화나 자극이 적은, 그리고 규율 있는 책임을 지게 되는 오래고 침착한 생활입니다. 연애 지상의 입장을 취해서 출세나 모험이나 희망이나 꿈을 모조리 버리고 오로지 연애 완전을 위해 생애를 바치는 것도 한 가지 사는 방법이겠지요. 그러나 이런 모든 것에의 야심을 포기하는데다 다시 로맨스까지도 버리고, 만일 다른 찬스를 기다리고 있다가 돌아 볼 것 같지도 않은, 자기에게는 하등의 매력을 느끼지 못하는 남성과 결혼해 버리는 것은 연애지상주의의 방법과는 또 다른 생활 방침일 것입니다. 자기에게 있어 무의미한 일생임과 동시에 상대편 남성에게 대해서도 무책임하지 않습니다.

다시 하나 부가하겠습니다. — 나는 영구히 기다리라는 것은 아닙니다. 학교를 나와 사회에 나가 일을 많이 하고 그래도 연애의 찬스가 오지 않으면 처음으로 신중히 생각할 필요가 있는 것입니다. 그 경우에 대비해 나는 의견을 가지고 있습니다. 이 나라 가운데 어디, 혹은 세계 어느 나라에, 그리고 어떤 직업을 가지면, 그리고 어떤 사회상태에 가면 결혼의 자유를 가지고 있는 남성을 발견하기 쉬울까하고 이것은 당연한 생각이며 조금도 부끄러운 일이 아닙니다. 나는 적당한 상대가 없다는 이유뿐으로 좋은 직업을 버리고 외국에 간 여인을 알고 있습니다. 총명하고 또 수완이 있어서 그 여성은 남편과 보다 유리한 직업을 함께 할 수 있었습

니다. 자활할 수 있는 《아가씨》라면 오늘 날 세계 어디든지 가고
싶은 곳에 갈 수 있습니다. 철저한 생활 의욕을 가진 처녀가 이리
저리 넓은 곳에 나아가 한사람의 남성도 찾을 수 없다는 일은 아
마 없을 것입니다.

아무리 해서라도 지금 곧 남편을 찾아야 되겠다, 성 경험을 해
야겠다는 사람은 곤란하지만, 나는 먼저 로맨스에 참 찬스를 주도
록 하십시오. 라고 말하겠습니다. 유쾌한 계획을 세워 쾌활하고
재미있는 여성이 되어 여성답게, 남성이 바람직한 여성이 되기만
하면 — 로맨스는 당장에 나타날 보증을 서겠습니다. 사람에 따라
다소 늦는 일도 있겠지만 늦게 오는 것은 더욱 좋겠지요. 아직 그
것이 오지 않는다면 — 그것을 쫓아 나가시오. 나의 축복을 당신
에게 드리겠습니다. 좀터 기다리십시오.

너무 써서 지쳤다.「젠」. 아주 확정되었어 — 클럽대표로 나는
아트란틱 시티에 가기로 되었다. — 그래 굉장히 화려한 모자를
샀단다. 여기 거리에서는 좀 슬 용기가 나지 않는데 네가 싫어하
는 《클럽형》이 아닌 모자란다. 만일 마마에게 문제가 일어나면 책
임은 네가 져야겠구나 — (모자에 대한 농담은 아니다.)

더 많은 질문을 보내십시오.

여러분. 단 내게 답장을 쓸 시간은 주셔야 합니다.

어머니 씀

편지 **10**

# 어머니를 **원망**해요

어머니.

저를 기억하세요? 바로 어머니의 딸 「젠」입니다. 그룹에 보내
주신 요전번 편지 끝머리에 겨우 한마디 제게 대한 말씀이 있는
것으로는 아무리해도 고아(孤兒)같은 생각이 듭니다. 그러나 불평
을 말할 수는 없지요. 어머니를 여기에 끌어 들인 것은 저니까. 모
두 편지가 오면 기뻐서 흥분을 합니다. 그것을 보면 제 이름만으
로 오는 편지가 아니어도 만족해야 할 것입니다. 그 기분이 꽤 좋
은 것이기도 합니다. 농담이 아닙니다. 진정입니다.

아트란틱 시티에 가신다니 참 반갑습니다. 아무쪼록 즐겁게 지
내세요, 그 곳 얘기는 듣고 있습니다. 새 모자를 사셔서 좋군요.
클럽회원형이 아님은 더욱 좋았어요. 좀 보고 싶을 정도입니다.

최근에는 정말 따님의 일은 과히 흥미가 없으신 모양인데 간단
히 저의 근황을 들으시는 일도 과히 나쁘지 않으시겠어요.

1. 대체 저는 어떻게 된 셈인지요. 이 학기가 시작되어 여러분 들과 함께 기숙사에 있던 것은 겨우 하룻밤 뿐이었습니다.

꿩장해요 어머니. 그러나 이런 모양으로 나가다간 여름쯤 가선 손댈 수 없는 노라리가 될지 모르겠습니다. 「제니」가 충고하기를 미술이나 종교를 전공해서 승화 작용을 베풀지 않으면 안 되겠답 니다.

그러나 여름까지는 아직 멀었고 지금은 또 멋지거든요. 제가 이렇게 즐겁게 지나는 것을 기뻐해 주십시오. 그러면 제 성적표를 보실 때도 낙심치는 않으실 것입니다.

2. 내주 주말에는 「팀」의 부모님을 방문하게 될 것 같아요. 아 주 좋은 분이란 얘기들인데 저는 뭐 들 떴으니까요. 그런데 「팀」은 저를 퍽 걱정하고 있습니다. 제가 부주의해서 본성을 나타내지나 않을까 하고요. 그리고 자기는 저의 있는 그대 로가 좋은데 "어머니가 이해하지 못하신다면 곤란하다"고 합니다.

물론 그렇게 말하지도 않고, 또 이러한 생각을 일체 부정하고 있습니다. 그러나 제게는 너무나 환한 사실이어서 싫건 놀려주고 더 걱정을 시키고 있어요. 저는 결심만 한다면 얼마든지 가면을 쓸 수 있다고 했습니다. 그러니까 「팀」은 정말 그렇다고 정색을 했습니다. 첫 번째 두 번째 데이트로써 「팀」은 저를 아주 귀엽고 좋은 아가씨로 알았다는데 세 번째 만났을 때 뜻밖의 결과를 가져 왔든 것입니다. 이것으로 저의 평가는 된 것 같은데 자 그럼 저도 양가의 귀한 딸이라는 인상을 주려고 열심히 노력할 작정입니다.

3. 학업, — 이것은 말하지 않는 편이 회소식입니다. 사실 저는 노력하고 있습니다. — 거짓은 없습니다.

4. 요즘은 아주 이상한 일이 자꾸 자꾸 일어납니다. 어제는 「샤-레」가 단단히 봉한 편지를 어머니께 보내달라고 주었습니다. 오늘은 교실에서 돌아가니까 또 다른 편지가 책상위에 있었습니다. — 이것은 누구한테 선지 모릅니다. — 어머니께서 부쳐 달라는 사연이 조그만 쪽지에 타이프로 씌어 있었습니다. 호기심으로 두근두근 하지만 점잖게 묻지 않기로 하고 있습니다. 물론 어머니가 저의 친구간의 비밀교섭을 제게 귀띔해 주신다면 또 별도입니다.

자 당신의 딸로부터(진짜)의 질문이 있습니다. 편지 속에서 여러분께 들려주신 그 스토리 말씀에요. 대체 어데서 모두 가져 오셨어요. 여태까지 쭉 그렇게 가지가지의 인물들이 실재 했었나요? 저는 우리가 사는 저 동리처럼 인습에 색칠해진 성읍은 없다고 생각했습니다. 저는 잘 못 보았을까요? 그렇지 않으면 저 스토리는 모두 어머니의 창작입니까? 그러면 그렇다고 하고 저는 알고 싶어서 수물수물합니다.

아 — 내일은 심리학과 독일어 시험입니다. 「팀」과 영화 보러가기 전에 한참 복습을 하지 않으면 안 되겠습니다. 여하간 저는 한마디도 더 쓸 말이 생각나지 않습니다.

유명한 어머니를 가진 딸은 어머니의 자필 편지는 바랄 수 없을까요. — 거저 편지 한 귀퉁이쯤이라도 말씀에요. 그만 단념하기로 하고 어머니를 기숙사의 여러분과 나누기로 하겠습니다.

당신의 「젠」 올림

사랑하는 어머니.

아니 이것은 「젠」이 쓰는 것이 아닙니다. 「샤-레」입니다. 잊으셨는지 모르지만 「젠」을 찾아 오셨을 때 뵈었습니다. 당신께서 젊은 우리들의 문제에 비상한 관심을 가지시고 「젠」뿐 아니라 저희들 모두에게 이러나는 여러 가지 문제를 걱정해 주셔서 저도 당신을 《어머니》라고 부르고 싶습니다. 그렇게 부르게 해 주십시오. 당신은 아마 저를 주제 넘는 말괄량이라고 생각하실지 모릅니다. 만일 「팀」이 「젠」에게 얘기했고, 「젠」이 당신께 얘기했다면 말씀입니다. 만일 얘기하지 않았으면 제 얘기는 이렇습니다. 지난밤에 「팀」이 「젠」을 방문했습니다. 「젠」은 아직 준비가 되어 있지 않았습니다. 마침 「팀」이 응접실에서 「젠」을 기다리고 있는데 제가 들어갔습니다. 저는 아무 생각 없이 이런 저런 얘기를 시작했습니다. 갑자기 「팀」이 정색을 하며 왜 좀 더 똑똑히 굴지 않느냐고 제게 말했습니다. 저는 예뻐서 남성들에게 기회만 준다면 모두들 호감을 가질 것이라고 합니다. 제가 홀로 홀연히 앉았으면 손해라는 것입니다.

처음에 저는 농담인줄 알았습니다. 그러나 점점 「팀」이 진심임을 알았습니다. 저는 두 서너 마디 항의를 했습니다. — 남성에게 호감을 주건 말건 그것은 나에게 하등 관계 없는 일이라고 말했습니다. 그리고 내가 그때 그와 놀고 싶다고 생각하면 큰 오해다, 나는 거저 심심풀이로 온 것뿐이라고 했을 때 「젠」이 들어와 얘기는 그것으로 끝났습니다.

저는 학교를 그만두려고까지 했습니다. 「젠」은 좋은 아이입니다. 저는 「젠」의 기분을 거슬릴 생각은 하나도 없습니다. 저는 남성들 — 은 거저 친구로서 필요할 뿐입니다. 그러나 여기에 온 이후 전연 주목되지 않습니다.

아이들도 저를 좋아하지 않으며, 저는 여러 가지, 남들을 놀라게 하는 얘기를 합니다. 그러나 제가 제일 슬픈 일은 저와는 아무도 데이트를 정해주지 않는 것입니다. 대체 왜 그럴까요. 농담은 합니다. 꽤 날카로운 일까지 합니다. 그러나 댄스나 영화구경이라면 모두 다른 상대를 찾습니다. 만일 「젠」이 이 일에 대해 당신께 썼다면 반드시 저의 어느 점이 나쁜지 지적해 주실 것으로 믿습니다.

L부인, 저는 「젠」이나 그 밖의 다른 아이들처럼 배경이 없습니다. 불평을 해선 안 되겠지요. 캠프도 가고 일류 학교에서 공부하고 아름다운 옷도 가지고 있습니다. 그러나 아버지 없는 얘기를 쓰셨을 때 저는 저를 향해 직접 얘기하시는 것 같았습니다. 아버지는 있었습니다. 그러나 저의 어머니는 제가 철이 들기 전에 이혼해 버렸습니다. 그 후에 아버지를 본 일이 없습니다. 저는 당신이 말씀하시는 사생아와 실제에 있어서는 조금도 다름없는 생활을 한 것입니다. 의붓아버지가 어떤 것인지는 말씀하신 대로입니다. 저는 의붓아버지를 둘이나 가졌습니다. 둘 다 쓸 모 없는 사람들이며, 저의 어머니가 먹였고 지독하게 많은 빚을 다 갚은 후, 어

머니는 그 사람들을 버렸습니다.

그리고 친척들 손을 거쳐 이리저리 — 이것도 어렸을 때는 싫도록 경험 했습니다. 아저씨 아주머니들이 무능한 사나이와 결혼한 어머니를 욕하는 것을 듣는 일은 어린 마음에도 괴로운 일이었습니다.

그러나 아직 말씀하시지 않은 게 있습니다. 부모가 하나밖에 없을 경우 그 단 하나의 어버이가 사랑해 주지 않는 경우의 일입니다. 자기가 두통꺼리라는 것을 알 때에 말입니다. 물질 면에서 어머니는 결코 제게 부자유를 느끼게 하지는 않았습니다. 훌륭한 직업여성이었기 때문에 많은 봉급을 받아 저는 늘 이런 애에게 넘치는 것들을 갖고 있었습니다. 그러나 아무리 물질이 풍부해도 사랑의 부족을 보충할 수는 없습니다.

어머니와 같이 살게 되었을 때에도 가정부가 늘 들락날락하여 뒤숭숭했습니다. 그 우에 오는 사람마다 모두 싫은 사람뿐이어서 싸움만 했습니다. 곤란한 것은 어머니였으니까, 충분히 사정도 모르면서 어머니는 늘 저만 야단쳤습니다. 왜 그랬는지 어머니는 제 동무를 모두 싫어했고 저를 동무와 사귀지 못하게 했습니다.

어머니는 상당히 아름다웠습니다. 옷차림도 세련되고 사교는 그만이었으나 파티 때는 늘 제가 가루 고쳤습니다. 손님의 누군가가 저를 보고 야 「샤-레」가 있구나. 「샤-레」안녕? 하면 잠깐 저를 불러드리지만 곧 또 무슨 이유를 붙여 쫓아내는 것입니다.

제가 나이를 먹을수록 사태는 점점 나빴습니다. 제가 보이프렌드를 만들지나 않나 그것이 어머니의 걱정꺼리였습니다. 어머니

주위에 몰려오는 남성가운데 제게 주의를 하는 사람이 하나라도 있으면 큰일 납니다. 어머니에의 주의가 등한해 진다는 이유는 절대로 아닙니다. 남성간의 인기는 굉장했습니다. 나쁜 의미에서가 아니지만 어머니는 남성을 끄는 골자는 천성적으로 터득하고 있었습니다. 저는 헤일 수 없이 많은 《아저씨》를 가져야 했던 것입니다. 모두 저를 추어주었습니다. 그래서 저는 사교를 금지 당하는 것은 싫었습니다. 드디어 저는 《아저씨들》중 한 사람과 극장 구경을 했습니다. 그 결과는 「샤-레」양 칼레지 입학이란 것입니다. 아름다운 옷이 가득찬 트렁크에 교감에게의 편지를 부쳐서 말입니다. 편지 속에는 저의 부량한 모양이 씌어졌습니다. 저의 어머니같은 여성은 자기 딸이 성장하는 것이 무서운가 봅니다. 그래서 성인이 되었다고 인정하기 싫은 모양입니다.

칼레지에 오는 것은 과히 싫지도 않았고 집에서 떠나는 것은 기뻤습니다. 만일 어머니가 내보내지 않았다면 아마 내가 나왔을 것입니다. 저는 이제 겨우 마음에 맞는 동무도 생기고 청년들과 놀 수 있게 되었다고 생각했습니다. 미세스L, 이것은 나쁜 생각일까요. 그러나 「팀」에게서의 충고 때문에 저는 쥐구멍에라도 들고 싶은 심정입니다. 무슨 말씀을 좀 해 주십시오. 달리 의논해 줄 사람이 하나도 없습니다.

미세스L, 건실하고 훌륭한 가정에서 애정이 풍부한 어머니를 갖지 못한 아이들을 위해서도 무슨 희망이 있을까요.

당신의 딸 되는

「샤-레」 올림

사랑하는 L부인,

당신의 편지는 훌륭합니다. … 그럴 때마다 저는 일년 전에 저의 어머니나 또는 다른 누가 저를 위해 이런 공로를 세워 주셨다면 하고 원망스럽기도 합니다(가이던스라고 하지만 사실 그것이 필요할 때는 어디로 가야 좋을지 모르는 것입니다. 일년 전의 저였다면 당신의 편지로써 얼마나 도움이 되었을까하고 생각되며, 아무쪼록 지금의 여러분을 위해 이것이 금싸라기 같은 충고가 되도록 기도합니다. 정말 큰 가이던스가 되리라고 생각합니다).

저는 상당히 괴로워하는 일이 있습니다. 아무에게도 말할 수 없습니다. 저의 어머니에게는 얘기할 수 없습니다. 그냥 슬퍼하기만 하고 알아주지는 못할 터이니 말씀에요. 그룹 앞에서는 발표할 수 없는 일인데 당신께만 말씀드리게 해 주십시오.

저는 이 편지를 「젠」의 책상위에 놉니다. 당신께 썼다는 것도 알리기 싫습니다. 「젠」에게도 말씀하지 마세요. 제 이름을 쓴 봉투를 동봉했습니다. 직접 편지해 주시기를.

미세스L 일반 문제도 바쁘신데 이런 개인적인 문제로 시간을 차지하여 죄송합니다. 너무 바쁘시거든 사양치 마시고 거절하셔도 좋습니다. 정말 죄송합니다.

「또디」 올림

베이비 「젠」에게.

너 골랐니? 그럴 리는 없단다. 내 편지는 여러분과 함께 너도 포함한 것이다. 회람인 이상 너무 개인적인 일은 넣을 수 없지 않아. 너도 그것은 잘 알겠지.

여러분의 답장을 쓰는 일은 여간 큰 일이 아니다. 특히 「제니」의 질문 따위는 어려운 것이다. 먼저 내 자신의 생각을 정리해야 한다. 그것이 여간 어렵지 않단다. 그 다음에 그 생각을 오해하지 않도록 분명히 종이에 쓰는데 적어도 나는 최대한의 확실성을 가지고 쓰는 것이다. 인간의 지혜로는 취급할 수 없을 것 같은 일을 영리치도 못한 머리로 쓰는 것이니까. 심리분석쯤은 교실에서 좀 더 연구해 둘걸 그랬다. 지금이야 말로 그것이 필요한 때로구나.

여러 가지 걱정을 해줘서 고맙다. 대단히 즐겁게 지낸다. 댄스도 많이 했고 달빛 어린 바닷가를 거닐기도 했단다. 과히 떠들 건 없다. 그리 대수롭지 않은 일이지만 나 같은 샌님은 이 정도의 일도 유쾌한 것이다. 내가 제일 기뻐하는 일은, 여러분에게 내가 권한 일이 확실히 효력이 있다는 것을 체험한 점이다. 늘 자리 잡고 있는 구석에서 웅크리고 있니 말고 넓은 곳에 나와 사건이 일어나는 것을 기다리라고 한 일이 있는데 확실히 그렇다.

「팀」의 부모님을 방문했는지? 상당한 공부를 했겠구나. 처음에는 어려운 일이다. 내가 집으로 가거든 「팀」도 같은 고행을 경험해 보라고 할까? 나도 그 청년을 맞나 보고 싶단다.

이제 학년 고사로 협박하는 건 그만 두어라. 대개 잘 되어 가니까 나는 안심하고 있다. 네가 열심히 공부만하면 어머니는 성적은 그리 염두에 두지 않는다.

유감스럽지만 우리들의 비밀 속에 너를 넣어줄 수는 없다. 「샤-레」에게 줄 사신(私信)을 동봉한다. 너를 신용하지 않아서 봉한 것이 아니라 「샤-레」도 봉했으니 내 회답도 같이 했을 뿐이다. 「샤-레」에게는 특별히 친절히 대해 주어라. 지금 그 애는 우정이 필요하단다. 네게서 온 또 하나의 봉한 편지는 큰 비밀이다. 보내온 사람의 이름도 밝힐 수 없다. 너는 넉넉히 이해해 줄게다.

너의 무릎도 꽤 재미있는 것이나, 다른 아이들의 더 중요한 문제를 처리할 때까지 좀 기다려다오. 아트란틱 시티 — 체류 중 모든 시간을 편지에다 소비하기는 싫으니까. — 그렇지?

사랑하는 내 딸, 이제 어머니는 좀 내 일을 해야 하겠다. 나의 위원회의 보고서란다. 그 후 부로드 워크를 산보할 데이트가 있단다. 멋있지? 나의 중년기에 약간의 색채를 누릴 것을 네가 참고 보아 준다면 집에 돌아가 꼭 보답을 해 줄 테다. 그때에는 모든 것이 다시 단조로운 평범으로 돌아갈 것이니까. 그리고 내게 편지상의 시엉딸을 이렇게 많이 만들어 준 것은 너니까 너는 너대로 얼마든지 편지해도 상관없단 말이야.

특별히 최고의 사랑을 내 딸에게

급히 어머니 씀

「에디이스」에게 처녀의 예의작법(禮儀作法)에 대한 질문을 곧 대답하겠다고 전해다오. 「제니」가 생각해 내는 문제에 비하면 「에디이스」쪽은 과히 어렵지 않다.


사랑하는 「샤-레」.

편지는 고마웠소. 물론 당신을 기억하고 있지요. 그리고 나를 「어머니」라고 불러주시는 마음씨에 형언할 수 없는 기쁨을 느낍니다. 도저히 어머니 노릇을 할 수 없겠지만 그러니만큼 더 그 마음을 기쁘게 생각나는 것입니다.

먼저 나는 당신에게 자신을 가지라고 하고 싶습니다. 모두 당신을 좋아합니다. 그리고 친구가 되려고 하고 있습니다. 「젠」이 그렇게 생각하는 것을 나는 잘 알고 있고 그대가 가끔 얘기하는 말끝에서 다른 아이들도 같은 생각을 하고 있음을 아는 것입니다.

「팀」도 당신에게 호의를 가지고 있다고 생각합니다. 그렇지 않으면 오빠와 같은 충고를 할 리가 만무합니다. 「젠」은 아무 소리도 안했습니다. 아마 「팀」은 그 애에게 얘기하지 않았나 봅니다. 「젠」이 늘 「팀」을 평하는데 의하면 그런 일을 지껄이고 다닐 위인이라고는 생각되지 않으며, 나도 「젠」에게 누설치 않을 터이니 그점 안심해도 좋습니다.

자 당신의 최대의 문제 이상적 가정과 애정이 풍부한 어머니를 갖지 못한 자도 희망이 있느냐는 일 당신의 경우라면 어머니가 아니라 양쪽 다 없다고 하겠지요. 희망은 있습니다. 당신의 경우보다 천배나 더 지독한 환경에서도 훌륭한 사람들이 얼마든지 있습니다. 내가 아는 가장 위대한 사람들은 당신이나 내가 꿈에도 상상할 수 없는 괴롭고 쓸쓸한 유년 시절을 지내왔습니다. 아버지는 무엇 하나 분명치 못한 무책임한 남성이며 몇 년이나 가정을 내버려두고 있었습니다.

그때에는 아직 우리 동리에 구호반 조직이 없었기 때문에, 아이들은 추위와 굶주림에 떨고, 어머미는 닥치는 대로 아무 일이나 하고 있었는데 마지막엔 미쳤습니다. 그래 아이들은 부모를 모셔야 했습니다.

그래도 지금 최대의 존경을 갖고 있는 그 친구는 칼리지를 졸업하고 훌륭한 여성과 결혼하여 이상적 남편과 아버지가 되었습니다. 만날 때마다 나는 그의 표정에서 어떤 선량함과 애정으로 내가 끌려 올라가는 것을 느낍니다.

이 동리에서 금주 운동을 일으키기 위해 가장 애쓴 사람은 주정뱅이며 가정을 억망으로 망쳐 논 딱지가 붙은 사나이를 아버지로 가진 사람이었습니다. 자기는 한 방울도 안 합니다. 그리고 다른 가정이 알코올 때문에 행복을 파괴하는 것을 막기 위해 전력을 다하고 있습니다.

「샤-레」여! 당신은 부모님의 과실을 안 것 같은데 설사 그렇다고 해도 우리는 부모들의 과실을 구실로 해서 우리의 생애까지 실패로 돌릴 필요는 조금도 없습니다. 나는 이혼한 어버이 간의 아이들이 견실하고 좋은 결혼을 하고 있는 것을 가끔 보고 있습니다. 착실치 못한 어버이를 가진 아이들이 그런 감화를 받지 않고 자기네들의 생활을 훌륭히 쌓아 올리는 것을 몇 번이나 목격한 것입니다.

편지를 보고 있으면, 「샤-레」여, 나는 당신이 어머니를 오해하고 있고 따라서 여태까지의 일에 대해서도 그른 견해를 가진 것처럼 생각됩니다. 어머니는 당신께 대한 애정이 없는 것은 아닙니다. 대단히 사랑하고 있고, 깊은 관심을 가지고 있으니까 더욱 당신의 행동을 제약하려든 것이지, 당신이 원망하듯 사랑과 관심이 결핍되어 방해하려고 드는 것은 아닙니다.

이 아트란틱 시티에서 어떤 부인을 만났는데 생활비가 모자라서 자기 딸과 같이 살 수없다고 한탄하는 것입니다. 그리고 자기는 일류 호텔에 투숙하고 있었습니다. 그리고 이 부인의 복장이나 생활이 극상으로 화려한 것이었습니다. 이런 것이야 말로 아이들을 사랑치 않고 자기 멋대로의 향락을 첫째로 꼽는, 모성애가 결핍된 어머니라고 나는 말하고 싶습니다.

그러나 당신의 어머니를, 같은 인생의 고초를 경험한 동성의 눈으로 관찰해 봅시다. 아버지와의 이혼, 혹은 한 거름 올라가 그와의 결혼, 그것은 어머니가 나빴겠어요? 그것은 뭐라고 할 수 없지만 하여튼 그 전부의 책임이 자기에게 덮쳐왔을 때, 분연히 스스로의 문제를 처리하고 조그만 딸을 위해 자기 전력을 다한 것이 당신의 어머니입니다. 「샤-레」여 당신의 어머니도 아마 그런 경험을 하셨을 거라고 생각합니다. 허지만 실망하고 고통에 못 견디는 동안 우리는 곧 잘 아이들에게 오해를 살 때가 있습니다. 「젠」의 아버지가 편찮아, 「빌」은 어렸고 잔손이 많이 가서 내가 도저

히 「젠」까지 돌아 볼 틈이 없었을 때, 그 애는 어머니가 사랑해 주
지 않는다고 생각했습니다. 다행이 어찌 어찌해서 그 고비를 넘었
지만 만일 그때에 내가 그 애를 잘 맞지 않는 친척에게 맡기거나
했더라면 어땠을까요. 당신 어머니께선 그 당시 그 방법 외에 별
도리가 없었던가 봅니다. 내가 만일 그때 별 도리가 없었다면
「젠」은 내 고충을 몰라주었을 것입니다. 그리고 당신이 어머니께
가지고 있는 것 같은 반감을 내게나, 내 노력에 대해서도 그냥 가
진 채 성장했을 것입니다.

　내가 생각하고 있는 것을 솔직히 얘기해 볼까요.「샤-레」! 당
신 어머니는 이 긴 세월을 두고 늘 당신을 사랑하고 또 당신도 어
머니의 사랑을 필요로 하였지만, 단지 두 분을 위해 너무나 사정
이 나빴든 것입니다. 어머니께 잘못이 있었을지도 모릅니다. 행복
의 문이 몇 번이나 몇 번이나 우리들 눈앞에서 닫히는 것을 보면,
그만 그릇된 일도 저지르게 되는 것입니다. 그러나 그 과실을 당
신께는 범하지 않게 하시려는 것입니다. 당신을 사랑하고 당신에
게는 자기 자신보다는 좀 행복한 생활을 시키고 싶다고 생각하실
것입니다.

　성공한 직업 부인이라 해도 자기를 싸고도는 사회 환경 속에
자기 애를 두고 싶다고 생각지 않을지도 모르지요. 세상 풍파에
많이 스쳐 본 자기 자신은 능히 헤아릴 수 있는 남성도, 젊은 딸에
게는 위험한 노름패밖에 안될지 모릅니다. 또는 태도를 취하셨는
지도 모릅니다. 그러나 어버이란 깊은 관심을 가지면 가질수록 그
것을 표현할 때의 지혜와 수단을 가추지 못한 때가 있습니다. 당

신이 어머니가 되었을 때는 아마 이것을 잘 알게 될 것이라고 생각합니다. 거기에다 「샤-레」당신의 그 태도가 더욱 어머니의 입장을 어렵게 해 드렸다고 할 수 있지 않을까?

당신 눈에 비치는 아름답고, 재주가 좋고, 많은 친구들에 둘러싸여 《남성을 매혹하는 힘》을 가지면서도 젊은 경쟁자의 출현을 질투하는 멋있는 부인입니다. 나의 눈에는 자기가 여성으로써의 차밍을 가지면서도 아직 바람직한 남성의 애정을 얻지 못하고 당신들 두 사람의 생활을 받들고, 당신에게 여러 가지 아름다운 것을 주려고 하는 한 가지 희망에서, 오히려 단 하나뿐인 귀중한 딸 당신사이에 마음의 거리를 만들어 버린 고독에 우는 어머니의 모습이 보이는 것입니다. 자 이 두 가지 중에 어느 쪽이 진실한 모습일까요. 「샤-레」! 당신도 이젠 판단 할 수 있는 나이가 되었습니다.

「샤-레」여 칼레지에서의 당신의 문제는 당신이 어머니를 오해하고, 반감을 가지고 있는데서 온 것이라 생각합니다. 어머니께서는 사랑을 받아 무방할 것이며 그리고 온 몸과 마음으로 어머니를 사랑한다는 것은 당신 자신에게도 좋은 것입니다. 보이프렌드 얘기는 잠깐 잊어버리고 생각을 좀 정리해 봅시다. 어머니는 남성친구를 갖게 하려고 생각하고 계십니다. 올바른 타입의 말입니다. 그렇지 않으면 공학하는 칼레지에 보내시지는 않았을 것입니다. 스스로는 당신의 지도를 잘 할 수 없다고 생각하셨기 때문에 학감에게 당신 얘기를 하신 것입니다. 나도 아마 그런 입장에 섰더라면 똑 같은 일을 했을 것입니다.

나는 당신에게 굉장한 요구를 합니다. 「샤-레」여 당신은 성장하시오 라고 그것도 단 하룻밤 사이에 자기중심의 어린애로부터, 성숙하고 사리를 밝힐 줄 아는 부인으로, 성인이 되라고 요구하는 것입니다. 당신은 할 수 있으리라고 생각합니다. 그리고 그것을 실현할 때 어머니께서 갈망하고 계시는 그 행복을 드릴 수 있으며 당신 자신의 문제도 해결할 수 있겠지요. 아무쪼록 이 싸움의 경과를 알려 주시오. 「젠」도 다른 모든 친구들도 다 당신의 힘이 되어 줄 것입니다.

깊은 관심으로써

당신의 또 하나의 어머니로부터



사랑하는 「또디」여.

무엇이든, 편지해 주시오. 내가 어느 정도 도움이 될 수 있을지 모르지만 꼭 노력 하리다. 그리고 당신이 하는 얘기는 절대로 누설치 않으렵니다.

나의 편지를 기뻐해 주는 것은 반갑습니다. 당신은 기숙사에서 대단한 감화력을 가진 것을 아십니까? 「젠」이 늘 써 옵니다. 당신을 숭배하고 있나 봅니다. 나도 당신을 꽤 알아온 것 같습니다. 무엇이든 내가 할 수 있는 것이면 기쁘게 해 드리겠습니다.

미세스L 씀

# 너무 새침하면?

그리운 L부인.

저는 이 편지를 당신께서 주신 충고를 받고, 그룹의 세 연장자를 대표하여 쓰고 있습니다. 저희들 칼리지의 상급생은 가르쳐 주신 것과 아주 똑 같은 일을 자주 토론 했었습니다. 어느 의미에서 주신 편지는 저희들이 구식 사상을 지지해 나가는데 인스프레이 되고, 10대의 처녀들에게는 귀중한 지침이 되었습니다. 그러나 우리들 셋은 좀 색다른 문제를 가지고 있으므로 거기에 대해서 지시해 주시기를 원하고 있습니다.

저희들은 대체로 지시해 주신 방향을 따라 온 자들이며 품행 단정한 족속에 속한다고 생각합니다. 때로는 《예스》하고 싶은 충동도 느낀 일이 있습니다. 아직 실제로 애기한 일이 없는 것을 기뻐하고 있습니다만 정말 실제로 이 방침은 잘 되지 않으며 현재로는 거기에 대해 적지 않은 의문을 갖지 않을 수 없는 데에 이르렀습니다.

　여쭈어 보고저 하는 점은 처녀들이 너무 딱딱하게, 새침할 필
요가 있는지 없는지 하는 일입니다. 남성들은 곧잘 저희들에게 말
합니다. 별로 우리들에게 특별한 관심을 가진 사람들이 아니므로
아주 객관적으로 말한 것이지만 자기네들이 결혼할 여성이 처녀
이건 아니건 그런 것은 하등 문제가 안 된다, 그런 것은 전혀 중요
성이 없는 문제라고 합니다. 그리고 정말 그렇게 생각하는 것처럼
행동하고 있습니다.

　저 자신의 일을 말씀드리겠습니다. 모두들 얘기하는데 의하면
저는 과히 보기 흉하지도 않은 모양이며, 착실하고 유순한 편이라
고 생각하는 모양인데다 아버지와 사이가 좋았기 때문에 스포츠,
기타 남성이 좋아하는 것에 흥미를 가지고 있습니다. 가정은 훌륭
하며 부모는 최상급입니다. 학교를 마치거든 집에 와서 여행이나
뭐나 좋을 대로 준비를 해서 젊은 시절을 향락하라고 하십니다.
그런데도 저는 아주 행복에 잠길 수가 없습니다. 저는 연애 — 결
혼 — 육아(育兒)란 여성의 길을 걷고 싶지만, 로맨스란 입학 당시
와 조금도 변함없이 저 멀리 손닿지 않는 곳에 웅크리고 있는 처
지입니다.

　이 원인을 저는 잘 알고 있습니다. 저는 자진해서 페팅한 일도
없으며, 팔을 목에 감기 우는 것도 사실은 좋지 않습니다. 그러나
함께 외출하면 보이프렌드 편에서는 의례히 이쪽에서 응할 것이
라고 정해 놓는 것이 보통입니다.

　다음에 목에 팔이 감겨 울 때 여간해서 별로 흥분을 느끼지 않

습니다. 늘 상대편이 "긴장을 푸시오." 합니다. 그리고 《돌부처》라고 별명을 집니다. 그러는 중에 남성들은 떨어져 나가고 다른 그리 평이 좋지 않은 처녀들에게로 몰려갑니다. 아마 모두 저보다는 반응이 있기 때문인가 봅니다.

저는 "실제로 결혼하는 단계가 되면 저와 같은 품행 단정한 품위 있는 처녀를 택할 것이다."고 생각하고 스스로 위로하는 것도 부질없어졌습니다. 사실은 전혀 그 반대며, 다소 바람둥이 아이들이 벌써 둘이나 결혼의 제단 앞에 인도되어 식을 올렸습니다. 사실 결혼에 관해서는 첫날밤에 인생관을 백팔십도로 전환할지도 모를 애송이 처녀는 아무도 환영치 않는 것 같습니다. 「쟌」과 「애리스」도 비슷한 경험을 했습니다. 「쟌」의 고향은 조그만 마을이며 그 주민은 처녀의 도덕에 대해서 상당히 엄격한 사람들입니다. 「쟌」은 꼭, 돈도 있고 지위도 있는 훌륭하게 성공한 사람들이, 종종 이러궁 저러궁 소문이 많고 짙은 화장을 한 여인을 택하는지 그 이유를 알고 싶다고 합니다. 「쟌」은 이런 일을 전혀 우리들의 자신을 깎을 뿐 아니라 도덕에게 과연 진실한 가치가 있는지 없는지 의문이라고 합니다.

그래서 저희들 셋 《손위 동지》들은 좀 방법을 달리하지 않으면 올드미스가 될 것이라고 생각했습니다. 저희들은 《그 사람》을 기다려야 할까요, 그렇다면 아마 셋이 다 올드미스가 되어 버릴 것입니다. 그렇잖으면 아무하고나 애무하고 넷킹하는데로 복종하면서, 어디서든지 특별한 남성이 나타나기를 바라야 합니까? 혹은 정신 분석학자에게라도 갈 것입니까, 암만해도 형세가 방종이거나 찌꺼기 중에 하나를 택해야 할 것 같습니다. 그러나 우리는 두 가지 다 싫습니다.

「젠」이나 「제니」에게 하신 것처럼 정직한 회답을 주십시오. 회답을 하급생에게 보이지 말라하시면 그렇게 하겠습니다(그렇지 않으면 그들에게 너무 고상해 질 것 없다고 할까요). 저희들을 시험용으로 쓰시겠다 하여도 조금도 꺼려하지 않습니다.

저희들은 결코, 《비꼬이지는》 않았습니다. 적어도 아직 그렇지는 않습니다. 단지 저희들은 모르는 것입니다. 당신께서 뭐라고 하시던 그것을 받아 드리기에 부족치 않은 성인이 되어 있다고 저희는 생각합니다. 회답을 기다립니다.

「에디이스」 올림
「쟌」과 「애리스」도 함께

귀여운 「에디이스」, 「쟌」, 「애리스」 그리고 그 그룹사람들에게.

도덕문제에는 참으로 많은 관점(觀點)이 있는 것이군요. 여러분들의 생각과 개인적인 경험은, 내가 빠치고 있던 문제를 꺼내는 데 대단히 도움이 되었고 「에디이스」의 훌륭한 편지는 그 중에도 제일 중요한 문제를 생각게 했습니다. 그래 나는 당신들 상급생 셋이 말하는 것을 그대로, 받아서 시험대에 놓겠습니다. 란 것은 당신들이 제기한 문제는 여러분 보다 젊은 사람에게도 또 다소 윗사람에게도 함께 흥미 있는 문제입니다.

당신네들이 주위에서 이러나는 로맨스에 한몫 끼려는 것은 자연스러운 일입니다. 만일 그렇지 않다면 당신들은 앞?노말이라고 하지 않으면 안 됩니다. 만일 거기에서 빠지고 싶다면 그것은 스스로를 속인 것이라고 할 수 밖에 없습니다. 웅크리고 앉아있지 않고 무슨 수단을 강구하자는 여러분 상급생을 존경합니다. 이것은 확실히 바른 태도입니다.

나는 여러분이 너무 딱딱하고 새침해도 좋은 가라는 질문을 기쁘게 다루렵니다. 너무 높은 기개(氣慨)를 가지면 여러분은 정말 결혼과 모성을 놓쳐버릴 위험성이 있을까요?

생각하면, 정말, 다행히 교제를 시작하자 곧 똑 들어맞는 연애를 갖는 극히 적은 사람들을 제하면 대개의 젊은 처녀는 이 문제에 부딪는 것입니다. 내가 남성이 여성에게 구하는 것은 단지 도덕뿐이다 라는 오해를 여러분에게 주었다면 이것을 수정할 기회를 갖게 된 것을 기뻐합니다.

무엇보다 먼저 단지 도덕만을 근거로 하여 이성 친구를 만드는 것은 아니라는 것을 알아 두십시다. 이성 친구를 요구하는 이유는 달리 또 있을 것입니다. 많은 여성들 중에서 하나를 택해 친한 친구를 삼는 것은 무엇 때문일까요? 그것은 상대편이 당신 속에서 특수한 친근함과 따뜻함과 공감(共感)을 느끼기 때문입니다.

도덕이란 음산하고 금지령(禁止令)으로 굳은 것이라는 관념은 첫째 버릴 것입니다. 남성도 인간입니다. 남성도 여성과 같이 따뜻한 성정, 우정의 반응이 필요한 것입니다. 웬만한 변태성이 아닌 이상 자기가 죽건 살건 아무런 관심도 가져주지 않을, 같이 재미있게 놀 수도 없는 여성과 친구가 되려고 쫓아다니지는 않습니다.

　마음에 든 남성에게 자기의 성격의 좋은 점을 충분히 느끼게 하는 기술을 타고 나면서부터 아는 것 같은 처녀가 있습니다. 이것이 잘 말하는 《위트》《매력》 (그렇잖으면 더 새로운 말이 있습니까)이란 것이라고 나는 생각합니다. 그러나 대부분의 여성에게 있어, 이런 일을 남성에게 하는 것은 대단히 어렵고 부끄러워, 기가 죽는 시기를 지나지 않으면 안 되는 것입니다. 나도 그랬습니다. 여러분 중의 몇 사람도 아마 그런 고민을 가지고 있겠지요. 나도 기억하지만 아무렇지도 않는 청년에 대해서는 극히 자연스럽게 농담을 하고 온통 뒤 떠들 수 있었는데, 은근히 좋아하는 청년에게는 딱딱해지고, 자유롭게 얘기도 안 나오고하여 내가 그 사람을 싫어하는 것처럼 오해를 받은 때도 있었습니다. 내가 좋은 인상을 주려고 생각하던 사람에 대해서는 전혀 아무렇지도 않게 생각하는 사람과 같이 서슴지 않고 애교 있게, 자연스럽게 행동하려면 어지간히 노력하고 긴장하지 않으면 안 되었습니다. 만일 그렇지 않으면 「젠」도 「빌」도 태어나지 않았을 것입니다. 그렇죠? 알겠어요? 「에디이스」가, 너무 지나친 고상함은 어떠냐고 한 뜻이, 이상하게 시치미를 떼고, 건드리려면 건드려보라는, 좀 가까이 할 수 있는 태도를 의미하는 것이라면 확실히 마땅하다면 생각합니다. 오랜 동안의 한번쯤은 매력 있는 왕자님이 높은 담장을 넘어, 잠자는 미녀(美女)를 키스로써 깨우는 일도 있겠지요. 그러나 그런 것을 바라면 안 됩니다. 대개의 여성들은 자기 자신이 자기에게 돋친 가시나 엉겅퀴를 제쳐버리고 한 이성의 애정을 얻으려고 노력하지 않으면 안 되는 것입니다.

여러분 그룹에서 제출된 교제와 구애(求愛)문제에 대해 너무 지나치게 열중하여, 먼저 어떻게 하면 남성 친구를 얻을 수 있느냐, 그리고 당신에게 인력(引力)을 느끼고 있는 남성의 흥미를 붙잡아 놓는 방법, 등에 대해서 흥분한 주의를 해 오지 않았군요. 여기서 이제부터 데이트를 문제로 하지 않으면 안 될 정도로, 행복한 남녀 교제의 경지에 이르지 못한 분을 위해 어떤 말씀을 드릴 수 있는지 생각해 봅시다.

나는 확실히 이성을 덮어놓고 요구하지 않도록, 또 남성을 얻고 싶은 나머지 자기의 품위와 단정함과 도덕성을 희생하는 일이 없도록 충고한 일이 있습니다. 이것은 확실히 좋은 충고라고 믿습니다. 그러나 당신을 싫어하지 않은 이성에 대해서 될 수 있는 한 따뜻하고 친하고 쾌하게 해 주는 것은 바르고 적당한 방법이라는 것을 알아 두시기 바랍니다(나는 이리 떼를 말하는 것은 아닙니다. 그런 무리들은 틈만 보이면 곧 별스런 마음을 먹는 것입니다. 내가 말하는 것은 좀 더 보통 청년 얘기며 여러분에게 정상적인 흥미를 가지고 여러분 편에서도 좀 더 알고 싶다고 생각하는 젊은이 얘기입니다).

이것뿐 아니라 이러한 특색을 더욱 발달시키도록 노력하고, 매력과 인력을 충분히 갖춘 처녀가 되기 위해 노력하는 것은 정당한 일입니다. 한 청년에게 단신이 느끼고 있는 흥미를 깨닫게 하면서도 당신의 예의바른 교제법이 특히 그에 대한 냉정에서가 아닌 당신의 주의이며, 누구와의 데이트에서나 그렇다는 것을 인식시키는 것은 그리 어려운 일은 아닐 것입니다. 그가 이것을 이해하면 더욱 당신이 좋아질 것이며 더 당신을 존경하게 될 것입니다. 나는 정상적인 남성이 정말 자기가 매력을 느낀 처녀에게, 단지 도덕이 견고하다는 이유에서 흥미를 잃었다는 실례를 한번도 들은 일이 없습니다. 그런 일은 이러날 수 없는 것입니다.

나는 솔직히 씁니다만 「에디이스」와 「쟌」과 「애리스」여 당신들은 좋은 사람에게 너무 딱딱하게 했던가, 지나치게 부끄러워했든가 한 일은 없습니까. 잘 생각해 보십시오. 상대편은 남성이고 이쪽은 여성이라 해서 여러분은 아무것도 하지 않고 가만히 앉아서 우정을 싸는 역할을 모두 저편에 밀어 버린 일은 없습니까. 다른 경우도 같지만 로맨틱한 관계는 《주고 받는》 것이 아니면 성립하지 않습니다. 우리 편에서는 누구나가 끌릴 그런 여성의 특질을 그에게 주지 않으면 안 됩니다.

그 특질이란 어떤 것일까요. 극히 젊은 처녀라면, 명랑하고 얘기 잘하고 상대편이 흥미를 가진 것에 똑같이 흥미를 갖는 일이라고 할 수 있습니다.

조금 전에 「젠」의 편지 속에 쓴 것처럼 「젠」의 동생 「빌」에게 여성 친구가 하나 생겼습니다. 이 처녀는 겨우 열다섯이 됐는데 어머니가 손바닥의 진주처럼 아주 금이야 옥이야 기르는 손녀입니다. 이 귀여운 「쌔리」라는 처녀가 무뚝뚝하고 딱딱한 「빌」을 어떻게 변하게 했는지 보여 주고 싶습니다. 「빌」은 학교에서 돌아오자마자, 「쌔리」에게 전화를 걸어 그날 이러난 일을 말끔히 다 얘기합니다. 교실에서 무엇이 있었고, 상급생이 뭐라고 했고, 돌아

오는 길에 친구와 무슨 얘기를 했다는 류의 얘기입니다. 천진난만합니다. 단지 「쌔리」가 「빌」의 얘기라면 무엇이든지 흥미를 갖고 들어 줌으로 대수롭지도 않은 것을 전부 털어 놓는 것입니다. 「쌔리」에게도 아무런 흉계가 없을 것입니다. 아주 순수한 감정에서라고 생각합니다. 이런 성질의 아이들은 성적 매력에 호소하지 않아도 이성 친구를 꼭 손아귀에 넣어 둘 수 있는 것입니다.

총명한 여성은 성적 아부가 오히려 상대편의 혐오를 산다는 것을 알고 있습니다. 결국 매력 있는 여성은 다소간의 성적 아부를 가지고 있는 것이나, 남성이 진심으로 자기에게 바치고 자기와 평생을 함께 하고 자기의 최고의 능력을 발휘시켜주기 위해 도와주는 여성을 발견하는 것은, 아무 날이나, 아무 거리에서나 되는 것이 아닙니다. 이만한 여성이라면, 남성을 놓칠 염려가 없는 것입니다.

이런 얘기 끝에 또 하나 생기는 문제가 있습니다. 그것은 당신이 흥미를 가지고 있는 남성을 가로 채는 여성이 반드시 부도덕한 인물은 아니라는 것입니다. 이런 경우 승리한 여성은 부도덕하고, 우리가 도저히 할 수도 없는 수단 방법을 써서 성공했다고 오해하러드는 것이 우리들의 《에고》란 것입니다. 나도 젊었을 때 이러한 소견 없는 과실을 범한 일이 있어 결코 큰 소리는 못합니다만 남성이 한 여성을 버린다는 것은 그 사람이 견고한 도덕가라는 이유에서 가 아니라는 것을 나는 이 긴 세월을 통해 알았습니다. 단지 다른 여성에게 좀더 강하게 끌리는 일은 있는 것입니다.

또 하나 이것은 「에디이스」가 말하는 남성들의 경우에 해당한다고 생각되는데 대단히 질이 좋은 여성은 한 번쯤 실수가 있다 해도 남성에게서 보면 조금도 문제가 되지 않는다고 생각될 대조 차 있습니다. 이 점은 남성 측에 동정해도 좋다고 생각합니다. 내 가 알고 있는 처녀는 젊었을 때 있기 쉬운 과오를 범하고 꽤 무거 운 대가(代價)를 받았습니다. 그러나 다시 같은 과실을 되풀이 하 는 일 없이 용감하게 문제를 처리해 나가, 이 문제의 경험을 기초 로 하여 다른 사람의 곤란한 일을 돕게 되었습니다. 누구나 이 처 녀의 실패를 알고 있는 같은 동리 사람들에게서 일주일에 셋이나 결혼을 청해왔습니다. 그러나 이 아이의 매력은 성적인 것은 아니 었습니다. 섬세하게 움직이는 감정과, 용기와 친절과 귀염성이었 습니다.

우리 동리에 한 사람, 늘 가십거리가 되었든 처녀가 있었습니 다. 어디까지가 정말인지 모르지만 아무래도 남성들 간에 인기가 있었다는 것 외에 무슨 좋지 않은 일을 하고 있지나 않았나 상상 됩니다. 이 아이는 누구나 좋아할 수 있는 타입이며 성 문제 같은 것은 배 놓고 교제해서 재미있는 상대였습니다. 자기가 말은 책임 은 찬찬히 해 내고, 사려 깊고 관대했습니다. 다른 처녀들은 이 아 이를 굉장히 내리쳤지만 나는 그것보다 오히려 이 아이를 참고삼 아 배우는 게 좋을 터인데 하고 가끔 생각했습니다.


「쟌」의 《사회적으로나 경제적으로 평이 좋은 재주 있는 젊은 사나이가 악평에 돌려 싸인 부론드 여인을 택한다》는 관찰에 대해, 먼저 이런 남성은 매혹적인 수완을 가진 여성에게 있어 빛나는 목표이기 때문이라는 것을 생각합시다. 반드시 남성이 선택한다고 정해진 것은 아닙니다. 재산이 있는 남성은 그 때문에 만들려는 여러 가지 유혹의 함정에 떨어지지 않도록 여간 현명하지 않으면 안 됩니다. 남들에게 아첨만 당하고 스포일한 청년에게는 이것이 여간 어려운 일이 아닙니다. 아마 그런 《미꾸리》 같은 사나이들은 붙잡을 값어치가 없을 겁니다. 「쟌」.

「에디이스」의 질문이 너무 많은 일을 상기시켜 그 일에만 대답을 하고 있어 혹, 「에디이스」가 말하려던 골자를 잘못 읽었는지 모르겠습니다. 아직 다른 설명도 있습니다. 예를 들면 「에디이스」가 말한 사람들은 정당한 상대가 아니었을지 모릅니다. 하는 것들입니다. 이것은 있을 수 있는 일입니다. 우리들 중의 누구든지 제일 먼저 열중한 사람과 결혼한다는 경우는 거의 없는 것입니다. 그런 연애가 깨어지는 한 가지 원인은 우리들이 더 좋은 다른 남성을 발견하든가 그러지 않으면 남성 편에서 더 마음에 든 여성을 발견하든가 둘 중에 하납니다. 이런 일은 우리가 도덕적이거나 아닌데 상관치 않으며 전통적으로 보면 여성이 도덕적이 아닐 때 많이 이러나는 것입니다.

그러나 지금 나의 해부대 우에 놓인 여러분 세 사람에게 희망이 있는 연애가 자꾸자꾸 나타났다가는 곧 시들어 버리고, 그런 일이 자주 일어난다면, 그리고 벌써 방종이거나 찌꺼기라거나, 그런 곳까지 왔다는 것이 정말이라면 나는 솔직히 지금이야 말로 자기의 성질을 잘 조사해서 최초의 남성에게 준 인력을 죽여 버린 원인을 추궁해 볼 때가 온 것이라고 말하지 않으면 안 될 것입니다.

그렇다고 해서 나는 심리분석을 권하는 것은 아닙니다. 적어도 아직 그럴 필요는 없습니다. 아무래도 자기 혼자는 진단을 내릴 수 없다면 누구에게 부탁해서 그 결과를 함께 해석해 달라고 하십시오. 유효한 테스트가 많이 있기 때문에 이런 것을 사용하면 왜 이성과 잘 맞지 않았는가 틀린 방법을 어떻게 고치는가 자기의 어떤 성질을 더 길러야하나 그런 것을 알게 된 것입니다.

한 사람 한 사람에 대해 다소 개인차가 있으리라고 생각됩니다. 어떤 사람은 수기가 있고 비사교적이어서 좋은 사람 앞에서는 냉정해 지는 경향이 있겠고, 또 다른 사람은 너무 걱정이 많고, 지나치게 노력하기 때문에 귀중한 목적을 부려 버릴 때도 있겠지요. 그 밖에 여러 가지 성질이 나타날 것입니다.

나는 심리 분석학자도 아니지만 「에디이스」여, 당신의 가정이 너무 훌륭하다는 점이 특히 아버지를 깊이 존경하고 있다는 점이 그 자체로써는 좋은 일이지만 보통 청년에 대한 표준을 너무 높이 두지 않았나 상상됩니다. 만일 당신이 내 딸이었다면 정신적으로 가정에서 젖을 떼고 아늑한 어버이 품에 기어들지 말고 자기 생활을 쌓도록 하라고 싶습니다. 당신은 간혹 어느 젊은이의 포옹에 응한 일이 있지 않습니까.

당신은 결코 냉정한 것이 아닙니다. 나는 별로 걱정하고 있지 않습니다.

정말 좋아하는 사람과 키스하면 왜 나쁠까요(누구하고나 하라

는 것은 아닙니다. 그런 것은 당신도 싫을 테니까). 육체적으로 참
을 수 없이 싫은 사람이라면, 그런 사람과 결혼할 필요가 없으니
까 좀 더 가벼운 기분으로 기회를 잡도록 하십시오. 차차 성숙된
우정에서 좋은 결혼으로 발전한 예는 얼마든지 있습니다. 어떻게
하면 감정을 나타낼 수 있을까 그 방법을 공부하지 않으면 안 될
여성도 있겠지요. 당신을 사랑하는 남성에게 당신이 육체적으로
염오를 느끼지 않는다면 결혼하는 날 밤을 걱정할 필요는 없습니
다. 모든 것은 거침없이 진행될 것입니다.

　20대의 청년에게서 당신의 아버지와 같은 부드러움과 세련된
태도와 깊은 이해를 요구하는 것은 무리입니다. 아버지는 어머니
와 결혼한 후 대단히 진보되셨을 것입니다. 당신도 결혼 상대에게
같은 일을 하지 않으면 안 됩니다.

　당신들 셋이 다 잊혀진 청춘을 걱정할 정도라면 성적 방종에
대해 생각할 필요는 없지 않을까요. 당신들은 남성을 끄는 힘을
가지고 있습니다. 여러분의 문제는 여러분의 좋아하는 사람들을
열렬한 숭배자로 변하게 하는 일을 방해하는 스스로의 성격상의
결함을 고쳐야 할 뿐입니다. 화학이나 불어(佛語)에 쓰는 주의만
큼 남성에게도 주의를 한다면 언젠가는 당신들에게 끌리고 있는
사람 중에서 미래의 남편이 등장할 것입니다.

　우수한 남성이 멀어져가는 것을 도덕에 빙자하는 것은 대단한
오류입니다. 도덕을 지키시오. 그리고 동시에 따뜻하고 사려있는
귀여운 성질을 북돋우시오. 그러면 또 훌륭한 남성이 나타나, 당
신이 이러한 성질을 가진 위에 또한 도덕적인 것을 안다면, 당신

을 사랑할 가치가 있는 존재로 반드시 느낄 것입니다. 그리고 그 느낌은 결혼 후에도 변하지 않을 것입니다.

자 이것으로 「젠」이 보내준 편지 뭉치 중, 토론하고 공개할 수 있는 몫은 끝났습니다. 또 무슨 질문이 있습니까? 내 편지를 보고 또 새로운 질문을 가진 분은 없습니까? 있으면 사양마시고.

여러분에게 사랑을

L부인 씀

# 금욕(禁慾)은?

사랑하는 어머니.

제게는 이따금 주시는 편지이오나 그래서 더욱 반갑습니다. 농담이 아니라 멋있어요. 좀 더 일찍 모자도 몇 개 마치실걸 그랬어요.

음식은 무사히 도착했습니다. 동무들이 모두 몇 번이나 인사를 드린답니다. 그리고 다들 무슨 살림을 도와드릴 수 있다면, 필요하실 때 얼마든지 출두하겠다고. 저도 같습니다.

보고는 별로 없습니다. 「팀」의 부모님 방문은 아주 성적이 좋습니다. 대단히 좋은 분들이며 나는 매우 친해졌습니다. 그분들도 제가 그리 싫지는 안으신가 봅니다. 저희들은 정말 굉장히 즐거웠습니다. 저는 꽤 주의했습니다. 어머니. 방은 깨끗이 정돈했고, R 부인을 거들어 설거질 그밖에 모든 심부름을 했습니다. 부엌에서 같이 일하면서 여러 가지로 정답게 얘기했습니다. 「팀」의 형제자

매들은 모두 없었지만, 차차 가까이 지내려고 합니다. R씨 댁은 상당한 가문이며 좋은 사람들입니다. 조금도 제게 서먹한 감을 주지 않고 정말 기분 좋고 따뜻한 대접을 받았습니다.

참 꼭 기뻐하실 뉴스가 있어요. 어젯밤 「팀」과 제가 어떤 짝하고 같이 되었는지 아세요. 「샤-레」에요. 「샤-레」와 「팀」의 기숙사생입니다. 어떻게 그런 모임이 되었는지 저는 모릅니다. 「팀」은 어머니처럼 입이 무거워서요. 하여튼 「팀」은 제게 「샤-레」를 불러내라고 했습니다. 그것도 자기가 친구를 초대할 테니 「샤-레」가 오겠나 먼저 부르라고 해서 갔습니다. 「샤-레」의 모습, 상상할 수 있으세요? 모르겠다는 듯이 놀래서, 그러면서도 좋아하는 눈치로 아주 뒤죽박죽이었어요. 결국 승낙을 하고 나왔습니다. 저희들은 정말 유쾌한 시간을 가졌습니다.

「팀」이 끌고 온 학생은 어떤가 하면 좀 내성적이며 조용한 성질이어서 「샤-레」를 만나면 아마 놀래 자빠질까라고 속으로 무척 걱정했습니다. 그러나 예상은 전혀 틀리어, 「샤-레」는 마치 다른 사람처럼 침착하고 예와 같은 이성을 만났을 때의 흥분은 조금도 보이지 않았습니다.

처음에는 「팀」과 제가 얘기를 안 하면 분위기가 깨질 것 같았습니다. 좀 있다가 「샤-레」가 아무렇지도 않은 듯이 「아아트」의 학과 얘기를 시작했습니다. 대체 어데서 그런 상냥한 방법을 배웠을까요? 상대편을 얘기하게 만들었어요. 「샤-레」는 저만 그럴 생각이 있다면 아주 멋있으니까. 「아아트」는 꽤 깊은 인상을 받았나봐요. 그리고 「팀」과 저는 벙어리가 되고 「샤-레」와 「아아트」 판이 벌어졌습니다. 양쪽 다 예술 사진에 취미가 있는가 봅니다. 만일 「샤-레」가 그 위미를 갖지 않았다면 그것을 가장하는 기교가 멋있었습니다.

「팀」은 아주 기분이 좋아서 둘을 바라보았습니다. "오냐 이제는 됐어 됐어" 하는 식으로요. 저는 테이블 밑에서 그의 발을 꼭 밟아 주고 싶었습니다. 그런데도 사람은 얘기밖에 다른 것은 안중에 없는 모양입니다.

「팀」은 왜 그런지 만족한 얼굴을 하고 있습니다. 저는 영문을 모르겠습니다. 요즘은 모두 저를 돌려 뱅이 칩니다.

남성의 주의를 끌고 싶다는 것은 사실이며 정상적인 감정인 것, 또 주의를 끌지 못하면 무슨 궁리를 해야 된다는 편지를 모두 좋아했습니다. 보이프렌드를 갖지 못한 사람, 아직까지 가보지 못한 사람들이 있습니다. 우리들이 이성 문제에 대해 여러 가지로 안타까워하는 것을 이상한 눈으로 보고 있었던 모양입니다.

그런데 어머니 편지가 왔을 때 그네들도 처음으로 입을 뗐습니다. "그게 내 고민이야, 나는 이렇단다" 하고 얘기를 시작했습니다. 그리고 모두 실제의 경우를 들어 연구회를 열었습니다. 「에디이스」는 졸업하면 항공회사의 에어걸이 되고 싶은데, 부모들은 아무데고 같이 데리고 다니며 여행하자고 하니 너무 배반하는 것 같아 좀 안 되어서 고민합니다. 그러나 그게 소원이라고 얘기하면 아직 여쭈어 보지 않았답니다. 허락해 주실지 모른다고 합니다. 여하튼 자기의 생활을 가져보자, 그것이 그의 문제를 해결하는 방법이라고 생각하고 있는 것 같습니다.

「쨘」은 어머니가 말씀해 주신 일에 생각하는 일이 있다고, 이제 부터는 좀 꿈꿈이 살아가겠다고 합니다. 페팅에 대한 편지가 왔을 때, 모두들 속으로 꾸물꾸물하던 것을 전부 통 털어 얘기하던 그 시원한 기분과 같습니다. 그리고 모두 자기 혼자뿐이 아닌 공통된 고민이라고 느낀 때의 안도감입니다. 저희들은 모두 자기 해부를 하던가 심리 분석을 해서 여태까지의 모든 것이 틀렸다는 것을 알 았습니다. 그러나 기운 없는 표정을 달고 있던 자들의 눈이 새로 빛나는 것을 보았습니다. 어머니 당신께선 훌륭한 결혼 지도자시 군요.

「빌」에게 문안합니다. 어머니가 돌아 가셨으니 퍽 좋아하겠어 요.

애정을 모아

「젠」 올림


친애하는 L부인.

저희들은 모두, "당신의 말씀을 좋아합니다. 그러나" 라는 인사 로 편지를 시작하겠어요. 저의 경우의 《그러나》는 저의 전공과목 심리학적 입장에서입니다.

당신께서는 저의 젊은이들이 참으로 사랑하고 결혼할 수 있는 남성을 만날 때가지는 처녀성을 지니는 편이 감정적으로나 기타 방면에서나 유리하다고 자주 말씀하시고 계십니다. 저도 그렇게 생각하지만 여러 가지 책을 보고 있으면 반대의 결론을 얻게 됩니

다. 어떤 학자들은 성 충동을 억제하는 것은 정신적으로나 육체적
으로 유해하며 금욕이 가지가지의 신체장애를 가져온다고 주장합
니다.

어느 정도의 성 해방은 필요하지 않은가요. 거기에는 어떤 방
법이 있을까요? 처녀가 애무를 즐기든가, 또는 너무 강한 성의 압
박에서 벗어나기 위해 어떤 방법을 쓴다 해도 역시 처녀라고 할
수 있을까요? 금욕이란 어디까지를 의미하고 있을까요? 이 문제
로 고민하면서 말하지 못하는 사람이 많을 줄 압니다. 저는 성경
험의 필요와 금욕에서 오는 장해에 대해 많은 것을 읽었기 때문에
이 점에 대해 의견을 듣고 싶습니다.

고마우신 편지는 항상 반갑고, 다음번의 편지를 또 고대 합니
다.

「씬시아」올림


사랑하는 「젠」, 「씬시아」, 그리고 여러분께.

「젠」의 편지를 뜯어보니 연달아 질문이 튀어나왔습니다. 이제
는 나도 꽤 질문에 익숙해졌습니다. 이러한 질의 응답에 의해 참
으로 많은 흥미 있는 문제가 떠오릅니다. 여러분의 질문이 전부
나와서 이 제미너가 자연 소멸을 하게 된다면 퍽이나 적적해 질
것입니다.

「씬시아」의 편지가 제출한 도덕문제는 아직 모든 것을 해결하
는 진실한 연애를 발견하지 못한 젊은 근대 여성에게 확실히 의혹

을 주는 것입니다.

내가 여러분 젊은이들이 결혼까지는 처녀의 순결성을 지니는 편이 행복하다고 한 말에 대해서는, 「씬시아」도 이의가 없는 모양입니다. 그러나 독서나 연구에 의해 이것과 전혀 반대되는 의견과 부딪쳐 버린 것입니다. 성 행동은 건강상 필요하며 비타민을 섭취하는 것과 같이 적당히 성의 만족을 얻는 것이 필요하다는 설입니다.

나도 이 책을 읽었습니다. 금욕의 해를 설명하고 신체의 장해와, 정신 불안의 원인은 모두 소위 청교도적 생활태도에 속한다고 하는 논법입니다. 내가 강조하는 바, 영속성 있는, 정신적으로도 만족할 수 있는, 애정관계를 얻기까지 순결을 지키고 있는 일은, 시력의 감퇴로부터 체력이 쇠퇴하고 그밖에 가지가지의 성적 비극을 자아낸다는 것입니다.

「씬시아」가 이 의논을 가져온 것은 아주 재미있다고 생각했습니다. 어느 안과의의 치료를 받아도 병인 불명인 시력 감퇴에 고민하던 부인이 정신 분석에 가라는 권고를 받은 것도 압니다. 40대까지 미혼이던 미스 X도 그러한 사람 중의 하나였으며 그리고 또 몇몇 사람은 성의 억압 결과, 무기력하고 터무니없는 탈선행위를 한다는 이론을 전혀 부정한, 유쾌한 생활을 하고 있었습니다. 미스 X는 언제나 씩씩하고 신선한 표정으로 독신 생활을 즐겼습니다. 그러나 분석은 그렇게 보지 않았습니다. 눈병의 원인도 미스 X가 자각치 못한 성의 압박에 의한 것이며 압박된 성의 반동이 여기에 나타났다는 진단이었습니다. 그래서 정신분석의 치료의는 그녀를 그 억압에서 《해방》시키려고 치료를 시작했습니다. 치료의 진행과 함께 미스 X는 생전처음으로 불만을 느꼈답니다. 그러나 눈은 조금도 낫지 않았습니다. 최후로 상담한 안과 전문 대가가, 지금까지의 의사들이 찾아 내지 못했던 병인을 찾아내어 시력 회복에 성공했는데 내가 보건데 미스 X는 한번 허물어진 자기의 독신생활에 대한 확신을 회복하려고 아직 고민하고 있는 것 같습니다. 정신의 안정을 상실케 만든 것입니다.

나는 또 현재와 과거의 대조를 하고 싶습니다. 종래는 젊은 처녀들이 결혼까지 성 경험을 갖지 않는 편이 바람직하다고 생각되었습니다. 금욕의 해 같은 것을 아무도 염려하지 않았습니다. 모든 우려는 비합법적인 성 향락의 결과 쪽으로 기우려졌던 것입니다. 지금은 심리적인 비유지만 구두가 짝짜기로 신겨졌다는 것입니다. 중점은 성으로 가고 공격당하는 것은 금욕입니다.

이 종류의 어른이 권위를 띄워오기 시작했으므로 많은 어버이들은 경험과 관찰에 기초를 둔 그들의 도덕관을 젊은 우리들에게 발표하는 것을 주저하게 된 것입니다. 최근 유명한 어떤 심리학자의 저서를 보았는데, 어떤 모친을 이 학자가 평하기를 《장차 결혼할 한 남성을 위해 스스로의 몸가짐을 단정히 하라》고 가르치는 기가 막힌 《아주머니네》가 요즘 세상에도 있다는데 운운하는 말투였습니다. 혹은 이 학자가 그런 의미로 말하지 않았는지 모르지만, 대체로 이런 것을 느끼는 어머니들은 자기의 감정 속에 아주 틀린 것이 있나 하여서 어리둥절해 하는 것입니다.

방종한 성 생활이 장려될 법한 일처럼 씌어지고, 거기에서 이러나는 불행한 결과에 대하여는 일언반구의 언급도 없는 많은 현대적 서적이나, 영화나 극을 젊은 사람들이 보면 그 결과가 어떤 것인지 나는 가끔 생각합니다. 그리고 성적 억압이나 금욕이라는 것은 옛 말에 《죽기보다 무서운 운명》이라는 현대적 표현으로 해석되어 있는 것이 아닙니까.

성을 불미스런 것으로써, 일체 얘기하지 않고 인생의 다른 모든 것에서 격리시켜, 물 샐 틈 없는 비밀 실에 갖춰 두는 비밀주의에, 내가 절대 반대라는 것은 물론입니다. 이 태도가 공포감과 죄악감, 그밖에 모든 기피되어야 할 일의 간접적인 원인이 될 것입니다.

그러나 우리들의 여러 가지 요구에 응답할 수 있는 애정을 발견하기 까지 성의 욕망을 누르는 것이 이상이며, 부자연한 것일까요? 여러분 젊은이들이 감정과 이성이 만족할만한 배우자를 만날 때까지 순결을 지니고 있다고 해서, 그것이 여러분의 건강에 무슨 해를 끼칩니까?

우리가 동정이라고 할 때 남성이나 여성이나 같습니다만 그리고 금욕이라고 할 때 「씬시아」여 대개의 사람들이 성교를 경험하지 않았다는 의미에서 말하는 것이라고 생각합니다. 지금 사회에서는 남성에게나 여성에게나 결혼 이외의 성적 관계에 쫓기는 자극이 대단히 많기 때문에 먼저 이 방면에 대해 생각해 보기로 합시다.

그런데, 이 종류의 관계를 피해야 한다는 까닭은 벌써 충분히 말씀 드렸습니다. 즉 새 생명이 나올지도 모르는 까닭입니다. 인류가 성 행위에 대해 여러 가지 규칙이나 조건을 붙인 것은 이 까닭이라고 나는 속으로 생각합니다.

그런데, 금욕 말입니다. 대체 이것은 자연에 반하는 것일까요. 우리는 여기에 대해 사회나 교회의 법칙을 지키고 있는데, 자연만이 지금 갑자기 정신과 육체의 고통을 발견하고, 그리고 우리들 위해 금욕이라는 벌을 주려고 하는 것일까요?

아마 이것은 의학상의 문제며, 의학 세계에서 싸워야할 일이겠지만 나는 나의 의견을 발표할 기회를 가진 것을 기뻐합니다. 고 하는 것은 현대처럼 성을 단순히 체육의 하나로 취급하고 적당한 상대가 있건 없건 하등 상관치 않고 즉시 만족시켜야 된다고 주장하는 태도 속에는 어떤 아주 대단히 중요한 몇 가지 점이 빠져 있다고 생각합니다.

먼저 성 생활이 만족은 어른에게 있어 예사며 바랄만한 일입니다.

거기에는 반대할 여지가 없습니다. 그러나 많은 사람들의 경험에 의하면 그것은 영속성 있는 상대로 경애할 수 있는 사람이 아니면 참 만족은 얻을 수 없는 것입니다. 최초의 관계로써는 대개 실망에 끝이는 것입니다.

왜냐하면 양자는 드디어 조화될 수 있도록 노력하지 않으면 안되는데도 불구하고 일시적인, 혹은 유희적인 관계에 있어서는 그런 노력을 바랄 수 없기 때문입니다.

최초부터 결혼관계에 쾌락을 느낄 수 없는 여성에게 있어, 특히 이 일은 진실을 말합니다. 남성도 대단히 많은 사람들이 일시적인 경험에서 무엇인지 허전함을 느끼는 가 봅니다.

「젠」의 아버지가 내게 한 얘기인데 처음에는 별로 만족치 못해, 이런 일에 사람들이 그다지도 야단들이냐고 한 남성들이 있답니다. 남성도 역시 여성과 같이 존경과 애정이 따르지 않고서는 허전함을 느끼는 것입니다. 「젠」아, 너의 아버지의 몇몇 친구들은 이러한 조건이 구비되기까지 금욕 생활을 하고 있었다고 내게 들려주셨단다. 이분들은 결코 기력이 없거나, 어떤 모로 보든지 이상하지는 않았다.

둘째로 많은 사람들은 정신적으로 육체적으로 두뇌(頭腦)적으로 아무런 지장도 의식하지 않고 오랜 금욕생활을 계속하고 있습니다. 내가 젊었을 때는 미혼 여성이 순결을 지니는 것은 규칙이었습니다. 그것은 우리에겐 아무런 해를 가져오지 않은 것 같습니다. 남성은 역시 30세 넘을 때까지 결혼 상대를 얻지 못해 그 나이가 되서 비로서 성 경험을 가진 사람을 나는 알고 있는데 이 남성들도 참 매력적이며 모두 노면 합니다. 결혼 후에는 좋은 남편과 아버지가 되었습니다.

곧, 우리 시대에는 많은 사람들이 금욕으로 해서 기운이 소멸되리라고는 상상도 하지 않았고, 따라서 우리는 조금도 기운이 쇠하지도 않았습니다.

셋째로 이것은 중요한 점인데, 애정과 부드러움과 친절과 존경이 따르는 성 관계를 경험한 사람은 사랑이 없는 교섭이란 참을 수 없이 싫은 것입니다.

나의 경험에서 말하면 행복한 결혼생활을 한 사람일수록 배우자가 죽었을 때, 함부로 새로운 성관계에 들어가려 하지 않는 것입니다. 이것은 남성이나 여성이나 같은 것입니다.

그들은 그 배우자와 함께 즐겼던 애정과 흥미와 공감을 갖는 생활이 이뤄지기를 기다리려 합니다. 설사 오랜 동안, 아니 일평생 성 경험을 다시 갖지 못하였다 하더라도 정당한 상대자와의 생활이 아니면 바랄 것이 못 된다는 태도를 지키고 있는 것입니다.

넷째, 많은 사람들이 전 생애를 성 경험 없이 맞췄다는 사실에 주의를 가져가고 싶습니다. 그래도 하등의 지장 없이 적어도 주위에서 보면 활동하고 있습니다.

이것은 내가 선택할 생활도 아니며 여러분을 위해서도 결코 이런 생활을 권하지는 않습니다. 그러나 이들 미혼자들이 적당한 흥미와 관심으로써 생활을 충족하고 있는 것을 보면 정신적 감정적 방면을 전혀 무시하고 성을 남용해 오던 사람들 보다 육체적으로나 정신적으로 훨씬 우월한 존재에 있는 것입니다.

가장 친밀한 관계를 이루기 위하여 이 세상에서 무엇과도 바꿀 수 없이 사랑하는 단 한사람을 기다리는 것은 변태성의 증걸까요. 어떻습니까. 이 방침에 따른 사람들은 만족과 행복을 발견하고 있는 것입니다.

그보다도 인류의 경험이 보여주듯, 악용하면 머리에나 정신에나 육체에나 무서운 해를 끼치는 이 욕망을 제어하려고 하지 않고, 또 제어하지도 못하는 인간이야말로 정말 이상야릇한 사람이라고 한 것이 아닐까요? 당신들 마음대로 비교해 보십시오.

성 충동의 만족을 필요조건처럼 강조하려드는 현대의 풍조를 바라보고 있으면, 「젠」이 어렸을 때, 내가 밤이나 낮이나 그 애가 싫어하는 곡류(穀類)를 먹인 일을 생각합니다. 왜 그랬을까요. 그 당시 곡류를 많이 먹이는 것이 필요하다고들 생각했습니다. 나의 의사가 「젠」의 비우나, 어머니의 딱한 사정도 아랑곳 없이 덮어놓고 장려했기 때문입니다.

그다음에 내가 안 것은, 영양학자들이 곡류는 유아에게 필요하기는 하나 그렇게 엄청난 양은 불필요하며 고기, 계란, 야채, 과일 같은 것은 무시하면 안 된다고 하는 것입니다. 나는 기쁘기도 하고 분하기도 해서 사실 어리석은 짓을 했다고도 생각했습니다.

요즘 젊은이들은 확실히 성의 과식을 강요당하고 있습니다. 그것은 곡류보다 맛은 좋겠지만 강제의 필요는 없습니다. 그러나 이렇게 다량이 필요할까요?

나의 생각을 솔직히 얘기할까요? 어느 날엔가는 과학이, 성의 만족은 감정과 정신과 육체의 세 가지 만족을 가출 때에만 굉장히 귀중해 진다는 훌륭한 발견을 할 것입니다. 영속적인 관계로써 가정의 건설과 합법적으로 낳고, 있는 애정을 다 받을 수 있는 어린 애를 위해서만 참으로 귀중하다는 것을 발견할 것입니다. 그러나 이와 다른 조건하에서는 금욕이 보다 좋은, 보다 건강한 법칙입니다. 자 잠깐 기다려 나의 말이 맞나 안 맞나 보십시오.

「씬씨아」에게서의 질문입니다. 여러분 중에 곡 갈팡질팡하는 사람이 있으리라고 하는 점에 대해서, 나의 의견을 시원히 발표할 기회를 준 것을 감사합니다. 먼저 첫째 나는 인간인 이상 여러 가지 성적 감정을 완전히 억압할 수 있는 사람이 있을까하는 점입니다. 그것을 함부로 억압하려고하고, 억압할 수 없다고 하여 무슨 치욕이나 되는 것처럼 스스로를 책하려 하는 것이 원인이며 열등감이 이러나, 그리고 여러 가지 고민과 압박감에 괴로워하게 되는 경우가 있습니다. 혹은 자연 자체가 이미 결혼 난을 예상하고 너무 긴장의 도수가 높아지지 않도록 안전 책을 강구해 준 것인지도 모릅니다. 남성의 경우, 밤중의 취침 중 웰드림에 대해서는 아시겠지요. 어느 정도까지가 사실인지 모르나 내가 들은 것에 의하면 기운 찬 등산 선수들은 이 현상이 가끔 이러난답니다. 건장한 체력을 가지고 있는 만큼 성 기능도 강렬히 작용하는지도 모르지요. 많은 부인들은 여성들에게도 이와 비슷한 연몽(蓮夢)에 의한 만족이 있는 것을 모르는 것입니다. 이러한 현상은 우리가 아무리 자제하려해도 무력한 것입니다. 자동적으로 이러나는 것이기 때문에 굴욕감이나 죄악감을 느낄 필요는 없는 것입니다.

성 감정을 전연 소멸시킬 수는 없습니다. 또 그것이 읽어질 정도로 기력이 없다면 아무것도 할 수 없습니다. 그러나 자주 반복하듯이 아직 성적 교섭을 가질만한 준비가 없는 사람들은 페팅이나 기타 성적 감정을 흥분시키는 행위를 멀리하는 것이 현명합니다. 이런 종류의 행위를 거듭하면 거듭할수록 우리들의 이상과 지성이 함께 지향하는 곳에의 정진은 어렵게 되는 것입니다.

중요한 문제를 제출해 준 것을 「씬시아」여 다시 감사합니다. 덕분에 우리는 자기에 대해서나 그 인간성을 확실히 인식하고 동시에 성에 대해 상당히 해로운 오해를 시정할 수 있었습니다.

그러나 최고 권위자라고 불리 우는 사람들도 때때로 의견을 변경하는 것입니다. 과학이 그렇게 자주 방향 전환을 하는 것을 여실히 보아온 우리는 과학이 가르치는 이론이 우리들의 경험이나 관찰, 또 마음속에 간직하고 있는 감정과 다른 때, 우리 스스로가 현명하다고 생각하는 길을 따르는 것이 상식이라는 결론에 도달했습니다.

헬로 귀여운 「젠」 나는 또 너를 의붓자식처럼 버려두었구나. 네 편지는 참 좋았다. 여러 가지 얘기를 해 줘서 고맙다. 곧 답장을 쓰마. 「빌」도 잘 있다. 늘 출출하다고 하는 것을 빼놓으면. 문안한 다고 하더라.

모두 내 귀여운 딸들아!

어머니 씀

## 정신적인 것도

그리운 L부인.

당신께서 정말 호화판이세요. 참 저의들의 절실한 문제를 대답해 주시는, 이제까지 아무도 해 주지 않던 멋진 일을 해주시는군요.

저는 스물 하나입니다. 마침 전쟁 통에 휩쓸린 나이라 「젠」과 같은 열일곱 여덟 살 난 아이들이 현재 당면한 문제에 이제 겨우 맞서고 있는 것입니다. 「젠」의 편지로 기숙사에 있는 저희들에게까지 손을 뻗쳐 《단순한 인생의 사실》보다 더 큰 것을 가르쳐 주시니 정말 감사합니다.

걱정에 대해 써 주신 「젠」에의 첫째 편지는 참 마음에 들었습니다. 이 편지는 마음의 준비도 하기 전에 대개의 처녀들 앞에 앞질러 나타나 곤란을 일으키는 문제입니다. 그것은 한 마디 두 마디로 "착한 애가 되라"는 것만으로 해결 될 문제가 아닙니다. 당신께서 다루시는 법은 정말 놀랍군요.

그리고 페팅에 관해 쓰신 것은 좀 기대가 어긋났습니다. 애무 자체에 대해 가르쳐 주신 것은 대단히 좋았습니다. 저희들이 곧잘 얘기하는 것이기 때문입니다. 그러나 제게는 다소 정도가 넘친 물질적이며 의혹적인 당신의 태도가 이전의 굳고 단호한 의견에 비해 좀 맞지 않는 것같이 생각됩니다. 누구냐 이것저것 생각하던 중 애무의 문제를 생각하지 않으면 안 되는 곳까지와 버립니다. 그리고 "그것은 나쁘다"고 하는 것 외에 좀더 무슨 얘기를 듣지 않을 수 없습니다.

처녀성에 대해 쓰신 편지가 제게는 더 흡족했습니다. 그러나 쓰시지 않은 일을 제가 바란 것도 있었습니다(연애에 포로가 되었다는 이유만으로 올바른 교제가 갖는 온갖 아름다움을 희생해 버리라는 법은 없다고 아이들에게 분명히 가르쳐 주십시오. 서로 사랑하는 남녀간에는 무얼 하든지 상관없다는 것입니다. 그리고 사랑만 있다면 무엇이든 정당화되는 시대이기 때문입니다).

제가 말씀드리려는 것은, 정말 아름다운 연애를 기다린다는 것에 정신적인 이유도 있지 않느냐하는 점입니다. 도덕적으로 하는 것은 물질적인 이익 외에 다른 무엇이 있을 것 같기 때문입니다. 물질적인 생각은 다소 불쾌하지 않습니까?

쓰고 싶은 걸 분명히 못 썼으나 아마 아실 것 같습니다. 이 편지는 비평이 아닙니다. 오히려 주신 편지는 저희들의 큰 도움이 되었습니다. 단지 좀더 무엇이 있을 것 같기만 해서, 회답을 받으면 알아 질 것 같겠기 때문입니다.

이 편지를 한번 읽어보니 실례가 되지 않을까도 생각합니다. 결코 그런 의도는 없습니다. 이전에 주신 편지에 거듭거듭 감사드립니다. 그리고 다음 편지를 목이 길게 기다립니다.

「스우」 올림

사랑하는 「젠」과 「스우」, 그밖에 동무들에게.

대단히 좋은 「스우」의 비평을 감사합니다. 비평이라기보다 격려라고나 할까요. 사실 당신네 그룹에게 편지를 쓰고 난 다음에도 자꾸 덜 쓴 것 같았습니다.

아마 당신들에게 직접 관련된 로맨틱한 경험이나 성 충동(양자는 반드시 동일하지 않습니다.)에 대해서는 실제적으로 곧 유용한 것만을 쓰려고 했기 때문에 여러분이 기다리는 훌륭하고 궁극적인 꼴로 얘기를 너무 제외해 버리지나 않았나 걱정이 되었습니다.

정직하게 말하면 내가 그런 문제에 터치하지 않은 것은 상당한 이유가 있는 것입니다. 이러한 파고드는 문제에 대해 쓰기란 말을 잘 선택하지 않으면 안 되기 때문입니다. 그리고 나 자신 좀 부끄럽다는 것도 있습니다. 우리들 나이 쯤 된 사람들은 여러분이 의외로 생각할 만큼 로맨틱하게 되어 있어서, 우리들의 귀중한 꿈이나 추억을 함부로 젊은 세대에 뿌리고 다니는 것은 꺼리지 않는 바도 아닙니다. 이점에서 사실 여러분과 같습니다.

그러나 「스우」가 꺼 낸 질문은 대단히 중요한 일이기 때문에 충분히 용어를 음미하여 최선을 다해 대답합니다.

될 수 있는 한 단순한 말로 시작하기로 하고 나는 연애 그 자체가 가지고 있는 마력(魔力) 얘기를 하고 싶습니다. 나는 그 첫눈에 반했다는 전기와 같은 인력을 얘기하는 것이 아닙니다. 또 연애라고 하기에는 적당치 않은 생물학적 충동을 말하는 것도 아닙니다. 정말 사랑하고 있는 남녀간의 깊은, 성실한 그러나 몸도, 마음도 허공에서 헤매는 것 같은 연애를 가르치고 있는 것입니다. 예를 들면 아직 음악의 기쁨을 모르는 사람에게 훌륭한 악곡을 가르치려는 것과 같다고 할까요. 귀에도 영혼에도 동시에 아름다움을 주는 음악을 설명할 때 말입니다. 피아노의 키나 악보나, 작곡 이론이나 음악가의 재능 얘기를 아무리 설명해 보았자 전혀 헛수고에 지나지 않겠지요. 그런 것은 귀에 들리는 황홀한 음악과 하등의 관계가 없기 때문입니다.

연애도 이것과 똑 같습니다. 연애에 빠졌을 때, 당신은 이것이야 말로 바라던 것이라고 생각하겠지요. 이거야 말로 기다리고 있던, 가치 있는 것이라고 생각하겠지요. 당신의 마음 한 구석에 있던 공허가 드디어 따뜻함으로 가득 찼다고 느끼는 것은 사실입니다.

내 사랑하는 딸들. 인간이란 이렇게 측은하도록 외로움을 떠는 것입니다. 아이들은 외로워해 하는 것입니다. 세상은 어른을 위해 만들어진 것 같고, 조그만 자기들은 언제나 돌려놓는 것 같고 잊혀지는 것처럼 느낍니다. 그러나 이점 연령에는 관계치 않습니다. 그러나 청춘시대의 외로움은 골수에 사무치는 것입니다. 그것은 어른이란 것은 결코 자기들이 어렸을 때 생각하고 있던 것처럼 침착성과 자신을 갖지 못하였음을 몸소 체험하는 까닭입니다. 그때에야말로 남에게 이해를 받고 싶고 적어도 다른 한 사람에게서 마음으로부터 울어 나오는 친밀을 느껴보려는 바램이 굶주림처럼 덮쳐오는 것입니다.

거기에서 기적이 이러납니다. 《그 사람》이 당신, 마음속에 있는 조그맣고 공허한 방에 가는 길을 찾아, 문을 두드리고, 걸어 들어와, 오! 그리고 그가 얼마나 거기서 아늑한 휴식을 할까요. 이것은 당신도 그 사람도 다 마음속까지 잘 아는 일입니다. 이것이 인생 최대의 경험 곧 한 남성과 한 여성의 바른 결합의 시초입니다.

때로는 이것이 퍽 젊었을 때 이러나기도 하지만 대개는 심신이 다 성숙하고 완전한 결합이 약속될 때에 이러나는 것입니다. 또 10대 20대의 여러분에게는 도저히 믿을 수 없을 만한 노년기에 가서 처음으로 경험하는 사람도 있습니다. 그러나 언제든 간에 참 배우자를 얻는다는 것은 정녕 행복한 것이며, 이 승리를 위해서야말로 애정 전부를 저축해두고 싶다는 염원이 우러나는 것은 바른 태도입니다.

이러한 아름다운 애정의 결실로써의 성은 인류에 있어 가장 고귀한 경험의 하납니다. 전 세계가 아름답고 새로운 의의에 충만하는 것입니다. 알겠습니까, 아셨으면 여러분도 이 숭고한 것을 여러분 자신을 위해 쌓아 올리지 않으면 안 되는 것입니다. 연애의 정신적 유산을 계승하는 것은 여러분입니다. 그러나 내가 지금 쓰고 있는 이 영광스런 순간에 있어서, 그때 이전에 이미 이 은혜를 낭비해 버린 것을 상기하지 않을 수 없다면, 얼마나 슬픈 일이겠습니까.

　나 같은 구식 사람이 보면, 실로 슬프지 않을 수 없는 청춘의 성급함에서, 그러한 많은 쓰라림이 이러나는 것입니다. 처녀들은 맹목적으로 로맨스에 돌진하여, 관계를 추구합니다. 그것은 너무 인생에 열중하여, 연애가 자기들을 그냥 지나쳐 버리지나 않을까 두려워하기 때문입니다. 그러나 제발 내 말을 믿어주시오. 30이나 40이 된 때, 인생이 끝났다고 결코 생각지 않습니다. 오히려 이제 겨우 시작했을 뿐이라고 생각할 정도입니다.

　이렇게 얘기하는 중에 이 편지 첫머리에 쓰려던 것이 생각났습니다. 여러분이 그 젊고 아름다운 육체를 《시험적인》 연애의 피해에서 멀리하지 않으면 안 된다는 이유를 지금까지 많이 늘어놓았는데, 그런 모든 이유에 못잖은 한 가지 다른 깊은 이유가 여기에 있습니다.

　이 세계에는 엄연한 근본 법칙이라는 것이 있습니다. 이 법칙을 범하면서, 여러분은 완전을 바랄 수는 없는 것입니다. 함부로 《미》에 빠지면 반드시 생채기나 상처를 받습니다. 정말 연애를 하게 되었을 때는 하찮은 연애잡기에 상처투성이가 된 몸과 마음을, 당신은 태연히 내밀 수가 있습니까.

　「스우」여, 당신이 하는 얘기는 정말 바른 말입니다. 정신적인 이유야말로 최고의 것이며, 지금까지 내가 늘어 논 다른 많은 이유 속에 있는 참 이유입니다. 이 중대한 이유를 찾을 기회를 주신 당신께 치하합니다. 그리고 이 중대한 일을 여러 가지 쓰지 않은 것을 사과합니다.

  너무 지나치게 써서 오히려 이해하기 곤란할지 모르나 다음의 한 가지 생각을 가슴속에 잘 간직해 두십시오. 남녀간의 애정은 예상할 수 없을 정도로 훌륭한 경험이 될 수 있고, 또 그렇게 되어야 하는 것입니다. 인생이 누릴 수 있는 최상의 것을 잃는 위험을 무릅쓰고까지, 제2 위에 있는 것에 매달릴 필요가 어데 있을까요?

  당신을 생각하는

어머니 씀

편지 **14**

# 저는 실수를!

그리운 L부인.

벌써 전부터 말씀해 주신 대로 편지를 띄우려고 몇 번이나 생각했습니다. 그러나 제가 기숙사에서 친구들에게 좋은 영향을 주고 있다고 하신 말씀에 그만 무서워서 정작 용기를 내서 이렇게 편지를 올리기까지 오랜 세월이 흘러버렸습니다.

저는 《진실한 고백》이라는 것을 믿지 않으며, 이 편지를 스스로를 조롱하며 쓰는 것도 아닙니다. 다만 친구의 어머니가 해 주신 충고에 보람 있게, 동무들이 장차 저와 같은 과실을 저지르지 않도록 빌고 있을 따름입니다. 그러나 주시는 답장이 저의 도움이 되었으면 하는 생각도 있습니다. 저는 저의 죄책을 제가 견딜 만큼은 혼자서 저 왔습니다. 모름지기 아주머니께서는 제가 앞으로 어떻게 해야 될 것인지 가르쳐주실 것입니다.

제 일신상의 얘기를 드릴 생각은 없지만, 애기의 줄거리를 대충 말씀드리지 않으면 안 되리라고 생각합니다. 그래서 되도록 간단히 쓰렵니다. 부모는 이혼하여 버리고 어머니는 직장에 나갑니다(제가 칼레지에 들어오기까지는 다정하게 지냈습니다). 오빠 하나는 먼저 아내와 이혼하고, 제혼했습니다. 삼촌 두 분은 결혼 생활이 원만치 못합니다.

저는 어머니께 자연과학 교사가 되겠다고 하여 열여섯에는 그렇게 생각했습니다. 장학금을 받아 가지고 칼레지에 들어왔습니다(저와 같은 가정 사정으로는 아이가 칼레지에 들어가고 싶다는 이유만으로는 입학시킬 생각도 못했습니다). 칼레지에서는 태산같이 즐거운 일이 많았습니다. 그때까지의 저는 꽤 멍터구리였는지 여기서 처음으로 데이트, 최초의 키스 그리고 최초의 매 등등아 어머니는 제가 공부는 하지 않고 아주 변해 버렸다고 한탄하셨습니다(저는 겨우 성인이 된 것이었는데!). 거기서 저는 더러운 옷을 입고 주니어 코스를 버리고 《독립》을 완수하기위해 직업을 가졌습니다. 물리와 화학을 전공했기 때문에 실험실에서 직장을 구했습니다. 그 돈으로 야간에 다녔습니다.

실험실에서의 일은 유쾌한 것이었습니다. 거기서 일을 하고 있는 화학자들은 칼레지를 갓 나온 사람들이 많았는데, 저를 친 동생처럼 귀여워해 주었습니다. 그동안에 정말 저는 미친 듯이 한 나이 많은 남성과 연애에 빠졌습니다. 그는 그때에는 별거하고 있었지만 이미 아내가 있는 사람이었습니다. 그러나 저는 그런 것은 생각할 염도 없이 그냥 연애에 취해 갔습니다. 어머니는 불찬성인 것 같아 늘 몰래 만났습니다. 일이 끝나면 단 둘이서 그의 자동차를 타고 교외로 긴 긴 드라이브를 한다는 식으로(아주머니, 처녀가 혼자서 남성과 싸다니는 것은 나쁩니다. 좋은 사람들이 많이 있는 버젓한 곳에 보내야 할 것입니다) 말입니다.

저의 오빠가 페팅에 대해 한번 경계한 일이 있었지만 저는 아직 페팅이 무엇인지 몰랐고, 거저 반감과 쇼크를 느꼈을 뿐입니다. 그러는 중 페팅을 체험하게 되었는데, 정말 어쩔 줄을 몰랐습니다. 제게 키스를 퍼붓고, 자기는 그런 애무에 의해 생물적 욕망을 만족하는 연인이 미워졌습니다. 이런 짓을 해서 저의 성욕을 긁어모으려는 것이다라는 것을 저는 생각지도 못했습니다(그의 친구는 5분이나 10분 페팅을 계속하고 있으면 여인이란 아무렇게나 마음대로 되는 것이라고 자랑스럽게 그에게 말한 일이 있답니다).

차차 시간이 가자, 알코올이 그 추한 얼굴을 들기 시작했습니다. 저는 절대로 취하지 않았지만, 취하고 있을 때는 알코올의 마력으로 판단을 잃는다는 것이 어떤 것인지 지금은 잘 인수 있습니다. 저의 《친구》는(이라고 써도 저는 그에게 혹독하게 대할 생각이 없습니다. 그는 아마 그 당시는 진정이었으니까요) 제게 사랑의 증거를 요구했습니다. "우리는 이젠 아무 때고 결혼할 게 아니냐"고 그가 말했습니다. 저는 "네" 하고 대답했습니다(저는 그의 아내가 죽기라도 하는 것처럼 기대했나 봅니다). 그리고 추측하시듯 저는 《타락》 했습니다.

이렇게 길게 써서 죄송합니다. 그러나 이것을 쓰기까지 얼마나 고통스러웠는지 모릅니다. 그러나 이제부터 중점으로 들어가는 것입니다. 다른 일은 아직 제 마음속에서 싸우는 중이라 확실한 모습을 갖지는 않았습니다. 그러나 누군가가 왜 연인에게 모든 것을 허락하면 안 되느냐고 했을 때, 저의 경우를 그 이유 속에 넣어주셔도 괜찮다고 저는 생각하고 있습니다.

저는 작년 가을 다시 칼레지에 돌아왔습니다. 기숙사에는 선량하고 순진하고 아름답고 청신한 처녀들로 가득 찼습니다. 저는 동무들과 얘기를 하고 있어도 마음속에서 저를 불결하다고 느끼며 같은 방에 있는 가치도 없다고 생각합니다. 저는 스스로를 가볍게 취급한 것을 경멸합니다(저의 《친구》는 아내와 화해했습니다. 이것이 사건의 결말입니다).

어머니의 친구들은 모두 저를 착한 아이라고 생각하고 있는데 저는 자기를 위선자라고 생각합니다. 친구들과 세상 얘기를 할 때에도 마음속에는 늘 "너는 이미 이런 훌륭한 처녀가 아니다" 라는 소리가 들려옵니다. 만일 어머니나 형제나 삼촌들이 알면 뭐라고 할까요. 저는 우울하지는 않은 편이지만 위선은 싫습니다. 저는 남도 용서하고 자신도 가졌던, 이전의 제가 아닌 것을 진심으로 역겹게 생각합니다.

당신께서 「젠」과 다른 아이들에게 편지를 주시게 되어, 구속 늪에 저와 같은 것이 있어 어떻게 생각하실까 늘 걱정입니다. 만일 진상을 아신다면 저와 같은 것이 「젠」과 교제하는 것을 좋아하지 않으실 것이지요. 그렇게 생각하신 다해도 제가 비난드릴 자격은 하나도 없습니다.

또 하나는 남성입니다. 장래 결혼하면 꼭 행복되리라고 생각되는 선량하고 훌륭한 청년을 만난다면 어떻게 하면 좋을까요. 모두 다 얘기해 버릴까요. 결혼식 때에는 저도 역시 새하얀(이 부슨 아이러니이일까요!) 베일에 더럽힌 몸을 감 쌀 것입니까. 저는 사람을 만나지 않도록 하고 있습니다. 만일 좋아지던가 하게 되면 큰일이니까요. 남들과 외출하는데도 겁이 납니다. 정말 저를 사랑해 주는 남성이라면 그런 일은 괜찮을까요. 어떨까요. 저와 결혼하는 남성의 꿈의 한 부분은 영원히 잃어질 것입니다. 그리고 불결과 의혹이 영구히 한구석에 붙어 다닐 것입니다. 그의 신뢰감과 이상은 이 사건 때문에 영원히 약화할 것입니다(저는 그가 싫다고해도 비난을 할 수가 없습니다. 설사 시치미를 떼고 사랑을 받아 봤던들 저의 감정은 비꼬이고, 뒤틀리고 화가 치밀 것입니다).

그렇다고 모든 것을 감추고 일생을 위선자로서 보낼까요. 그러면서도 만일 알면 어쩌나하고 늘 조마조마해야 할까요.

저의 직장 사람들은 모두 원더풀한 사람뿐입니다(이런 형용사는 낡은 것이지만 사실 원더풀합니다). 그 사람들은 알고 있을까요. 정말은 좋지 않은 소문이 난다기보다, 신용이 제로가 되어서 의심을 사고 있는 처녀들의 리스트에 또 하나의 《불량 소녀》가 첨가 될까 두려운 것입니다. 그 사람들이 바빴을 때 제가 만들어 준 커피나 샌드위치도 잊어버리고, 제가 부지런하게 이리저리 심부름 다니던 것도 잊어버리고, 저의 불신실함을 조롱할 것이라고 생각하면 원통합니다. 짧은 양말에다 더러운 실험복을 입고 일하던 저를 모두 좋은 아이로 여겨준 것입니다. 아! 저는 그 선량한 사람들을 속이고 있었습니다.

아무리 책망해 보아도 이제는 아무 소용이 없습니다. 저는 이제 이를 악물고 참을 수밖에 없다는 것을 알고 있습니다. 저는 당신께 장밋빛 꿈이 깨인 후 계집애가 어떤 감정에 빠지는가를 전해 드렸다고 생각합니다. 이제부터의 아이들 편지에 다소간 보탬이 되면 다행하겠습니다. 정말 도움이 될는지 저도 모르겠습니다. 희미한 글월로 너절하게 느러놓아 죄송합니다. 그러나 동정도 아무 것도 바라지 않고, 스스로에 넌더리가 난 일을 쓰기란 대단히 어렵군요. 이젠 적어도 당신 한분께서는 저의 모든 것을 아신 것입니다. 얼마나 구역나는 《흰 무덤》인지도 아셨습니다. 아마 이 회답은 앞으로 일체, 기숙사의 달콤하고 청신하고 순수한, 믿을 수 있는 아이들과 교섭을 가지거나 도덕상의 토론을 해서는 안 된다고 쓰시겠지요(그들은 거의 아무것도 모르는데 저는 모두 다 알고 있습니다. 편지를 하실 때마다 저는 반역자로써의 비열을 느낍니다. 그런데도 불구하고 저는 편지를 고대합니다. 설령 그것이 제게 고통을 주는 것이라 하더라도).

「제니」가 늘 여쭈어보는 해답으로써 이 저의 기분은 퍽 참고가 될 것입니다. 그것은 특정한 남성이 어느 여성과 어느 때 결혼할 것이라면 그것이 당신과의 결혼이라도 관계있지 않느냐, 그리고 만일 성적 관계를 맺기에 족한 여성이라면 혼결 상대로서도 충분한 가치가 있는 여성일 것이라고 합니다.

난필로 실례지만 정서할 생각이 내키지 않아 그냥 붙이렵니다.

삼가

「또디」 올림

귀여운 「또디.」

얘기를 들려주어서 참 기쁘게 생각합니다. 좀 더 빨리 해 주셨더라면 얼마나 좋았을 까고 유감입니다. 몇 달 동안 당신이 가책과 정신적 고민의 무거운 짐을 지고 계셨던 일을 생각하면 가슴이 아픕니다.

나는 서슴치않고 다음과 같은 점을 분명히 해두려고 합니다. 그것은 당신이 여태까지 기숙사에 미친 영향을 이전보다 더욱 앞으로도 존경하려하는 것입니다. 「또디」 실수란 누구나 다 있는 것입니다. 가장 훌륭한 남녀도 과실을 범할 때가 있습니다. 특히 격정이 원인된 잘못은, 주위의 사정이 적당할 때도 아니 오히려 나쁜 경우에는 가장 빠지기 쉬운 종류의 것입니다(당신의 경우가 좋은 예입니다. 당신은 아직 성의 위력을 모르는 젊은 아이들을 왜 부모들이 그렇게 걱정하는지를 충분히 깨달았으리라고 생각합니다).

우리들이 이상보다 떨어졌다고 자각했을 때는 어떤 증조가 자기 가운데서 이러나는지 하는 것이 테스트입니다. 사람에 따라 자기가 과실을 범한 후, 다른 철없는 사람까지 같은 레벨로 끄러 내리려고 하는데, 이런 사람은 나쁜 것입니다. 우리들이 자기의 과실과 정면으로 마주서서 두 번 다시 그런 일은 저지르지 않으려고 결심하고 다른 사람이 같은 실패를 하지 않도록 힘쓰고 이미 과실을 저지른 사람은 구원하도록 하기만하면 어떠한 실패라도 이것을 인생의 교육의 일부로 변경시킬 수 있는 것입니다.

당신이 한 일은 꼭 지금 쓴 것 같은 과실입니다. 「또디」여 「젠」

이 맨 처음에 편지를 주었을 때부터 당신 이름은 수 없이 나왔습니다. 당신은 나의 충고에 항상 찬성했고, 나의 생각을 아이들에게 설명해 주었다고 곧잘 씌어졌습니다. 「젠」이 두려워하고 혼란에 빠졌던 그날 밤, 당신이 얼마나 훌륭한 친구였는지도 씌어 있었습니다. 당신처럼 쓴 경험에서 완고해 지고, 세상을 비꼬인 곁눈으로 보던 한 친구는 "이런 일은 누구에게나 있는 거야. 「젠」, 그렇게 꿍꿍 앓지 말고 익숙해지는 편이 좋아" 라고 했답니다. 「젠」이 그렇게 되지 않으란 법은 없으니까요. 당신이 아니라 내가 그 자리에 있었다 해도, 당신 이상으로 현명하고 사랑스럽게 그리고 이해 깊게 「젠」을 다룰 수는 없었을 것입니다. 정말 당신이 나보다 훨씬 훌륭히 지도해 주신 것을 충심으로 감사합니다. 당신이 기숙사에 있는 것을 나는 참으로 기쁘게 생각하며, 나의 딸 「젠」이 갈피를 잡지 못해 애썼을 때, 당신이 함께 있어 준 것은 실로 나의 운

이 좋았다고 감사하고 있습니다. 자 이만큼 쓰면 그 문제에 대답한 것이나 같지 않을까요?

당신은 실험실에 있는 동료들을 걱정하고 있군요. 내 생각으로는 「또디」여, 만일 이 이야기가 그들 사이에 퍼졌다 해도 정렬의 이모저모를 모조리 알고 있고, 당신이 받아온 훈련이나 신념을 엎어놓기 위해, 가진 수단을 다한 그 경험 있는 남성을 책망할망정, 당신같이 훌륭한 여성이 그런 남성에게 속았다는 일은 참 애석하다고 하는 이상으로 당신을 책망치는 않으리라고 생각합니다.

당신의 형제나 삼촌께 이 얘기가 들린다면, 그야말로 그 《친구》

된 인간을 죽이려 들도록 분개해 할 것입니다. 아무리 좋도록 생각해도 당신의 육신들이 이 남성에게 상당히 나쁜 감정을 갖는 것은 사실입니다. 한 가지 환한 점은 당신에게 잠시 동안은 괴로운 일이지만, 결혼하고 있으면서 겨우 스무 살이 된 귀여운 순경한 처녀를 자진해서 속이는 따위의 색마에게 언제 까지나 치근치근 감기지 않았다는 것입니다.

당신 어머니와의 오해가 원인이 되어 이런 사나이와의 교섭이 시작되다니 「또디」 얼마나 불행한 일이었을까요. 당신 친척들에게 보이는 불행한 경혼들이 어머니로 하여금 당신의 교제에 대해 너무 걱정하게 한 이유는 알 수 있지만, 그래도 어머니는 너무 지나치신 것 같습니다. 하긴 당신을 칼레지에 보내는 일이 어머니께서는 너무 큰 부담이었기 때문에 당신에게 되도록 공부에 힘쓰라고 하신 희망은 극히 당연한 일이기는 했지만.

그러나 대학에서의 즐거움과 남녀 교제가 그 교육의 일부라는 것을 어머니가 모르셨던 것은 불행한 일이었습니다. 그리고 당신 자신도 말하듯, 점점 한 여성으로 성장해 가고 있었다는 것을 어머니는 충분히 모르셨던가 봅니다.

만일 당신이 모친의 입장에 섰다고 가정하면 어머니는 아주 다른 태도를 보이셨으리라는 것을 나는 믿어 의심치 않습니다. 그뿐 아니라 현재에도 벌써 당황하고 그릇된 방향으로 나가려는 친구들에게 이해와 원조의 손길을 펴고 있는 것은 나이로 보아 지극히 감복할 뿐입니다. 이런 일을 할 수 있는 사람을 사회는 지금 당장 필요로 하는 것입니다. 그렇기 때문에 당신이 느끼고 있듯이 이미 좋은 결과가 있는 것입니다.

다음으로 보이즈에 대한 질문에 들어갑시다. 지금의 당신을 있는 그대로 바라봅시다. 「또디」《흰 무덤》이라니 당치도 않은 말입니다. 세상 사람들이 생각하고 있듯 당신은 선하고 훌륭한 여성입니다. 당신은 이상과 확신을 아직 버리지 않고 있는 것입니다. 충동에 짓눌렸던 대가로 쓰디쓴 경험을 한 것 때문에 더 한층 높은 이상과 확신을 갖고 계신 것 같습니다. 이제 다시는 당신이 같은 실수를 할 염려는 없어진 것입니다.

얘기할까 말까하고 주저하지는 마시오. 임기응변도 좋은 것입니다. 당신의 좋은 소질을 충분히 알 수 있는 품성과, 섬세한 신경과 이해를 갖춘 남성이, 이 세상 어느 곳에 꼭 있습니다. 당신과 서로 사랑하기에 마땅한 사람이라면 이 사건을 나와 같이 취급할 것입니다. 그런 남성이라면 이 사건이 당신을 보다 성숙케 하고, 보다 도덕적으로 굳게 하고, 보다 사려 깊고 친절하고 현명하게 한 줄을 알 것입니다.

회개의 눈물과 태워버린 자를 버리시지요. 귀여운 「또디」, 당신은 너무나 오래 이런 베옷을 입고 있었습니다. 과실은 다시 돌이킬 수 없으나 과실에서 교훈을 얻어 전보다 더 좋은 사람이 될 수는 있습니다. 그리고 당신은 벌써 이일을 실행하고 있는 것입니다.

나도 당신도 불쾌한 일을 싹 잊어버리기도 합시다. 로맨스를 무리하게 기피하는 것도 필요 없습니다. 조마조마할 것도 없습니다. 「젠」의 친구 「또디」는 여전히 선하고 사랑스런 친구입니다.

이것만이 중요한 점입니다.

사랑과 행복을 빌면서

L 부인 씀

# 대개는 이미

귀여운 「젠」과 그 동무 여러분께(?).

나는 이 편지를 네 친구에게 보일 가치가 있는지 몰라서(?)를 붙였다. 이제부터 취급할 문제는 세계를 진통할 그런 큰 문제는 아니나 나는 전력을 다 해 여러분의 개인적인 호기심을 만족시킬 작정이다.

「제니」양은(라고 해서 여러분 흉내를 낸 것이 아니라 정말 나의 귀여운 외딸 「젠」 양입니다) 내가 여태까지 써 온, 사람들의 도덕에 대해 이상한 얘기를 더 듣고 싶겠지(너는 내가 마치 이중 생활을 하는 것처럼 사상하는 것 같구나).

즉 이런 사정이란 말이야 귀여운 내 딸아. 나는 여러 가지 인생의 얘기가 시작되는 것을 보아 왔고, 또 오래 산 덕분에 그러한 사건들이 어떻게 되었는가도 잘 알고 있단다. 그래서 미력하나마 인간이 만들은 갈등을 조정하는 전문가라고 자처해도 별로 부당하지는 않단 말이다.

앞서 쓴 것 같기도 한데 성에 대한 신기한 실험이라는 것은 결코 새로운 것이 아닙니다.

젊었을 때의 사람들도 이런 것을 모르고 지난 것은 아닙니다. 우리들이 알고 있는 훌륭한 사람들 속에도 무엇인지 관습을 저버린 행위를 한 사람이 있었습니다. 내가 지금 여러분께 보이려는 도덕에 대한 결론은 주로 내가 경험한 이상 한 사건들의 관찰에서 온 것이며, 거기에 내가 독서에서 얻은 지식을 가미한 것입니다.

사람들이 도덕을 무시함으로써, 보다 나은, 보다 큰 행복을 손에 넣을 수 있는 세상이 되었다고 상상해 보십시오. 그렇다면 벌써 도덕률을 바꿔도 좋은 시기입니다. 또 실제로 세월이 감에 따라 어느 정도의 변경이 가해지기도 합니다.

너는 알지 모르지만 성경이 쓰인 시대에는 간통죄를 범한 남녀는 돌로 쳐 죽인 것이었는데 점점 세상이 바뀌어 여성은 죽이고 남성은 용서되었습니다. 그리스도는 "너희 중에 죄 없는 자는 먼저 돌로 이 여인은 쳐라"는 현명하고 적당한 말로서, 간통죄에 빠진 여인들을 쳐 죽이는 것에 종지부를 찍었습니다.

나의 처녀 시절에는 많은 사람들이 성대한 댄스나, 화투치기까지도 부도덕하고 나쁜 일이라고 생각하고 있었는데, 지금은 이런 것이 허물없는 사교상의 제스처로써 일반에게 인정되어 있습니다. 지금은 도덕을 이탈한 사람을 그리 책망하지도 않고, 자기 자신의 부도덕에 대해서도, 그리 위선자 면해서 체면을 유지하려고 들지도 않습니다. 이것은 다 좋은 일입니다. 그러나 해답을 쓰려고 내가 이러한 문제를 파본 결과, 근본적인 도덕률은 엄연히 때의 시련에 저항하고 있음을 알고 저역이 유쾌했습니다. 그것은 기혼이나 미혼을 불문하고 성 도덕을 범한 자는 꼭 자기나 혹은 상대편이 혹독한 고민을 한다는 업보를 받는다는 사실입니다.

예컨대 결혼 때문에 결코 속박을 받지 않는다고 약속한 매력적인 부부가 있었습니다. 이 사람들은 현대의 결혼이란 형식은 시대에 뒤떨어졌으니 개혁하지 않으면 안 된다는 의견이었습니다. 부부 상호간의 성실이란 것은 결국 상대편을 소유물처럼 생각하기 때문에 이러나는 요구라고 그들은 말하는 것입니다. 그래서 서로 완전히 자유로 바람을 피거나 무엇을 하거나 간섭치 않는다고 의견이 일치했습니다. 그러나 훼어 줄레의 입장에서 결혼생활 이외의 모험을 일일이 서로 정직하게 보고하기로 결정했습니다.

이것은 자극적이며 모던한 방법처럼 보였습니다. 파티 때에는 여러 사람 눈앞에서 이 부부는 협정 하에 바쁘게 이 의견을 실행했습니다. 사람 눈에 띠이지 않는 곳에서 이러난 일은 제일 먼저 그 보고가 배우자 자신에게 갔습니다.

불행히도 이 신 형식 결혼은 오래 계속 되지 못했습니다. 남편은 두 번째에 인습적인 결혼을 했습니다. 상대는 바람피운다는 것에는 전혀 흥미가 없는 가정적인 여인이었습니다. 이 남편도 이제는 그런 취미를 다 잃은 것 같았습니다. 그 부인은 《댄서》가 되어서 내가 최근 들은 풍문에 의하면 급속 적으로 자기 생활을 파괴하는 길로 돌진하고 있다는 것입니다.

다음에 나는 유명한 저술가를 생각해냈습니다. 이 사람은 전

부인과 이혼하고 목사의 주례 없이 훨씬 젊은 부인과 재혼 했습니다. 그리고 자유연애 예찬의 저서와, 논문을 냈습니다. 몇 년인가 지나서 이 사람이 유명한 잡지에 "자유연애만으로는 부족하다."는 글을 실린 것을 보았을 때, 나는 참 재미있다고 느낀 것입니다.

좀더 가까운 것으로는 사촌 오빠 「톰」이 있습니다. 그는 결혼제도를 얼빠진 제도라고 생각했기 때문에, 그럴듯하게 결혼을 피해가며, 차례차례 많은 매력 있는 부인과 관계를 하고 《귀찮아서》하고는 버리고, 새 애인을 만들고 했습니다. 이 《귀찮다》는 것은 여성이 결혼을 희망하는 것을 의미합니다. 그도 이제는 중년이며 홀로 불행한 사람이 되어 버렸습니다. 그리고 해가 갈수록 매일 매일의 생활 목표를 찾기에 더욱 곤란한 것입니다.

그러나 늘 그렇다고 단정할 수 없습니다. 처음에는 과실이나 실패가 있어도 결국은 선하고 행복한 생활을 창조한 사람이 얼마든지 많습니다. 「젠」은 만난일이 없겠지만, 소문은 들었을 귀여운 어떤 처녀가 미칠 듯한 찰나적 충동이라기보다 오히려 부주의한 교제의 결과 과실을 범했습니다. 이 처녀는 상대편 청년을 체 알기도 전에 어쩌다가 그렇게 된 것입니다. 그런 아이는 이런 어리석은 행위도 감히 할 수 있는 성질입니다. 긍지가 있는 아이였기 때문에 임신한 것을 안 대에도 사나이에게 울고 매달리는 짓은 안 했습니다. 오히려 용기를 다하여 모든 것을 어머니께 말했습니다. 그래서 부모들이 그 젊은 사나이를 책망하고 어린애는 사생아가 되지 않도록 형식상의 결혼을 제의했습니다. 청년도 사람은 아니었기 때문에 곧 이에 응했습니다.

그러나 의외의 결과가 나타났습니다. 청년의 집안에서는 진상을 전혀 몰랐는데 며느리를 귀애하고 손자를 났을 때는 굉장히 기뻐했습니다. 며느리는 자기의 위선을 통분했지만 태어난 아기를 위해 진상을 가슴에 품어 두었습니다. 그러나 참다못해 이 부자연한 속박에서 남편을 해방시킨다고 제안했습니다. 그러나 남편은 모두 마음에 든 이 아내를 이혼하려 하지 않고 합의 상 정식 결혼 생활로 들어갔습니다. 지금은 아이가 셋이나 되며 아주 행복하게 삽니다.

그래서 습관에 거슬릴 길을 가든가 도덕에서 미끄러진 사람이라도 그 장래가 아주 깜깜하다고 슬프게 머리를 저을 필요가 없습니다. 슬퍼해야 할 과오를 시정하고, 화를 돌이켜 복으로 만드는 일도 가능하다는 것을 나는 알았습니다.

이런 불행을 경험한 사람들이 다시금 처음부터 같은 과실을 되풀이 할까요. 아닙니다. 다시는 그런 실패를 하지 않으려고 생각할 것입니다. 아무리 상처가 빨리 회복되고, 또 완전했다 해도 이것은 되풀이하고 싶지 않은 것입니다. 결혼 전의 성 경험을 거쳐 결혼한 사람들도 퍽 많습니다. 이런 여성으로써 숭배에 가깝도록 헌신적이었던 남편을 가진 사람인데, 그 부인이 내게 얘기한 일이 있습니다. "저의 남편처럼 사랑해 주는 남성하고도, 결혼 이외의 성 관계를 갖는 것은 말리고 싶군요. 뭐라고 할 수 없는 그런 관계가 있기 때문입니다. 그런 관계를 계속하고 있는 사람은 자기도 자기를 믿을 수 없는, 즉 자존심이란 것이 없어지겠지요."

처음에 어느 쪽인지 실수가 있던 부부는, 설사 그 뒤가 잘 맞는

다고 해도 서로 그런 불행한, 그리고 불쾌한 추억이 없었다면 좋았다고 생각할 것입니다. 무엇보다 좋은 증거로는 양식(良識)을 무시하고 관습을 깨뜨린 사람들이 대개는 그 아이들에게 자기들과 같은 일을 저지르지 않도록 희망하고 있는 것입니다.

되풀이하는데, 귀여운 「젠」, 내가 규율을 벗어난 일을 한 사람들의 비행을 들쳐 낸다고 생각하지 마라. 배경이 될 여러 가지 조건이나 가정사정에 의해 젊은 사람들이 도덕률을 존중하게도 되고 경멸하게도 되는 것입니다. 예컨대 사촌 오빠 「톰」은 지금도 그 신경질이며 욕심쟁이였던 어머니에게서 받은 상체기에 대해 반감을 갖고 있으리라 생각합니다. 그의 모친의 애정에서 피하기 위해 「톰」은 있는 힘을 다했기 때문에, 그 노력과 그때에 받은 상처가 언제까지나 쓰려서 급기야는 모든 여성을 성실하게 사랑할 수 없이 되어 버렸습니다. 나의 진단에 의하면 그가 온갖 수단을 다해 한 여성의 사랑을 얻자마자 그 발길을 돌이켜 다른 여성을 겨누러가는 사람이 된 근본적 원인은 여기에 있는 것 같습니다. 「톰」은 일면 사람이 좋고 감수성이 풍부한 성품을 갖고 있기 때문에 한 여성을 괴롭힌 뒤에는 꽤 깊은 죄책에 몰렸을 것이지요. 그러나 그 괴로운 감정이 또 같은 것을 찾는 것입니다. 그리고 번연히 같은 결과가 된다는 것을 알면서, 다음 사건에로 돌격하는 것입니다(여기에 쓴 것은 「톰」에게 직접 들은 것이 아닙니다. 내가 상상해서 쓴 것입니다. 허다한 도락자 처럼 「톰」에게는 무슨 규정이 있으리라고 생각도 하며, 또 내가 아는 사람 중에서 제일 불쌍한 사람이라고 생각하기도 합니다). 정말 그처럼 아름답고 몰아적

(沒我的)인 애정을 필요로 하는 사람은 없을 것입니다. 그런데 그는 그가 만들어 놓은 인생 설계에서 벗어나지 못하기 때문에, 어떤 여성도 그에게 그런 순수한 사랑을 주지 않는 것이라고 생각합니다. 이렇게 도덕적 관점에서 많은 사람들의 행위를 조사해 보면 참 연애를 끈기 있게 기다리던 사람, 결혼 서약에 성실했던 사람, 이런 사람들이 가장 행복한 사람들이라고 생각지 않을 수 없습니다. 그밖에 좀더 자극적인 방법도 있겠지만, 그리 향해 가지 않은 사람은 스스로에게서나 혹은 죄 없는 주위 사람들에게 반드시 고통을 주고 있습니다.

나는 딸이 한번 실수를 했다고 해서 그것으로 전 생애가 엉망진창이 되는 것이라는 절박한 생각을 결코 갖게 하고 싶지는 않습니다. 인류의 경험은 그런 것이 아니라는 것을 가르치고 있습니다. 그러나 한편 인생이 눈앞에 전개되었을 때, 그리고 자유로 자기가 원하는 코스를 취할 수 있을 때, 많은 사람에게 후회를 준, 위험한 유혹에 빠지는 방향으로 지침을 정하는 것은 실로 비극적인 선택이라고 하지 않으면 안 되는 것입니다.

내가 여러분들의 윤택한 인생의 일들을 생각할 때 마침 어제 일인데 우리 친구 「사라」네 집에서 재미있는 일이 있었습니다. 「사라」가 젊은 네 눈에 어떻게 보이는지 모르나 나는 굉장히 리버럴하고 모던한 사람이라고 생각하고 있습니다. 그는 그의 조그만 딸 「윌마」에게 일부러 아직 퍽 어렸을 때 아기를 낳는 경로를 모조리 설명해 주었습니다. 손님(남성)이 오면 「윌마」가 목욕실에 들어가서 남성 향수를 재미있게 바라보는 데 모두 질색이라 하며

「사라」는 이것이 「월마」의 성 교육이 일부라고 생각하고 있었나
봅니다.

그래서, 우리들의 토론과, 여러분들의 질문을 「사라」에게 얘기
했을 때, 「사라」가 튀어 일어날 듯이, 여러 가지 기묘한 몸짓을 하
고, 얼굴을 찡그려 보이고 해서 내가 얼마나 놀랬는지! 나중에서
야 겨우 열한 살 난 「월마」가 같은 방에 있는 것에 나의 주의를 끌
려고 했던 것을 알았습니다. 나는 물론 얼굴이 빨개서 입을 다물
었습니다.

그러나 이 일은 여러분이 내게 말하던 것을 상기시켰습니다.
어버이는, 욕망이나 감정이 얼마나 젊은 사람을 혼란으로 이끈다
는 일에 대해 아무것도 가르쳐 주지 않는다는 것을 여러분은 호소
했지요. 가장 필요로 하는 정확한 지식을 주려고 하지 않는 것입
니다.

나도 그랬습니다. 그러나 지금은 다릅니다. 내가 지금까지 인
생에서 배운 것은 무엇이든 피력했습니다. 비밀이 새지 않기 위
해, 스캔들의 씨가 되지 않도록 관계자들의 이름을 물론 내지 않
습니다. 혹 그 본인이 알았을 거라고 여러분이 생각한다 해도 그
것은 정말 놀랄만한 일이 있습니다. 조금씩 사정과 환경을 바꿔
놨습니다. 스토리는 모두 사실입니다. 믿어주시오.

자 이젠 모든 질문에 대답했습니다. 책상 위는 깨끗해졌습니
다. 「제니」의 편지마저 정리했습니다. 어쩌면 그렇게 빨리 처리됐
는지 나도 놀랍습니다. 이젠 비누 거품 통 안에서 머리를 휘졌지
않아도 괜찮을까요? 머릿속을 젓는 것도 좋고, 편지도 기다려지

지만 내 시간도 좀 갖는 게 좋지 않을까요.

　요즈음은 어떠냐. 「젠」. 퍽 오래 성적 보고를 받지 못해 궁금하
다.

　온갖 사랑으로써

　　　　　　　　　　　　　　　　　　　　　　어머니 씀

편지 **16**

# 이상적인 관계

그리운 어머니.

수고스럽지만 다시 한번 비누거품 통 안에 들어오셔야 합니다. 어머니의 지혜가 필요하게 되었습니다. 저는 정말 곤경에 빠졌습니다. 세상 끝 날이 오면 어쩌나 하던 시절이 있었는데 이번 일에 비하면 아무 것도 아닙니다. 이번만은 정말 어쩔 수가 없습니다.

「팀」이 꼬박 일주일이나 저를 찾아오지 않을 뿐 아니라, 저의 곁에 전혀 나타나지도 않습니다. 전화가 올 때마다 튀어나가는데 제게 온 것이 아니거나, 엉뚱한 파티의 초대입니다. 솔직히 말씀드립니다. 「팀」은 제게 권태를 느꼈나 봅니다. 전에는 저를 어디든지 데리고 갔습니다. 즐거운 때도 지났습니다. 그런데 요즘은 그다지 데이트를 만들어 들지 않습니다. 「팀」이 말하기를 별로 굳은 약속을 하지 않더라도, 「팀」이 필요하다고 생각할 때는 틀림없이 거기에 나타나도록 할 테니까 데이트를 만들어 둘 필요는 없다는 것입니다. 저는 이것은 좋지 않은 경향이라고 판단했습니다.

저는 은근히 주의를 끌려했으나 전혀 반응이 없었으므로, 이번에는 웃음으로 직접 찔러봤습니다만 전혀 요령이 부득입니다. 클라스의 연극이 며칠 안으로 있는데 「팀」은 같이 가자고 한마디도 하지 않습니다. 제가 이 일을 다른 남학생에게 의논했더니 그는, 제게 그때에 약속이 있느냐고 했습니다. 저는 없다고 대답했습니다. 「팀」이 저를 권유하러 올 것은 거의 확실한 것인 줄은 알지만 그래도 약속은 없으니까요. 그렇게 대답했더니 그가 자기하고 함께 가지 않겠느냐고 물었기 때문에 같이 갑시다하고 대답했습니다.

그래도 저는 「팀」에게서 무슨 얘기가 없나하고 남 몰래 기다리고 있었는데 연극 날까지 한마디의 인사도 없었습니다. 그리고 그날이 되어서 갑자기 여덟 시경 데리러 갈 테라고 말했습니다. 그래서 저는 좀 싫은 소리를 했습니다. 그가 왜 그런 소리를 하느냐든가, 자기하고 갈 것은 뻔한 일이 아니냐고 얘기한, 싫은 소리였습니다. 그러면 저는 그런 것을 어떻게 아느냐고 도사려 보려고 했던 것입니다. 결과는 전혀 예상 밖의 방향으로 진전했습니다. 「팀」은 마치 제가 급소라도 찌른 것처럼 일분동안 저를 쳐다보더니 한참만에야 《그러냐》고 했습니다. 그 후의 애니는 아주 김빠진 맥주였습니다. 저는 비굴함과 공포에 사로잡혔습니다. 그래도 저는 「팀」에게 상대편을 늘 중간에 버려둘 것이 아니라는 것을 알릴 좋은 기회라고 생각했습니다.

다른 남학생과 갈 생각은 없었지만 그래도 연극에 갔습니다.

그러니까 어떨까요. 제 앞에 「팀」이 「그레마 프스」라는 아이와 같이 와있지 않아요. 제가 말씀드린 것처럼 이 아이야말로 온 학교 안에서 아무리해도 제가 친해 질 수 없는 아이의 하나입니다. 허구 많은 사람 중에 하필 「그레마 프스」라니! 그러나 몇 번 다시 보아도 확실히 이 아이입니다. 「팀」은 이 아이의 쓸데없는 농담에 머리를 흔들어가며 웃고 또 그 미모에 끌린 모양입니다.

만일 「팀」이 뒤에 들어왔다면 저는 사정을 설명하고 그럴듯하게 꾸며 낼 수가 있었고, 이렇게 까지 악화하지는 안았을 것입니다. 그 후에는 수업시간 외에 마주치는 일이 없게 되었습니다. 「팀」은 저를 내 버려두고 씩씩 나가 버리든가, 선생하고 얘기를 하며 언제까지나 교실에 남아 있습니다. 그전에는 늘 문 어구에서 기다리든가, 같이 옆에 교실로 가든가, 저를 데리고 그릴에 무얼 먹으러 가든가 했는데 아 즐겁던 남들의 추억이여!

만 일주일 간의 절교! 공부만은 꼭 같이 하기로 되어 있었는데. 아! 참을 수 없습니다. 어떻게 하면 좋을까요.

함께 연극에 갔던 남학생이 한번 찾아 왔으나 바쁘다고 거절했습니다. 같이 나가기도 싫었고 혹시 「팀」이 오지나 않을까 해섭니다. 이 이상 오해가 계속되면 견딜 수 없습니다. 또 예의 남학생이 오면 놀러갈 약속을 할 것인지 모르겠습니다. 이 학생도 별로 나쁜데는 없지만 그는 「팀」이 아니니까요. 이 일주일동안 제게 「팀」이 얼마나 필요한 존재인지 알았습니다. 다른 어떤 학생도 「팀」의 대리를 할 수 없음을 알았습니다. 잠깐 집에 돌아가도 좋을까요. 「팀」이 다른 아이들과 오늘 놀러갈 약속을 하지나 않았을까 하면 그 아이가 만일 「그레마 프스」라면 도저히 제가 참을 수 없는 것입니다. 이 아이는 「팀」에게 전혀 맞지 않습니다. 예쁜 얼굴과, 사치한 옷 뿐의 처녀인데 사나이란 그것만으로 포로가 되는 것이군요.

「팀」은 늘 제게 붙어 있었기 때문에 동무들은 모두 무슨 일이 있는 것이라고 알아차렸습니다. 그리고 불상하다는 눈초리로 저를 바라봅니다. 이런 고통은 제일 친한 친구에게도 애기할 수 없습니다. 강한 사람도 쓰러졌습니다. 아 슬프고도 슬프도다! 만사가 그런 식입니다. 지금이야말로 저 고난의 연속이었던 구약성경의 「욥」에게 많은 참고 자료를 줄 수 있습니다. 제발 어머니, 《참사랑》의 길이란 결코 평탄치 않다는 곰팡이 슨 말을 쓰지 마세요. 어쩌다가, 이렇게 되었을까요. 그렇게 멋있고 그렇게 완전했던 우정이 갑자기 사라지다니! 남은 아무것도 없다니! 「팀」에게 데이트를 딱딱 정확하게 시키려던 것이 저의 잘못이었을까요. 저희들은 약혼한 사이도 아니고, 「팀」이 찾아 올 생각이 없을 수도 있으리라고 생각하여 미리미리 데이트를 만들어 두지 않는 것은 초조했기 때문입니다. 이런 때는 어떻게 할까요? 무엇이든 상대편 기분에 맞춰 두어야 할까요? 가르쳐 주세요.

　그럼 자애 깊은 어머니
　머리는 횡 횡, 속은 뒤죽박죽,
　도저히 편지를 쓸 수는 없이.
　다음 데이트가 있다면
　나의 편지도 훌륭해 질 터.

E, O, P, (앤드 오브 더 포엠,)

절망이 수렁에서

「젠」 올림

 

사랑하는 「젠」.

너와 「팀」의 관계가 암초에 걸려서 너는 엉망진창이 되었구나. 귀여운 딸아 나는 이 문제를 엄벙덤벙 처리할 생각은 조금도 없고 네가 얼마나 참혹하게 되었는지 깊이 동정한다. 그러나 「팀」이 다른 아이와 교제를 시작했다고 해서 설사 그것이 「그레마 프스」였던들 그것으로 세상 끝 날이 온 것이 아니지 않니. 그렇지 않아.

네가 내 충고를 바라니, 나는 될 수 있는 한 도우려한다. 또 젊은 남녀관계를 곰곰이 생각하고, 긴 청춘기에, 이른바 소년기의 교제가 어떤 구실을 하는지를 연구하기에 마침 적당한 시기가 온 것 같다.

너는 이것을 생각한 일이 있느냐? 나 자신은 아직 여기에 생각이 미치지 못했던 것을 자백한다. 그것은 긴 세계의 역사를 조사해 보아도 청춘기를 오래 즐기게 된 것은 극히 근대의 일이라는 사실을 생각해 본 일이 있느냐? 옛날에는 지금의 하이 스쿨 상급반 나이쯤 되면 모두 결혼한 것이다. 「주리엘」에게 그런 극적인 사건이 일어난 것은 겨우 열다섯이 될까 말까한 때문이었어요. 우리들의 할머니, 증조할머니는 열다섯에 결혼하고, 너희들이 아직 칼레지를 나오기 전 나이로 벌써 아이가 둘 셋씩 있던 것이다.

최근에 와서 일반 청년 남녀는 희망하는 일을 자유로 선택하고, 그것 때문에 충분한 준비를 할 수 있게 된 것이다. 현재의 우리들의 문명이 요구하는 자격에 대해 충분한 준비라는 의미인데.

이 조류와 더불어 젊은 사람들은 몇 년이란 오랜 기간 동안 많은 이성과 알게 되고 실험하고는 실패하고, 실패하고는 또 실험해서, 이런 방법으로 좋은 결혼 상대를 찾으려고 하게 되었단다. 너희들이 하이 스쿨이나 대학 생활에서 건강하고 가벼운 교제를 통해서 이성과 접근하고 이성을 이해하게 되는 것은 여러 가지 학과에 못지않게 중요한 것이다. 왜냐하면 이 경험은 너희들을 개인적 생활에 있어서 행복이란 골인에 인도하는 것이고, 그것은 학과의 습득이 전문 기술의 성공이란 골인으로 이끄는 것과 같은 중요성을 가진 것인 때문이다.

그러나 그것은 늘 술술 잘 되어 간다고만 할 수는 없다. 오히려 잘 안되는 경우가 많다. 청년 초기의 연애 사건은 오히려 파란곡절이 많은 것이란다. 이것이 모두 교육의 프로그램 속에 포함된 것이다.

청춘 남녀가 서로 상대를 잘 이해하기까지는 상당히 개성의 조정을 필요로 한다. 서로 끌리고 있는 젊은 남녀라도 언제나 정답게 해 나간다고 단정할 수는 없는 것이다. 그는 네가 싫어하는 일을 할지도 모른다. 싸움도 하겠지. 화해하고는,또 싸우고 그렇게 되기 쉽단다. 대로는 그가 큰 싸움의 씨를 뿌리고도 시치미를 뗄 때가 있을 것이다. 왜 그런지 이쪽에서는 전혀 모르기 때문에 자기가 나쁜 짓이나 했나하고 고민 했겠지.

사실 말하면 이런 문제들은 모든 인간 사이의 접촉에서 일어나는 것과 다르지 않은 것이다. 양친과, 형제자매와, 또 일을 하면 고용주와의 관계에 대해 문제는 끊임없이 일어난다. 그것은 모두 같은 종류의 것이다. 사랑이거나, 성적 인력이라든가 무슨 이름을 붙여 불러도 상관없으나 그것조차도 건전한 《자아》를 갖춘 두 사람간의 투쟁을 말소시킨다고 단언할 수 없는 것이다. 오히려 실제로는 그것으로 해서 더 큰 투쟁이 벌어지는 경우가 있다.

우리들은 접촉하는 온갖 종류의 인간과 화목하게 생활해 나가는 기술을 배우지 않으면 안 된다. 그것은 보이프렌드에 대해서도 같다. 여러 가지 경우에 부딪칠 때 마다 자기와 남의 성이 점점 이해되어 오는 것이다.

젊음과 경험이 없는 것 때문에 그 사람에게서의 존경과 친애를 특별히 원하고 있는 사람에게 대단히 서툰 일을 저지를 때가 있다. 이것은 불행한 일이다. 그러나 우리들 사회에서의 청춘 남녀의 교제는, 만일 어느 한 사람과 돌이킬 수 없는 판국에 빠졌다 해도 그 실패는 다음의 한 사람과의 교제에서 수정할 수 있다는 아름다운 점이 있다. 이렇게 하여 점점 남성들과 사이좋게 나가는 재주를 배워, 드디어 시기가 올 때는 선량한 아내가 될 수 있는 것이다.

생애를 문필로 세워보려던 사람을 몇 명인가 보아 왔지만 무슨 기묘한 이유에선지 이 사람들은 첫 번째 쓴 것을 하바지나 월간 애트런틱지 같은 일류 잡지에 실리지 않으면 안 된다고 작정해 버리고 있는 것 같다. 그것과 같이 무슨 이상한 이유에서인지 젊은 처녀들은 최초의 연애가 진실한 연애며, 이것이 깨지면 세상이 무너진 듯 슬픔과 한탄에 빠진다. 그러나 인생은 그런 것이 아니란다. 대개의 작가는 작품이 팔리게 될 때까지 오랜 습작기간을 경험하지 않으면 안 된다. 그와 같이 많은 사람들은 결정적인 연애에 봉착하기 전에 많든 적든 일시적인 것에 끌리는 것이다.

그런 일시적인 비탄이나 고통은 잠시 두고, 네 경우를 냉정히 생각해 보기로 하자. 네가 결혼하는 것은 아직 좀 더 있어야 된다. 진정한 연애가 네게 주어지기까지 너는 아직 몇 번인가의 연애를 통과할 것이다. 너 만한 나이로는 설사 하나의 남성을 잃었다고 해도 다음에 또 나타나는 것은 확실하기 때문에 결코 로맨스가 영원히 그 문을 닫아 버린다고 비관할 필요는 없는 것이다. 귀여운 딸아, 지금 경험하고 있는 것을 학과로써 다소곳이 받아 들여라. 사실 그럴 것이다.

라고는 해도, 너는 모든 것을 순순히 받아들이고만 있으라는 것은 아니다. 그렇다면 「팀」은 네게서 아무 교훈도 얻지 못할 것이 아니냐. 네 편지만으로는 경솔한 단정을 내릴 수 없으나, 「팀」은 좀 체신없이 지나치게 제 고집을 세우는 게 아니냐. 「팀」과의 교제가 네게 있어 그리 시원치 않은 것 같아, 이것을 전화시켜 보려던 너의 노력은 정당하다고 판단된다.

먼저 너의 예의와 사려가 그릇되지 않았는지 반성해 보면 어떠냐. 네가 젊다는 것은 결코 생각이 모자란다는 것의 변명이 되지는 않는다. 만일 네게 부족한 점이 있었다면 사죄하고 설명을 하는 것이 당연한 것이다.

만일 아무리 생각해도 네가 정당하고 또 네 행동에 잘못이 없다고 하면, 나 같으면 몽땅 잊어버리기로 하겠다. 만일 「팀」편에서 생각이 부족했던 것이라면 「팀」도 잘 생각해 보면 알 수 있는 게 아닐까. 그의 프라이드는 깎였을 것이다. 마치 그와 「그레마프스」를 보았을 대 너의 프라이드가 상했던 것처럼 「팀」이 좀 진정된 다음이 아니면 냉정한 판단을 할 수가 없을지도 모르겠다.

만일 이렇게까지 해도 그의 마음이 돌아오지 않는다면 그는 이전에 가지고 있던 예의와 사려를 상실한 것이 되니까. 이 문제가 빨리 해결되면 될수록 너에게는 좋은 것이다. 그리 위안이 되지 않는 얘기지만 이것이 청년 초기의 남녀 교제의 좋은 점이다. 조금도 미련이 없는 것이 좋다. 한 친구가 가 버려도 또 다른 친구를 만드는 것은 전혀 자유다. 아니 이것이야말로 바로 네가 할 일인 것이다(애정의 항구성이 확신되기 전에는 처녀여, 너무 깊이 들어가지 말라는 것에 대한 유력한 이유가 또 하나 분 것이다). 너와 「팀」 사이에 이러난 일도, 일어나지 않은 일들도, 모두 네게는 좋은 아름다운 경험이었다. 우정이 무너진 지금 너희 두 사람이 무슨 다른 것을 향해 줄달음친다 하여도 추억은 늘 아름다운 것일 것이다.

이 일은 잘 기억해 두어라. 참 연애가 찾아왔을 때는 다소의 타격과 오해를 가지고 문제 삼는 것이 아니다. 우리들은 불완전하기 때문에, 어느 때는 화도 내고, 상대를 성내게 할 때도 있다. 그러나 진정한 사랑이라면 이러한 마찰에서 오히려 깊은 이해에 이르는 것이다. 또 그것이 참 사랑이 아니라면 이렇게 해서 그것을 발견할 수 있는 것이다.

딸아, 지금 네가 얼마나 괴로운지 나는 안다. 엄마도 같이 괴로워하고 있다. 그러나 그리 오래지 않아 이 사건을 돌아보고 지금의 애절한 모양을 미소로써 상기할 때가 올 것이다. 어머니는 지금 너를 만나고 싶어 죽겠다. 그러나 지금은 네가 집에 올 시가가 아니다. 너는 로맨스의 최초의 시련을 받고 있는 것이다. 학교에서 사건을 처리해 버려라. 만일 「팀」이 「그레마 프스」나 어떤 처녀 발밑에 마음을 바디고 있다면 「팀」은 다시는 네게 관계가 없는 사람이다. 그에게 행운이 오도록 빌어 주고 너는 무슨 다른 생각을 하거라. 너는 할 수 있다. 이것도 인생에서 배워야할 한 가지 일이다. 젊었을 때 배워두면 그만큼 더 좋은 것이다.

네 고민에 동정한다는 증거로, 딸아, 너와 친구들에게 도 하나의 상자를 보낸다. 「팀」에게 침범되지 않는 유쾌한 시간을 갖거라.

사랑하는 마음으로

어머니 씀

편지 **17**

# 약혼 기간은?


인자하신 어머니.

주신 편지는 감사합니다. 그 편지를 보고 백퍼센트 기분 전환을 했습니다. 맛있는 요리는 걸작이었어요. 예의 일당들을 불러 모아, 왕성한 식욕을 돋웠습니다. 정말 어머니의 요리 솜씨는 다시, 한번 우러러 봅니다. 한참이나 맛있게 먹다보니 그 15분간이란 것은 실연의 상처도 홀딱 잊어버렸던 란 말씀에요.

이젠 든든합니다. 동맥을 끊을 필요도 없고 이에 유사한 일체의 행동은 폐지했습니다. 그래도 언제 어느 때 이런 일이 일어나리라는 것쯤은 알고 있어야 했을 터인데. 뭐니뭐니 해도 제게는 큰 상처입니다. 요전 주일은 쭉 여간 저기압이 아니었으며, 누구에게나 덤비고, 또 그리 우습지도 않은 일에 대굴 대굴 구르기도 했습니다. 시험에 몰리면서 저의 기분을 맞춰 주느라고 모두 골치를 알았나 봅니다.

  그래서 저는 그 대가로라도 주신 편지를 보여야겠다고 생각하고 공개했습니다. 정말 그렇게 해서 좋았다고 생각합니다. 저는 제 문제에만 골몰해서 조금도 몰랐는데 요즈음은 실연의 상처를 받은 심정들이 많이 있었어요. 그래서 어머니의 말씀은 평안과 위안을 가져왔습니다.

  그래도 어머니 저는 그렇게 용감한 행동을 취할 수 없습니다. 그래서 걱정입니다. 어머니의 말씀은 전부 지당합니다. 그러나 저는 다음 교제를 찾아 떠나기 보다 좀 더 기다려 보고 싶습니다. 마치 마차에 앉은 나비와 같은 것입니다. 그래도 이제는 히스테리를 일으키지는 않을 터입니다. 일종의 체념으로 변했습니다.

  정말 나쁘지 않은 기분입니다. 공부도 잘 됩니다. 새로운 수학 문제가 나오면 「팀」이 그리워 집니다. 「팀」을 턱 믿고 있었으니 무리가 아니지요. 그쪽에서도 논문을 쓸 때는 반드시 저의 우수한 솜씨를 생각할 거예요. 그랬으면 좋겠어요. 「그레마 프스」로써는 어쩔 수 없거든요.

  모두들 질문이 없어서 못 내 놓는 줄 아시면 큰 오해세요. 지금 시험기간이라 어머니 책상이 쓸쓸한 거예요. 「스우」가 정신적 문제에 대한 편지를 감사하고 있습니다. 보내주신 요리를 먹으면서 여기저기서 나온 문제는 약혼자끼리의 애무와 기타, 정도는 어떤 것인가 하는 것이었으며 그 질문을 꺼낼 것입니다.

  약혼한 사람들의 침착한 모양이라니 아직 우물쭈물하고 있는 사람들에게 관심을 가진척하기는 하는데 속으로는 그런 어린애 장난감은…… 하고 없인 여기는 것입니다.

중대한 뉴스가 있습니다. 「샤-레」를 아시죠. 사회적 낙오자, 트집쟁이, 불평가 「샤-레」를요? 기적이 일어났습니다. 연애의 형식을 가지고서. 「팀」과 제가 「아트」라는 청년과 「샤-레」를 짝 줘준 후 둘은 쭉 교제해 왔습니다. 「샤-레」는 전혀 성격이 일변하여 이전과는 딴 사람이 되었습니다. 반 사교적인, 밤이나 낮이나 목덜미가 아프다면 「샤-레」가 기숙사 중에서도 뛰어나게 멋있는 한 사람으로 개조하는데 요한 일자는 4주일이었습니다. 사실 기분 나쁘군요(4주일 전에 저는 얼마나 행복했을까요. 그런데 지금은 어떨까요 생각하면 할수록 인생은 묘한 것입니다. 아이 누가 이전에 이런 소리를 한 사람이 있었든가요?).

아! 어머니! 제게 전화에요 「또디」가 「팀」에게서 랍니다. 정숙해 주십시오. 손깍지를 끼고!

(후에) 콘랏드 아이켄의 "아침이라고 「센링」이 그랬습니다." 하는 아름다운 시를 읽어 보셨습니까? 저의 맞딸 이름은 「센링」이라고 부치기로 했습니다. 그 애는 「버나딧드」나 「듀우스」같은 명배우가 될 것입니다. 새까만 머리에 키가 훌쩍 큰 아가씨, 그리 아름답지는 않아도 기막힌 멋쟁입니다. 많은 연인을 가질 것입니다. 뜨겁지만 짧은 사랑입니다. 그 생애는 슬프고 아름다울 것입니다.

그 다음은 「로빈」. 「로빈」은 알맞은 중간 키에 황홀하도록 몸매가 아름다운 아가씨라고 합니다. 밤빛 머리털에 밤빛 눈동자, 지적 아름다움에 빛나고 있습니다. 그녀는 훌륭하고 믿음성 있는 청년과 결혼해서 평생의 안정과 행복을, 그리고 우수한 아이들을 낳을 것입니다. 「로빈」처럼 과히 고집쟁이가 아닌 빼어난 여성이 탄

생했기 때문에 이 혼란한 세대는 귀한 가치가 붙었다고 할 만한 성격의 인물입니다(고결한 사실입니다). 나의 막내딸은 「빵」이 아이 때문에 생긴 것 같은 이름입니다. 「빵」은 금빛 머리털에 꿈 많은 요정(妖精)과 같은 아이며 우리들은 이 아이를 이해할 수 없을 것이에요. 숲이나 꽃밭에 살면서 마치 푸른 성에 있는 「리마」처럼 동물을 사랑합니다. 피나포아를 입고 때때로 말할 수 없이 행복해지는 것입니다. 나로서는 상상할 수도 없이 행복하게. 아름다운 음악을 듣고 우수한 그림을 볼 때 내가 겨우 그 한 조각을 잡을 수 있는 그런 행복입니다. 바이올린도 킬 것입니다. 그러나 단지 그 마음속에 솟아나는 곡조뿐입니다.

나는 「빵」이 스무 살 때 쯤 열렬한 연애를 할 것 같습니다. 너무 격렬한 연애를 해서 무엇이 이러나 청년이 살해되거나 합니다. 그리고 「빵」도 죽습니다. 우리들은 하염없는 슬픔에 잠기고, 「빵」의 생명이 마치 우리에게는 꿈속 같아서 정말 우리들 사이에 살아 있었는지 의심조차 할 것입니다.

이것으로 우리 아이 전부를 만나셨습니다(아이들은 모두 우리의 일부분이며 그 일부준이 확대되고 완성된 것임을 아실 것입니다). 모두가 전혀 몽상적이며 불가사의한 자가 본위라고 생각지 않으십니까? 실제로는 「어그네스」나 「메리」나 「스잔느」 같은 극히 평범하고 재미도 없는 것일 것입니다(생각해 보십시오 바로 3시간 전까지는 나는 한 사람의 가족도 없었던 것이었습니다. 그리고 또 바라지도 않았습니다).

아이들을 아신 이상, 그 아버지에 대해서도 호기심을 가지시리라고 생각합니다. 그것은 결정적으로 「팀」이라는 청년입니다. 어머니 저의 시련과 고민은 끝났습니다. 행복이 군림했습니다. 전화의 주인공은 「팀」이었습니다. 저를 만나고 싶다는 것이었습니다. 저는 환희의 최고봉을 헤맸습니다. "물론, 지금, 바로 이 순간에요!" 하고 외치지는 않았습니다. 저는 포스를 침착히 하고 일부러 아무렇지도 않게 꾸미고 그리고 그를 적어도 5분은 기다리게 했습니다.

　모두 실없는 오해였습니다. 「팀」은 제가 다른 청년을 좋아하게 된 줄 알고 발을 떼야겠다고 생각했다고 그런 얘기였습니다. 「그레마 프스」의 일은, 「팀」이 연극 표를 부탁받아서 사왔더니, 최후의 순간에 약속한 사람이 못 가게 되어 「팀」이 대리를 했다는 것입니다. 저는 「팀」에게 이 다음에는 너무 고귀한 정신을 발휘하지 않도록, 그렇지 않으면 목을 누르겠다고 공갈했습니다.

　그러나 이 다음에는 그런 일이 없을 것입니다. 「팀」과 저는 약혼했습니다. 즐겁고 기쁜 얘깁니다. 언제 결혼할 수 있는지 전혀 모르지만, 언젠가는 꼭 결혼할 터인데, 오해 때문에 스스로를 괴롭힐 필요가 없다고 일치했습니다. 어머니도 찬성해 주세요. 네, 「팀」은 진정 꽝장한 상식과 고귀한 이상을 가지고 있습니다. 저희들 둘 다 칼레지는 마칠 예정이지만 지금부터 생활 설계는 시작해 두렵니다.

　「팀」이 어머니를 뵙고 싶답니다. 저도 그렇게 했으면 하는데, 어머니만 괜찮으시다면 되도록 빨리 형편 닿는 대로 주말에 같이 내려가려 합니다. 「팀」은 어머니 마음에 꼭 드실 겁니다. 어머니를 잘 섬길 것은 확실합니다(여간 사기 힘든 성질이 아니지만 「팀」이라면 틀림없습니다). 그럼 틈을 내서 답장 주세요. 다시 읽어보니 저는 상당히 긴장하고 있는 가 보군요. 절대로 그렇지는 않은데. 거저 행복하기만 합니다. 더할 나위 없이 시처럼 미칠 듯이 행복합니다! 아! 기쁨이여, 축복이여, 하늘의 행복과 같은! 저는 약혼했습니다.

「센링」과 「로빈」, 「빵」들도 문안드린 답니다. 셋이 다 할머니가 뵙고 싶다나요. — 저도요.

여러분께 사랑을 보냅니다. 어머니에게는 특별히 많은 사랑을.

「젠」 올림

또 어머니의 일입니다. 약혼한 패들이 저희 그룹의 문제를 든 것 같습니다. (저는 이제부터는 침착해 버릴 것 같습니다. 확실히 알고 믿는다는 것은 즐거운 일입니다.)

저는 이 편지 다발을 보았습니다. 읽어도 좋다고 했기 때문입니다. 대단히 흥미 있게 읽었습니다. 약혼한 아이들은 상당한 문제가 있군요. 다른 패들이 모르는 고초가 있군요(이젠 그만 두겠어요. 그렇지 않으면 어머니는 저를 정신병원에 보내실 테니까). 포옹과 뜨거운 키스를 많이 보내옵니다. 저희들 약혼 반은 답장을 기다립니다. 너무 정신이 혼돈되어 잃을 뻔 했습니다. 「또디」가 특별히 안부한답니다. 그러면 아실 것이랍니다. 어머니라면 물론 아시겠지요.

경애하는 L부인.

너무 많은 편지와 질문으로 실증이 나셨겠지만 아직 한 마디도 말씀하지 않으신 것이 있어 그것을 저희들은 듣고 싶습니다. 오랜 약혼기 문제입니다.

우리들 사이의 의견이 가지각색이라 제가 한쪽 견해를 쓰고 「루비」가 다른 견해를 말씀드리기로 했습니다.

저희들 중 어떤 사람들은 틴에이지의 아이들과 보이프렌드 간의 데이트나 페이팅이나 그 밖의 태도가, 약혼은 했으나 결혼은 여러 가지 사정으로 연기하고 있는 사람들의 경우와는 전혀 의미가 다르다고 생각하고 있는 것입니다. 이때 너무 친밀한 도수를 농후히 하지 않기 위해 신중한 고려가 있어야 하는 것이 아닐까요 (그러한 친밀을 피하는 편이 좋다면 말씀입니다).

저는 결혼 전의 성 교섭을 의미하는 것이 아닙니다. 이것은 약혼자끼리의 도덕 감과 임신의 공포에서 삼가고 있습니다. 그러나 그런 교섭이외의 즉 그 한걸음 전까지의 친밀 문젭니다. 당신 의견으로써는 그것이 어떻게 해서 결혼의 장애가 되는 것일까요? 혹은 약혼이 파혼된 경구 그러한 경험이 여성의 장래 행복에 어떤 영향을 가져오는 것일까요?

제 경우는 거의 약혼한지 3년이 됩니다. 이전에 저는 굉장히 주저했습니다. 저녁 키스도 여간 주의하지 않았습니다. 그러나 약혼 1년쯤 되니까 그는 온갖 종류의 애무 방식을 취하게 되었습니다. 실제 행하고 있는 일들을 생각하면 저는 꽤 걱정이 됩니다. 그렇다고 해서 아무런 해도 나타나지 않았습니다.

이러한 친밀도는 때때로 실제의 교섭까지 유인할 것처럼 되는 것은 사실입니다만 한편으로 오랜 약혼 기간의 긴장과 초조가 풀리기도 한 것입니다. 제가 차차 이렇게 성욕 감을 불러 일으키는 편이 저희들의 결혼 첫날밤을 위해 유익하지 않을까요.

그러나 저희들은 운이 좋을 뿐이고 저의 요만한 경험으로써는 충분한 기초를 만들 수 있는 것이며, 동생에게나, 또 제가 어머니가 되었을 때, 제 딸에게 무어라고 얘기를 해야 좋은지 모릅니다. 오랜 약혼 기간이, 보통이 되어버린 요즈음에 당신께서 이 문제를 취급해 주시는 일은 귀중한 것입니다.

겸하여, 오랜 기간의 약혼과, 가정을 받들만한 실력이 없을 때 결혼해 버리는 것과, 둘 중에 어느 편이 나은지 이것도 알고 싶습니다. 오늘의 학업이 남아 있는 청년과 결혼하고, 신혼여행도 없이 단칸짜리 셋방을 얻어 이웃동리도 모르는 거리에서 일자리를 구하는 것이 난지, 그렇지 않으면 3~4년 긴 세월을 약혼한 대로 기다리는 것이 좋은지 하는데 대해 저는 생각하고 있습니다.

「팟트」올림


사랑하는 L부인

멋있는 편지를 저희들에게 주셔서 무어라고 감사드려야 할지 모르겠습니다. 저는 지금 까지 몇 번이나 그런 말씀을 드리려 했습니다만 늘 진실한 문제는 피하려고 하는 사람뿐이었습니다. 저의 어머니는 훌륭한 부인인데 저희들은 이런 문제를 토의해 본 일이 없기 때문에 현재 고민하고 있는 것을 말씀드릴 수 없습니다. 얘기했댔자 알아주실 것 같지도 않습니다.

그 문제란 것은 이것인데 저희들이 같은 배를 타고, 같은 고민에 부딪쳐 있기 때문에 저희들 약술한 처녀들의 공통된 문제를 대표하는 격으로 저의 입장을 말씀드리겠습니다.

저는 열여덟입니다. 그리고 저의 연애 상대는 아직 三년이난 더 학교에 다닌 후가 아니면 결혼할 수 없는 입장에 있습니다. 저희들은 일년 이상 교제하다가 6개월 전에 약혼했습니다.

저희들이 다 연애의 준비도 되어 있지 않았고 물론 연애에 따르는 육체적 유혹에 대해서도 준비가 없었습니다. 저희들의 연애가 그뿐이라고는 생각지 않지만 여간해 압박을 느끼지 않습니다. 저희들은 둘 다 이전에 다른 이성에 대해 그리 열중한 일은 없습니다. 저희들끼리도 같이 다니다가 「보브」가 처음 제게 키스한 것도 교제를 시작한지 6개월 지난 다음이었습니다.

본론으로 들어가면 저희들은 소위 페팅단계에 들어섰습니다. 여성 편에서 물론 줄을 그어놔야겠지만 사랑하고 있으면 역시 이쪽에서도 같은 정열에 휩쓸리는 것입니다. 아직 결혼 까지는 저도 생각하고 있지만 그만둔다는 것은 거의 불가능할 것 같습니다. 여러 가지로 다른 계획을 하는 것이지만 조금 틈만 보이면 다시 들어서곤 합니다.

저희들은 결혼 전에 성 교섭을 갖기는 싫습니다. 그것은 장래를 억망으로 만든다는 것을 잘 알기 때문입니다. 그러나 그만두는 것은 어렵습니다.

그리고 또 한 가지 만일 저희들이 절제하고 있으면 그 때문에 「보브」가 다른 이성과 그것을 경험하지나 않을까요? 그에게 모든 것을 주지 않은 저희들은 이기주의일까요?

앞서 말씀드린 것처럼 같은 배를 탄 동지들의 애타는 소리입니다. 앞으로 몇 년이나 어떻게 저희들은 정열을 눌러 갈 것입니까 그리고 또 그렇게 해야 할 충분한 이유가 있을까요? 제발 저희들을 도와주십시오. 어서!

　　공포와 혼란 속에서

　　　　　　　　　　　　　　　　　　　　　　「루비」올림

사랑하는 「젠」과 다른 약혼자들에게.

한번 숨쉬는 동안에 할머니가 되고 장모가 된 경험을 가진 부인이 몇이나 있을까? 그래 정확히 말하면 한 편지 속에서 가 되겠지. 「팀」은 너의 그 크나큰 계획을 아는 것이냐. 「젠」? 그렇지 않으면 천천히 알릴 작정이냐 한번에 하나씩 낳는 딸로 말이냐.

물론 중대한 뉴스에 대해 전화로도 말한 것처럼 나는 얼마나 기쁜지 모르겠다. 너와 「팀」이 지금까지 보다 더 깊은 이해를 하게 될 것도 기쁘다. 나는 「팀」에게 호감을 갖고 있다. 네가 말한 대로 《알고》 《확신하게》 되는 것은 혹은 된다고 생각하는 것은 좋은 일이다. 특히 잠시 불안한 기간이 있던 다음에는.

어느 주말이든 형편 닿는 데로, 「팀」을 안내하거라. 「팀」은 늘 만나고 싶었으니까. 그리고 내 딸도 보고 싶구나. 나의 칼레지 생활은 몇 세대 전인 것처럼 생각나는구나. 둔한 「빌」까지도 너와 너의 《슈크림》의 방문을 고대하고 있단다. 이것은 여성의 매력에 진 남성에게 「빌」이 동생으로써 부친 별명이다(염려 없어. 「빌」도 애정을 다 알고 있기 때문에 사과 궤짝을 메어 꽂는 으악은 떨지 않을게다). 떠날 때는 전보를 쳐다오.

너의 약혼 기간은 길게 되겠는데, 당분간은 나도 장모가 되지 않는 것이 다행하다. 둘 다 젊으니 대학은 졸업할 각오가 있어야 한다. 이점 약혼한 여러분들의 공통된 생각임을 나는 기뻐한다.

오랜 약혼에는 복잡한 문제가 몇 개 달려 오는 게 보통입니다. 「팟트」와 「루비」가 각각 다른 의견을 발표해 준 것은 대단히 좋습니다. 그것은 개인적 문제며 결혼하려고 계획하고 있는 사람들의 행동에 대해서는 심각한 의견의 차이가 있는 것입니다. 「팟트」는 약혼자끼리가 현실적인 성 교섭의 한걸음 전까지, 자유로운 정렬의 발산을 허용하는 것이 어떠냐고 생각하고 있습니다. 「루비—」나 그 밖의 사람들은 서로의 친밀도가 의외의 방향으로 벋으려고 하여 놀라며 겁을 내고 어쩔 줄 모르는 것입니다. 또 세상에는 서로 사랑하고 결혼하려고 하는 남녀간의 성 교섭을 아무런 해가 없다고 인정하는 사람들도 있습니다.

많은 남녀들이 언제 결혼할지 예측할 수 없는 상태에 있는 것도 잘 압니다. 좋습니다. 우리는 긴 약혼기 문제를 연구합시다. 그리고 개인 개인의 차는 있을망정 무슨 일반적인 결론에 도달하도록 해 봅시다.

당신의 첫째 포인트의 해답으로서 「팟트」여, 보통 교제 때의 애정의 표현과, 확실히 서로 사랑하고 믿는 남녀간의 표현은 달라도 좋다는 의견에는 나도 동감입니다. 전혀 본성도 모르는 상대 보다는 당신과 결혼하고 싶다는 진실을 분명히 보여준 남성에 대해서는 정렬의 고삐를 충분히 늦춰도 괜찮은 것입니다.

그러나 나는 지금 이 같은 상이는 결혼을 방금 앞둔 약혼자들과, 아직도 먼 장래에 결혼이 실현될 그런 사람들 사이에 존재한다는 것에 당신의 주의를 끌고 싶습니다.

후자의 경우, 너무 친밀한 행동은 피하는 게 좋을까요? 「루비」는 이 점에 잘 대답했습니다. 두 남녀가 자꾸 자꾸 친밀도를 깊게 해 가면, 완전한 친밀관계를 피하기란 점점 더 어려워 질 따름입니다. 「팟트」의 그룹은 다소 본 길에서 떨어져 나간 것 같은데, 그렇지 않으면 상당한 자제력을 갖고 있는 것일까요. 혹은 「팟트」가 말하듯 운이 좋아서 다행히 위험을 피하고 있는지 모릅니다. 그러나 같은 코스를 달리는 「루비」의 그룹은 그대로 나가기만 하면 필연적으로 당도할 곳을 미리 보고 있는 것입니다. 그리고 피앙세를 위해 성 해방을 할 것인가 망설이는 것입니다.

먼저 첫째로 결혼 전의 육체관계라는 문제를 정직하게 조사해 보는 것은 「루비」들을 위한 것이 될지도 모릅니다. 이것은 오랜 약혼 기간에는 당연히 일어나는 문제라고 할 수 있겠지요. 그것을 미루어 일반 약혼자들이 어느 정도의 친밀도를 보유할 것인가 참고로 할 수 있습니다.

지금 말씀드린 대로 두 남녀가 서로 사랑하고 결혼할 계획을 세우고 있다면 온갖 성 관계는 즐겨도 좋다고 진심으로 믿고 있는 사람들도 있습니다.

그러나 깊은 사랑으로 결혼을 지향하는 사람들 사이에는 결혼 전의 성 교섭에 대해서 여러 가지 위험이 따릅니다. 약혼한 처녀들은 결혼까지 처녀로 있고 싶다고 원하는 것은 물론이지만, 그러나 내가 말하는 위험을 알고 있는 것도 과히 나쁘지는 않으리다. 여러분의 현재의 문제를 해결하는 도움이 될지도 모릅니다.

첫째 「젠」이나 「루비」처럼 열 여덟 근처에서 약혼한 사람들은 스물 둘이 되기 까지는 사상이나 목표도 꽤 바뀔지 모른다는 것을 생각해야 할 것입니다. 지금 여러분의 시절은 한때 흥미와 생활제도가 현저히 변화하는 때입니다. 상급생에게 물어 보십시오. 그렇다고 할 것입니다. 현재, 세상의 어느 누구보다 그리운 남성이, 결혼할 때까지도 똑같이 그리울지 모를 일이며, 아주 싫어져서 다른 남성이 당신의 애정을 차지하고 있을지 모릅니다. 이런 일은 한두 번이 아닐지도 모릅니다.

이것은 대학 졸업까지 수년이란 기간이 있고, 그리고 취직을 해야 하는 남성에게도 같은 것입니다. 청년 학생인 현재의 그가 지금부터 3~4년 후에 꼼짝할 수 없는 관계에 들어갈 것이 아닙니다. 조혼한 남성들 속에는, 좀 더 후였더라면 거들떠 보지도 않을 그런 상대를 택할 때가 있습니다. 성숙한 자기가 무엇을 구하는지 생각지도 않고 함부로 빨리 결혼하는 것에의 항의는 이것이며, 동시에 아무리 사랑이 깊고, 장래를 맹세한 사이라 할지라도 결혼 이외의 경우에서 도를 지나친 친밀에 빠져, 육체를 정렬의 제단에 바치는 일에의 경계도 되는 것입니다.

둘째, 결혼 이외에 성 교섭이 행해질 때의 저열한 품위와 추잡함입니다. 진실로 아름답고 그리고 깊은 애정의 표현은 거기에 맞는 환경에서만 행해 질 것이며, 자동차의 백 시트나 누구네 집 소파에서 라는 것은 모욕에 해당하는 장소입니다. 급히 서두름과, 들킬까봐 조마조마 떠는 심정은 그 미를 빼앗는 것은 물론 정당한 만족이 주어지지 않습니다. 어떤 유명한 배우가 자기의 결혼을 친구에게 통지한 편지 속에서 "차 중에서의 부산함을 배트의 평화와 고요함으로 바꿨습니다."고 씌어 있는데 여기에는 많은 뜻이 있는 것입니다. 대개의 비합법적 성 교섭은 근신치 못한, 부산한 공기 속에서 이루어지는데 양식 있는 사람이라면 이런 관계에 들어가는 것은 자기의 연애를 저윽히 더럽힌다는 것을 느끼지 않을 수 없는 것입니다.

셋째, 왜 우리들은 빨리 빨리 결혼해 버리지 않는지 자기에게 물어보십시오. 왜 오랜 약혼을 하고 있는 것입니까? 그 대답은 성 생활에서 일어나는 책임을 질만한 실력이 없기 때문이라는 것입니다. 같은 이유로써 여러분은 아직 성 관계를 가질 자격이 없습니다.

성관계를 갖는 순간부터 임신의 가능성이 시작된다는 것은 아무리 여러분께 강조해 두어도 괜찮을 것 같습니다. 당신의 약혼자의 애정이 아무리 두터워도 결혼 의지가 아무리 강하다 해도 인생의 출발 준비를 충분히 하기 전에는 성관계에 들어가는 것은 장래에의 희망과 포부를 집어 던지는 일이 될지도 모르는 것입니다. 당신이 사랑하는 남성에 대해 이런 일을 당신이 원치 않는 것은 당연합니다. 성 교섭을 맺고 있는 미혼 부인들이 매달 경험하는 불안은 결혼생활을 하고 있는 아내가 잠시 임신을 피하려는 걱정과는 비교할 수 없이 처참한 것입니다. 하물며 아이를 기다리는 아내의 기대에 비한다면 정히 밤과 낮의 차이가 되는 것입니다. 이 끊임없는 불안한 분위기는 사랑하는 남성과의 가장 친밀한 관계를 다하기에는 확실히 적당치 않습니다.

그리고 그밖에 정신적 방면이 있습니다. 「스우」 당신은 내가 이 방면을 역설하는데 찬성해 주겠지요. 여러분이 모두 어린애를 갖고 싶어 하지요. 그것은 여러분이 확실히 인정하고 계십니다. 최초의 어린의 탄생은 그 때까지의 여러분의 최고봉일 것입니다. 부인에게는 이것에 비할 것이 없습니다. 약혼하고 있는 사람들은 반응이 있는 애정이란 것이 얼마나 넓은 정렬과 감정 세계를 전개해 가는 것인지 그 편모를 이미 보고 계십니다.

그러나 이런 것은 아직도 그 입문에 지나지 않습니다. 결혼의 안정감 속에서 자기가 어머니가 된다는 자각은 지금까지 일찍이 생각지도 못한 자애와 희열의 샘이 펑펑 솟아오름을 느낄 것입니다. 여기에서 마침내 여러분은 여성으로써 완전한 자각에 도달하는 것입니다.

이 희한한 경험을 굴욕으로써, 공포의 결정으로서 해결할 문제로 영접하는 일은 얼마나한 손실이며 비극일까요. 여러분은 이런 상태에서 모성을 경험하고 싶지는 않을 것입니다. 그것은 본래의 성격인 것처럼 기쁨이어야 할 것입니다. 그럴 것이면 결혼까지 기다려야 할 것입니다.

또 하나 여러분이 생각할 점이 있습니다. 많은 부부들이 내게 말한 것인데 대개의 남성들은 결혼 상대를 순결한 처녀로 고르는 것입니다. 내가 아는 사람은 그 첫날밤에 그의 아내에게 말하기를 만일 당신이 결혼 전에 성관계를 허락했다면 그것은 바로 그가 요구한 것이에요. 여하튼 만일 승낙했더라면 결혼은 하지 않았을 것이라는 것입니다. 어떤 남성들은 성 도덕에 대해 내가 말한 대로 부인 편에서 보면 기묘하게 불리한 의견을 가지고 있습니다. 또 어떤 사람은 직감이랄까 편견이랄까 여하튼 이론 이상으로 깊이 들어가는 것을 가지고 있습니다. 혼인 전의 관계가 그 때에는 자연스럽고 《정당》한 것처럼 보여도 후에 결혼생활에 불만이 이러나게 되면, 일찍이 그를 기쁘게 해 주려는 염원에서 나온 그의 행동을 책망의 대상으로 해선 구박하려 드는 것입니다. 그것은 비겁하고 부당한 일입니다. 그러나 여기에서 얘기해 온대로, 양성 간에는 허다한 부정과, 부당한 일이 행해지는 것이 현실입니다.

그리고 또 하나의 일이 있습니다. 혼인 전의 성 관계의 문제를 철학적 각도에서 라고 그 사람은 얘기하는데 취급한 사람이 있습니다. 그 가부를 논하고, 서적을 읽고, 그리고 결론으로써는 생활의 준비를 하면서, 결혼해 버리고 성의 향락을 하려는 단계에 이르렀습니다. 결혼해서 퍽 행복하게 지나고 있는데 결혼 생활을 수년 계속해 온 이제, 이 부부들은 너무 지나치게 빠른 행동을 했다고 고백하고 있습니다.

아마 그것이 대답이 되겠지요. 정말 성숙한 사람들은 눈앞의 쾌락 때문에 저 멀리 있는 바람직한 고귀한 목표를 깨뜨리는 일은 하지 않는다는 것입니다. 그리고 둘이 함께, 바랄만하고, 정당하다고 인정하는 프로그램을 설혹 괴롭더라도 한 걸음씩 실현해 갈 만한 명예심과 훈련은, 상대가 가지고 있다는 의식이, 결혼 후의 생활에 있어서 서로의 신뢰와 존경을 쌓아 올리기 위한 최상의 주춧돌이 되는 것입니다.

긴 약혼기를 기다려야하는 여러분의 목표는 무엇입니까? 첫째 준비입니다. 이 세상에서 당신이 하려고 생각하는 일을 위한 준비, 그렇게 되고 싶다고 원하는 생활을 위한 준비, 이런 가정을 이룩하고 싶다는 가정 건설에의 준비, 여러분의 아이들에게 주고 싶다고 생각하는 배경을 만들기 위한 준비입니다(만일 그 목표가 없다면 스스로를 교육하고 있지는 않을 것입니다). 둘째 최초의 목표를 파괴할 걱정이 있을 때 결혼하는 것입니다(그렇지 않으면 오랜 약혼은 좋지 않습니다).

이런 것은 가치 있는 목표입니다. 여러분에게 이런 목표를 달성하도록 권하고 싶습니다. 이 목표 달성을 위해 한 가지 도움이 되는 것은 결혼 준비가 되기까지 성관계를 갖지 않는 것입니다. 그러기 위해서는 엠부레이스도 지나치지 않도록 그것은 보통의 경우, 교제상의 주의와 같습니다. 적당히 감정을 표현하면서 정욕의 포로가 되지 않도록 주의하는 것입니다. 약혼자들끼리라면 페팅은 무방할까요? 나는 그런 습관에서 멀리하고 싶습니다. 이 문제에 대해 편지 쓴 것과 같은 이유에서입니다. 「루비」가 깨달은 것 같이 정지할 수 없게 되는 유혹이 있기 때문입니다. 오랜 약혼 기간에 대해서도 같습니다. 「팟트」처럼 해를 받지 않고 페팅의 습관을 가질 수 있는 타입도 있겠지만, 많은 남녀들은 이 때문에 오히려 성의 압박을 강하게 느끼고 자제하기 힘들게 될 것입니다. 만일 약혼이 파괴 되었을 때 있을 수 없다고 생각하겠지만 역시 이것도 고려 속에 넣어야 됩니다. 열렬한 애무에 빠지든 처녀들은 부끄럽고 처참한 감을 맛보아야 할 것입니다.

한 가지 용서할 수 있는 예외는 그 남녀의 감정에 의해서 생각됩니다. 긴 약혼 기간도 이제는 다 가고 결혼식 날짜도 정하고 모두가 결정적일 때, 아마 어느 정도의 자유는,「팟트」가 말하듯 첫날밤을 성공시키기 위해서도 유효할지 모릅니다. 그러나 이것도 너무 지나치지 않는 편이 두 사람의 나중 행복을 위해 현명하다고 생각합니다.

지금 말씀드린 첫날밤에 대해 좀 첨가하여 둡시다. 최초의 결합이 완전히 이루어진다면 멋있는 것입니다. 신부는 감정을 충분히 나타내도 좋다는 것을 알아 둘 것입니다. 남편의 정열에 응하기 위해서 여러 가지 충동에 자유로 따라가도 좋다는, 즉 행복한 첫날밤이기 위해서 노력해야 한다는 것을 알아 둘 것입니다.

그러나 결혼을 성공시키는 것은 원시적인 열정의 토론뿐이 아닙니다. 그것은 부부의 품성과 성격과 공통된 흥미에서 달라집니다. 성관계에 관한 한, 첫날밤은 극히 산문적으로 마치면서도, 결혼은 매우 성공할 때가 있습니다. 남편이 성급하다든가, 동정과 부드러움이 부족하다든가, 아내가 냉정해서 함께 즐기려하지 않는다든가 할 때는 파탄이 생기는 것입니다. 아내를 사랑하는 남편은 아내를 성의 쾌락에 이끄는 것을 싫어하지 않습니다. 남편을 사랑하는 아내는 경험이 부족한데서 오는 거칠음을 용서합니다. 연인들끼리 서로 원하는 것처럼, 서로 사랑하고 구한다면 첫날밤에 대해서 걱정할 필요가 없습니다.

「루비」네 그룹은 지금부터 애무 속에 빠져 버려서 어떻게 하면 헤어날 수 있을까하고 매우 안타까운 모양인데. 「루비」여 당신은 이미 피앙세와 얘기했겠지요. 이런 짓은 좋지 않은 일이며 해롭다는 점에서 일치 했다지요. 그럼 반은 승리한 것입니다. 약속을 좀 더 기술적으로 해서 위험을 잉태할 것 같은 《한가한 시간》을 갖지 않도록 계획하시오. 두 사람이 한 마음일 때는 실행하기 쉬운 것입니다.

육체적인 방면을 지금은 여기에 세력을 주어서는 안 됩니다. 종속시켜서 공통한 흥미 중심을 건설하십시오. 약혼자가 함께 즐길 수 있는 것은 얼마든지 있습니다. 스포츠, 오락, 연구, 사회사업 등. 지금이야말로 약혼자의 흥미를 알 수 있는 절호의 기회입니다. 둘이서 새로운 방향으로 흥미를 개척해 갈수도 있습니다. 그리고 둘이서 함께 진보 발전해 가는 것입니다. 만일 「보브」와 결혼한다면, 애기가 생기고, 그것은 대단히 어렵게 됩니다. 「루비」, 하물며 「보브」와 결혼하지 않는다고 해도 이렇게 의의 있게 세월을 보내면, 「보브」와 함께 향상의 길을 배운 만치 당신은 더 차밍한 총명한 여성이 되는 셈입니다.

자 이번에는 「팟트」의 질문입니다. 오랜 약혼기간이냐, 그렇지 않으면 가정 건설의 실력이 붙기 전에 결혼하느냐? 라는 것인데 이것은 그 개개인의 사정에 의해 정하는 일입니다. 일반 논으로써 나는 충분히 성숙하고 생애의 반려를 선택했다는 자각을 가지기 전에 결혼하는 사람들을 보는 것은 괴로운 일입니다.

그러나 처녀가 나이도 들고, 이성을 보는 눈도 여물어, 확실히 생애의 상대로써 후회하지 않는다고 확신하고 또 남성 측에서도 충분히 분별이 있다거나, 또는 어린애가 생겨도 생활계획을 포기해야 한다는 입장이 아니라면 생활해 갈 수 있을만한 경제 상태라면, 결혼해도 괜찮겠지요. 만일 다른 모든 조건이 갖추어져 있다면 호사한 생활을 할 수 있다는 이유로 결혼을 기다릴 필요는 없다고 생각합니다. 그가 틀림없는 상태며, 당신이 그를 사랑하고 있다면 말입니다.

당신들보다 나이 어린 약혼자들에의 조언인데, 그것은 정말 여러분들의 모범 나름입니다. 또 「제니」에게 사과해야겠군요. 결혼까지 가건 안가건, 오랜 약혼기간을 유쾌하고 청결하고 의의 있는 간주곡 기간으로써 지나는 것입니다. 꼭대기가 훨씬 먼 대에는 정렬은 곤란을 일으킬 뿐입니다. 긴 약혼기간이나, 보통 교제나 규측은 같습니다. 단지 약혼자끼리는 조금 자유로 애정을 바로 시키는 것이 허용되나, 그래도 역시 삼가서 그리고 압박이 심하게 되었을 때는 밝은 데로, 사람 많은 곳으로 안전에로 돌아오는 것입니다.

「루비」는 최후로, 자기 혼자만 견고히 몸을 지키려고 하여, 자기가 처녀성을 지키기 위해 「보브」를 나쁜 방향으로 가게해서 성의 만족을 취하게 하지나 안을까 질문하고 있습니다.

깊이 사랑하고 있을 때는 자기의 이익은 안중에 두지 않는 것입니다. 자기 때문에 조심하는 태도는 깔 보고 싶은 태도입니다. 그러나 이것이 많은 여성들을 환멸의 비애로 이끈 오류입니다.

성은 자선하는 심정으로 줄 것이 아닙니다. 그것은 평등한 권리입니다. 그렇지 않으면 주는 자나 받는 자나 다 타락하는 것입니다.

현 단계로써는 「루비」여 「보브」도 당신도 서로의 마음에 간직된 모든 선을 허물어 버리는 일에서 멀리하지 않으면 안 됩니다. 남성도 금욕할 수 있습니다. 만일 「보브」가 정당한 상대며 당신을 진실로 사랑하고 있다면 반드시 자제할 수가 있습니다. 성의 압박이 너무 강하게 되지 않도록 시간의 사용법을 둘이서 공부하십시오. 「보브」와의 결혼은 아직도 먼 장래의 일이기 때문에 이 방법이야말로 그를 정말 돕는 것입니다.

귀여운 「제니」지금까지의 주의로써 너의 행복한 샘을 마르게 하지는 않았을 게다. 「팀」과의 관계를 즐기려무나. 그러나 너는 아직 젊고, 결혼은 먼 훗날의 일이니까 손을 모두고 얌전하게 말이야! 쉬이 만나기로 하자. 사랑하는 딸아! 정말 곧 말이다. 「팀」에게 내 충심으로의 초대를 전해 다오.

다시금 사랑과 기쁨 속에서

어머니 씀

편지 **18**

# 청년에게

귀여운 「제니」.

겨우 이제야 진정이 되었으니, 내가 「팀」에 대해 가진 내가 인상과, 네가 「팀」에게 가지고 있는 의견에 나는 동의하고 있다는 것을 알리겠다. 「팀」이 우리들의 목을 자기 팔로 감고서 "여기에 저의 두 친구가 있습니다." 고 농담을 했을 때, 너의 눈 속에는 좀 불쾌한 빛이 번쩍인 것을 나는 놓치지 않았다. 네가 "「팀」은 어머니를 삼키려는구나"고 생각하던 것을 나는 잘 알고 있었단다. 너의 그 감정은 대단히 잘 마졌다. 그는 유쾌한 이야기꾼이다. 너희들의 방문이 너무 짧았든 것이 유감이구나. 꽃은 참으로 아름다웠다. 나는 「팀」에게 꽃의 사례를 썼던 참이다. 확실히 어머니란 것은 딸의 장차 남편 될 사람이 해 주는 일은 아무리 작은 것이라도 기쁜 것이다. 「팀」은 다소 지나치게 내 호감을 사려고 했는지도 모른다만 괜찮아 괜찮아. 나는 그렇게 좀 정들게 노는 편이 좋으

235

니까. 호감을 가질 수 있는 청년에게서라면 더욱 좋으니까. 그런 적
은 마음씨 속에 그 청년의 부드러운 기백이 나타나는 것이다.

그런데 아무래도 좀 무안한 점이 하나 있다. 「팀」은 기숙사에서
의 청년 동지들의 토론을 많이 들려주면서, 처녀들에게 한 것처럼
청년들에게도 편지를 해 달라는구나. 거저 인사로 그러는지 내게
는 판단키 어렵구나. 그러나 항상 소집 나팔에는 응할 각오를 하고
있는 나니까 여기에 어젯밤 갈겨 쓴 편지를 동봉하겠다. 청년 문제
에 대해서 「빌」에게 이렇게 생각해 주었으면 하는 것을 썼는데, 제
발 그 기분이 충분히 나타나 있도록 원하고 있다. 이것을 「팀」에게
주든지 말든지 네 생각대로 하려무나. 여하튼 「빌」에 대해 내가 생
각하고 있는 것을 정리하기에는 이것을 쓰는 편이 좋았다.

요전 주말은 유쾌하였다. 도 「팀」을 데리고 오너라 문안 하거
라, 내가 딸의 최고의 약혼자를 얻어 기뻐한다고 전해다오.

너를 사랑하는

어머니 씀


사랑하는 「팀」과 다른 청년들에게.

나를 수다스런 사람이라고는 생각지 마십시오. 만일 「팀」에게
졸립지 않았다면 이 편지를 쓸 생각도 안했을 것입니다. 여학생들
기숙사에서의 도덕 논의에는 다행히 나도 참석을 하고 있는데 이
것이 점점 퍼진 것 같군요. 「팀」의 말에 의하면 남학생 기숙사에
서도 이 문제에 상당히 열렬한 사람들이 있다는 것입니다. 나는

아들도 있고 딸도 있어 여학생뿐 아니라 남학생의 얘기도 흥미를 갖게 되어 있습니다. 그래서 그것이 얼마나한 가치가 있을지 모르지만 부인들의 생각을 발표할 기회를 갖게 되면 곧 응하고 싶은 것입니다.

여러분의 집회 상항을 「팀」을 통해 들으면 현사회의 특징의 하나인 도덕에 관한 사상의 혼란이 여성에게만 아니라 남성에게도 곤란한 문제를 일으키고 있는 것을 알 수 있습니다.

처녀들과 마찬가지로 여러분도 양가의 아들입니다. 여러분은 적어도 여성을 이상화해서 생각하는 분위기 속에서 자라났을 것이며 지금도 많은 분은 그 점 변하지 않고 계실 것입니다. 그러나 개중에는 실없는 여성에게 부대낀 분도 있을 것이며, 친구들이 여성을 정복했다고 큰 소리를 하며, 골짜만 알면 여성을 내 것으로 하기는 누워서 떡먹기라고 자랑하는 것을 들으셨을 것입니다.

이러궁 저러궁 여성이란 것 전체에 대해 염오를 가지고 계신분도 많이 있을 줄 압니다. 또 반대로 옳지 그럼 그것을 이용해서 그렇듯 하게 해보지 못하는 놈은 바보라고 생각하는 사람도 있을 것입니다.

그러나 지금 세상에도 옛날과 같은 좋은 처녀들이 있다는 것을 아실 것입니다. 여러분 마음속에는 결혼한다면 이런 처녀와 하리라는 생각이 있을 것입니다.

그러나 여러분이 결혼하는 것은 상당히 훗날의 얘기니까 그간에 성 문제를 어떻게 처리할 것인가가 첫째 문제라고 「팀」은 말했습니다.

성병에 대해서의 경고를 아실 터이니 아무 말씀 안 들이겠습니다. 그러나 결혼할 때까지 성을 자제하지 않는 것은 이 이상의 이유에서가 아닐까요.

오늘날에는 자유롭고 손쉬운 성의 기회가 많은 것도 나는 압니다. 매음이 감퇴되는 이유는 여염집 처녀나 여인들이 이 장사꾼들의 경계선을 범하고 있기 때문이라는 얘기도 들었으나 설사 여성이 그리 적극적이 아니라도 남성이 《부대껴 보자》는데 아무런 주저를 하지 않게 된 때문입니다. 어떤 청년이 주어진 기회를 이용하지 않았다고 해도 결국 누군지가 그것을 이용할 것이니, 왜 절제하지 않으면 안 되느냐는 청년도 있을 것입니다.

그럼 여성의 입장에서 의견을 말씀드려 이러한 추리가 어떠한 곳으로 닿는지를 얘기하기로 합시다.

첫째 적령기에 있는 대부분의 처녀는 자기의 하고 있는 일의 의미를 확실히 모른다는 것을 이해하지 않으면 안 됩니다. 연애소설이나 영화나 라디오의 연속 얘기에서 로맨틱한 생각이 들것이며, 소설의 여 주인공 행세를 하는 결과가 어떻게 되는지 아무도 그 아이들에게 확실히 얘기해 주지 않습니다. 대중이란 것은 해피엔드와 동시에 《예의 바른》 것을 요구한다는 일은 여러분도 잘 아실 것입니다. 그래서 이러한 일들을 실제로 곧장 묘사해 보면 독자나 관중에게 추잡한 생각을 일으키게 하여 오히려 그들의 흥미를 감퇴시켜 버리는 경우가 있습니다. 그래서 소설이나 영화나 라디오의 여 주인공은 찬성하기 어려운 모험을 하면서, 다음으로 기적적인 솜씨로 상하는 일없이 헤쳐 나갑니다. 그 때문에 지금 처녀들은 현실의 쓰디쓴 결과에 직면하기까지는 덮어놓고 쾌락을 쫓고 있는 것입니다.

많은 처녀들은 아는척하는 것의 1/10도 모르고 있는 것입니다. 껍데기를 좀 시험해 보면 그들의 성에 대한 지식이 얼마나 빈약한지를 곧 알 수 있습니다. 그들의 행동이 어떤 결과가 된다는 것을 처녀들이 전혀 모른다는 사실을 안다면 여러분의 페어플레이 정신은 이런 처녀를 상대로 그런 짓을 한다는 것은 남성다운 남성으로서 얼마나 수치스런 일이라는 것도 자각하게 될 것입니다.

아마 여러분의 자기 보존 본능에 대해서도 여기서 생각할 여지가 있겠지요. 많은 청년들은 좀 주책없는 처녀들과 희롱하고 있을 때에 정신을 차리고 보면, 결혼할 책임을 도저히 걸머질 수 없을 경우, 전혀 마음에 들지도 않는 여성과 결혼하지 않으면 안 되게 된 자기 자신을 발견하게 될 것입니다. 이것은 청년 남성에게 있어 원자 폭탄 같은 것입니다. 이런 일을 가까이 하지 않는 것이 스마트한 방법이며 또 동시에 예의 있는 바른 태도라고 할 수 있습니다.

그러나 여러분은 이제까지, 충분한 성 지식을 갖고서도, 그런 것에는 하등 아랑곳없다는 여간한 뱃장을 가진 사람을 만나기도 하셨겠지요. 그런 여성은 아마 갈보거나 혹은 정신이 허약한 자거나, 억설거나 혹은 사나이들에 많이 쓸린, 어떤 스릴을 바라는 여성이든지 하겠지요. 이런 여성은 말할 것도 없이 여러분의 기사적 감정에 맞지 않는 패들입니다.

남성 심리의 맹목한 점이 바로 여기에 있는 것 같습니다. 나는 남성이라는 것이 왜 이런지 도무지 알 수가 없습니다. 마음이 되어 먹지 못한, 의지가 약한 여성과 상관을 한다든가, 밖에서 같이 다니는 것을 남이 보면 싫어할 여성과 가장 친밀한 관계를 맺어서 과연 무슨 소득이 있을까요.

이런 여성들과 아이를 갖는 가능성이 있다는 일조차 조금도 생각지 못하는 남성들의 어리석음도 나는 전혀 모르는 일의 하납니다. 아마 남성은 아이를 난 여성이 어떤 경우에 빠지는지도 생각지 않고, 또 생각해 줄 이유가 없다고 하는 것인지도 모릅니다. 그러나 생각해 보십시오. 이런 어머니가 초래하는 앞으로의 인생환경, 이런 어린애가 참고 견디어야 할 비참, 타락, 심신에의 혹독한 압박을. 양식이 있는 청년은 꿈에도 저급한 여성과 성 관계를 가질 것이 아닙니다.

애를 가지면 참으로 귀엽고 귀중하게 되는 것을 알게 됩니다. 아이를 위해서는 어려운 일도하고, 아이를 지키기 위해서는 어떤 곤란도 견디려고 하겠지요. 그 때가 와서 애정과 보호가 얼마나 아이에게 필요한가 알게 되면, 자기의 조그맣고 빼빼 마른 살덩이가 이 세상 어느 구석에서 매맞고, 꼬집히고, 그리고 한 발만 비끗하면 형법상의 죄인이 될 지도 모를 장래를 지운 채, 내 던져질지도 모른다는 불안이 절대 없는, 공명한 과거의 생활기록을 갖는 일이, 얼마나 행복한 것인가를 여러분은 잘 알게 될 것입니다.

여기에서 당신과 같은 나이와, 같은 생활 층에 있는 양가의, 현재 대학에서 여러분과 같은 학우인, 처녀들이 등장하고 있습니다. 어느 날인가 여러분의 아내로 뽑힐 그들의 대부분은, 처녀요, 결혼 날까지 처녀성을 지키기 원한다고 나는 추측합니다. 그러나 이런 처녀들도 잘 못 된 사상의 홍수에 빠지게 된 형편입니다.

많은 어버이들은 시대에 뒤떨어졌다는 소리가 무서워 도덕에 대한 의견 발표를 주저하는 것입니다. 착실한 가정 훈련과 종교적 신념으로 지켜왔던 처녀들도 한번 집을 떠나 종교적 분위기에서 벗어나면 돌연 반대 사상에 직면하는 일이 있습니다. 이러한 처녀들 속에는 도덕을 무시하는 것이 무슨 자랑인 것처럼 《시대 풍》의 구름 속에 한몫 끼어 드는 패들도 있는 것입니다. 처녀들에게 호의를 가지고 환영 받기를 바라는 남성들이 처녀성은 이미 남성에게 그리 중요한 것은 못된다고 주절거린다고, 마치 이것이 진실인 것처럼 행동하려고 듭니다. 나 자신도 남성들이 "습관을 벗어나 자연 그대로의 본능을 자유로 발휘하는" 용감한 처녀들을 찬양하면서 얘기하는 것을 들었습니다. 요즘 세상은 본능이 움직이는 대로 행동하는데 각별한 용기를 필요로 하지는 않습니다. 사방에서 보이는 도덕 무시에의 푸로패간더에 저항하는 일이야말로 처녀에게 큰 용기를 요하는 것입니다.

그렇기 때문에 선량한 처녀가 남성들이 늘어놓는 가지가지의 그럴듯한 억설에 머리를 숙이고 그의 성의 향락 상대로 만들어 버리는 일이 있는 것입니다. 저도 괜찮다는 것에의 가지가지의 이론에 대해, 그 처녀가 여태껏 윗사람들에게 배워온 일은 남성의 말대로 하는 것은 《옳지 않다》고 하는 것뿐이오. 왜 옳지 않은지에 대해서는 이렇다할 설명을 듣지 못한 것입니다. 혹은 불행과 반역의 순간을 붙잡아, 감정적인 틈을 타서 여성을 유혹하고, 후에 한을 남길 행동에 빠뜨리는 것입니다. 그리고 또 선량한 처녀의 타락에는 이것은 가장 쉽고 가장 비열한 방법인데 사랑하고 있는 증거를 보이라고 협박당한 경우도 있는 것입니다.

남성의 입장에서 이것은 매우 그럴싸한 방법입니다. 이렇게 정결하고 고상한 그리고 지적으로 활달한 처녀를 성 향락의 대상으로 삼고서 자기는 아무런 것에 구속되지 않는 것입니다. 무슨 말썽이라도 이러나면 이것도 역시 남성의 소홀함이랄까 여하튼 사태가 귀찮아지면 아무 약속도 한 일이 없다고 주장하고, 그 문제에서 쏙 빠져나가 전혀 양심의 가책을 느끼지 않는 것 같습니다.

이런 견해가 사실 장미 빛 행복을 의미하는 것일까요. 남성 된 자에게 이것이 진심에서 나오는 계교라고 할 수 있을까요. 나는 그렇게 생각지 않습니다. 다음에 그 이유를 얘기할까요.

요즈음 남성들이 여성은 상당히 거만해졌다고 얘기하는 것을 봅니다. 도의가 땅에 떨어지고 이리가 우굴우굴한 세상에서 많은 여성들이 조심스럽게 되는 것은 수긍됩니다. 순결하게 몸을 가지려는 처녀들은 자기가 바라는 대로의 기분 좋고 애정 있는, 우정이 깊은 태도를 가지고 있으면, 남성들에게서 엉뚱한 오해를 받는다는 것을 알고 있습니다. 그러나 처녀에게는 성실치 못한 사나이들의 불평은 문제 삼을 필요도 없습니다. 그를 진심으로 사랑하고, 존경하는 남성을 발견하면, 자기의 성격의 사랑스러움과 관대성을 충분히 표현하는 것은 용이하기 때문입니다.

그러나 여성을 냉정하게 만든 참 원인은, 많은 방면에 있어, 인간성의 자연으로 돌아오는, 바람직하다고 생각되는 《성의 실험》

때문입니다. 이것이 남성에게 바람직한 일이라 치더라도 나는 그렇게 생각되지 않지만 여성에게는 더 할 뉘 없이 싫은 것입니다. 남성과 여성이 성 만족에 있어서 대단한 차이가 있다는 것을 청년은 알아야 합니다. 대개의 겨우 여성의 욕정은 적어도 처음에는 서서히 불러 일으켜야 할 것입니다. 성이 강조되면 될수록, 여성의 욕정도 일어나게 되는 것은 사실이지만, 사랑이 없는 성리나 것은 여성에게 파멸적인 것입니다. 성적 만족이란 것은 단순한 육체의 만족이 아닙니다. 그것은 아주 조그만 문제에 지나지 않습니다. 그보다도 천진난만한 여성의 가슴속에서 콜콜 솟아오르는 애정의 샘을 쏟는 대상인 것입니다. 여러분은 어머니에게서 이런 사랑을 받고 성장했습니다. 이러한 사랑이야말로 여러분이 아내로써 도 여러분의 아이들의 어머니로써 얻고자 하는 것입니다.

상대편은 자기의 육체에만 흥미를 갖고 있었고, 사랑에 속고, 함정에 빠졌다고 깨달은 때에 처녀는 어떻게 되는 것일까요? 처참한 기분이 되는 것은 마땅한 일입니다. 완전히 무신경한 여성이 아닌 한, 감정을 딱딱한 껍데기로 싸놓지 않는 한, 성 게임을 계속하기는 그른 것입니다. 자아를 멸하고, 사랑하는 힘은 그 여성을 떠나고 부서져 나가는 것입니다. 이러한 일을 당한 여성은 남성의 원수가 되고 급기야는 남성을 파멸시켜 버립니다.

수년 후에는 아내가 되고 어머니가 될 마음시 좋고 지성이 풍부한 처녀들의 이상을 파괴하는 남성들은, 성에 있어서 가장 중요한 것, 즉 애정이 깊은 배우자와, 행복한 가정을 스스로의 손으로 파괴하고 있는 것입니다. 만일 이런 상태가 계속된다면 여성보다 남성이 더 많이 후회하는 원인을 만들게 될 것입니다.

자 이 문제를 처녀 편에서 생각해 봅시다. 그들도 당신들과 같이 불안과 혼란에 쫓기고 있는 것입니다. 순결하다는 의미에 있어, 그들은 좋은 처녀이고 싶어 하지, 결코 애무, 그 밖의 위험한 불장난을 원하고 있지는 않습니다.

그러나 딱하게도 많은 처녀들은 유희 연애의 가품을 받았습니다. 여러분 청년도 아마 같은 경험을 하셨겠지요. 처녀들은, 여러분 남성들은 이런 방종을 예기하고 있는 터인즉 남성의 주의를 끌려고 생각하면 거기에 복종해 가야 된다고 정해 버린 것입니다. 처녀들에게서 받은 질문은, 남성은 결혼 이외의 성관계에서 특히 이렇다할 손해를 받지 않는다고 해서 데이트에 의한 교제까지도 공명정대한 방법으로 지키려고 하지 않는 것은 어떤 근거에 선 것일까 하는 점입니다.

결국 누군가가 책임은 져야 할 것이기 때문에, 피해 정도가 큰 여성이 스스로 굳게 서야 된다고 나는 말하고 있습니다. 그러나 여러분이 책임을 회피해도 좋다는 것을 의미하는 것이 아닙니다. 오히려 경험이 없는 처녀들보다 여러분이 훨씬 성에 대한 지식과 이해를 많이 가지고 계신 것이며 누군가가 여러분의 행위 때문에 괴로워하지 않으면 안 되기 때문에 책임은 여러분에게 더 많이 걸려 있다고 나는 믿습니다.

당신들은 멈춰야할 곳을 알고 있지만 처녀들은 극히 희미한 지식밖에 없습니다. 따라서 애무가 도를 지나쳐 험하게 되었을 때는 청년 편에서 고삐를 당겨 양식으로써 남성이 일어나기 전, 유희 연애를 중지하지 않으면 안 됩니다.

「팀」은 페팅 문제가 매우 자주 논의되는 문제이기 때문에 여기에 대한 나의 의견을 발표해 달라고 했습니다. 나는 일반 청년이 여기에 대해 어떻게 생각하는지도 모르고, 또 이것이 동기가 되어 얼마나한 수가 혼인 전의 남녀관계로 진전했는지 모르나, 단지 그 두 사람이 처음에는 그럴 의지가 털끝만치도 없던 경우에도, 너무 열렬한 애무는 극히 용이하게 그곳까지 둘을 이끌고 간다는 것은 잘 알고 있습니다. 또 품위 있는 처녀들에게는 애무가 상당히 기분을 교란시켜 놓는 것으로써 오늘의 남녀 교제의 두통꺼리가 되어 잇다는 것도 잘 알고 있습니다.

여러분 중 몇 퍼센트의 사람들은 울타리를 넘지 않을 정도로 페팅을 하며 적당한 곳에서 자제할 수 있고, 도 처녀들도 같은 틀 안에서 자기감정을 억제하는 경우가 있을지 모릅니다. 그것은 전혀 불가능할 리가 없다고 생각합니다. 그러나 여러분이 결혼하려는 처녀들이 사나이에게서 사나이에게로, 거저 성의 압박을 완화시키는 연장으로써, 친밀한 애무의 대상으로써 굴러 다녔다는 것을 알았을 때 과연 불쾌하지 않겠습니까.

선량한 처녀들의 취미에 전혀 맞지 않는 지나친 친밀을 보인다거나, 강요하지 않는 편이 긴 생애의 양서의 행복을 위해 유리하다고 생각합니다. 여러분이 처녀들을 존경하는 마음으로 다룬다는 것을 그들에게 깨닫게 해 주시오. 물론 여러분은 이것을 실행하고 계시겠지만 그렇게 하면 처녀들도 절조 있는 청년을 원하는 여성이 될 것입니다. 이것이야말로 참다운 남성의 행동입니다. 예의 있는 처녀가 이것을 기뻐하지 않을 리가 없습니다.

20세 전후라는 시기는 귀중한 인생에의 준비 시점입니다. 여러분은 아직 자기가 짊어질 준비가 되어있지 않은 짐을, 집으로 해서 핸디캡을 부쳐지를 원치 않을 것이며, 또 당신이 좋아하는 처녀에게 홀로 치욕과 공포의 도가니 속에서 똑 같은 핸디캡을 지운다는 것은 더욱 원하지 않을 것입니다. 나의 대답이라고요? 양성이 서로 누릴 수 있는 행복한, 건강한 교제, 나중에도 후회나 조익 감으로 더럽혀지지 않는, 남녀 함께 기꺼운 희망을 가질 수 있도록 이것이 나의 대답입니다.

나는 처녀들에게 얘기하고 있습니다. 진설한 연애를 부딪칠 때, 처음으로 지금까지의 저급하고 열등한 행위가 정말 후회 될 것이라고. 이것은 청년에게도 똑같은 것입니다. 결혼 전의 교섭이 아름다우면 아름다울수록, 결혼 생활의 사랑과 신뢰와 이상이 풍부하게 되는 것입니다.

나의 약소한 견해를 들어 주셔서 감사합니다. 찬성해 주지 않으실지 모르나 아무쪼록 진지하게 생각해 주시기 바랍니다. 개인적인 관계에 관한한, 젊은 사람들은 하찮은 비뚱그러진 세계를 받아 드릴 필요가 없는 것입니다. 여러분은 자기의 세계를 창조할 수 있습니다. 그것을 바라는 대로의 모양으로 만들 수 도 있는 것입니다. 믿어주세요. 나는 여러분을 응원하고 있습니다.

「젠」 어머니로부터

# 알아주실까?

사랑하는 어머니.

「팀」이 꽤 넙죽넙죽 말이 많던 것은 확실하지만 그렇다고 전부가 다 간사는 아니라고 생각합니다. 칼레지에서 오는 길에 저의 약혼자는 제가 어머니만 할 때, 어머니의 반만큼만 아름답고, 반만큼 활기가 있겠다고 약속할 수 있다면 그는 곧 계획을 실행에 옮겨, 저를 장차 훌륭한 여성으로 만들어 보겠다고 했습니다. 그렇다면 저도 어머니처럼 맛있는 사과 파이를 만드는 연습을 해야 되겠어요. 요즈음의 약혼자는 상대편에게 이런 요구를 하니 정말 너무하지 않아요.

「팀」은 「빌」이 어떤 주말이건 저희 칼레지에 놀러 오면 좋겠다고 합니다. 이리저리 안내해서 있는 그대로의 칼레지를 보여 줄 수 있다고 합니다. 저도 「빌」이 오기를 바랍니다. 「빌」에게 저희들의 초대를 전해 주세요.

이런 일이 생각났습니다. 「팀」은 계집애만으로는 부족하다고 할 거라고. 하나나 둘 사내아이를 좋아한다고 생각지 않으세요? 만일 그렇다면 어떤 귀여운 딸을 취소할 것이에요? 그렇지 않으면 딸 셋, 아들 셋, 자손 복이 터지게 될까요?

그래서 생각났는데, 둘째로 어머니의 《청년에게 주는 편지》는 훌륭했습니다. 그것을 다른 남학생에게 공개하느냐 안하느냐는 모두 「팀」에게 일임했습니다. 그런데 「팀」은 공개했습니다. 아마도 꽤 여러 가지 의견이 나왔겠지요. 「팀」에게 들으니까 호평이었는데, 모두들 처녀들은 모조리 다 알면서, 특히 헐랭이 처녀일수록 잘 알고 있다고 생각했답니다. 그래서 저는 알고 있다고 해도 청년들이 그쪽을 좋아하는 줄 알기 때문이지, 그런 단정치 못한 태도를 모르는 어엿한 처녀들이 많은 이상, 청년들은 좀 더 예의 있고 점잖게 여성을 대해야 할 것이라고 말했습니다.

여하튼 「팀」은 편지를 보고 난 뒤에 저를 훨씬 존중하게 되었습니다. 다소 귀찮을 정도로 모십니다. 이것이 실마리가 되어 다른 처녀들을 위해 이리 문제가 해소되면 좋겠다고 생각하고 있습니다. 농담이 아니라, 사설 퍽 심해졌기 때문입니다. 남학생과 날 때마다 늘 무장을 하고 여성의 명예를 지키기 위해 주의해야 하는 것은 통 유쾌한 일이 못됩니다.

우연히 그 편지를 먼저 처녀들이 읽고서 다들 좋다고 말했습니다. 「제니—」는 앞서 써 주신 남성의 동정(童貞)에 관한 편지를 보고서 다소 실망한 것 같았는데, 이번에는 흡족했나 봅니다. 그리고 좀 더 많은 남성들이 그렇게 되었으면 좋겠다고 생각한답니다.

그러면 아마 청년들도 정복자가 되는 것이 그리 스마트한 것이 아닌 줄 깨달을 것입니다.

뜻밖의 일이란 늘 있는 모양입니다. 저 「그레마 프스」가 별명을 「미미」라고 합니다. 편지를 한창 써서 어머니께 드린다고 합니다. 그 아이는 이 기숙사 안에 하나도 없습니다. 집은 부유하며, 줄곧 무엇을 부쳐 오고, 남학생간에는 굉장한 인기가 있습니다. 처녀로써 이 이상 무엇을 바라겠습니까. 그러나 돈은 물 쓰듯 해도 역시 고민은 있는 모양입니다. 「미미」와 저는 이전보다 훨씬 깊은 이해를 갖게 되었습니다. 「팀」의 말에 의하면 「미미」는 좋은 아인데 너무 돈이 많아서 어쩔 줄을 모르는 거라고 합니다. 우쭐한 척 하기가 싫은 모양입니다.

「쎄실」에게서의 편지도 함께 넙니다. 그 애는 꽤 곤경에 빠졌고 어떻게 하면 좋을지 지도를 비란다고 모두들 얘기합니다. 저는 「쎄실」을 개인적으로는 잘 모르지만 참 좋은 아이며 싹싹한 성질에다 양심적입니다. 그의 연인도 이 사건이 이러나기 전에는 명랑한 사람이었습니다. 그런데 이 돌발사건 이후 그는 「쎄실」의 생활을 망쳐 버렸습니다. 그래도 그 애는 가엾은 사람을 빼어버릴 수 없는 성질입니다. 친구들은 그가 「쟉크」와 결혼하는 것은 무서운 잘못이라고 모두들 정말 걱정하고 있습니다. 어머니도 결혼하지 않도록 권면해 주세요.

그럼 어머니 저는 공부를 해야겠습니다. 저, 「팀」과 약혼한 진짜 이유는 수학시험에 붙어야 되겠어서 그랬다고 그래 줬어요. 그런데 「팀」은 하는 식만 대강 가르쳐 주고 나머지는 저 혼자라고 내버려 두지 않아요. 그래도 그는 근사한 인물에요. 이점 어머니의 동의를 얻어 기쁩니다.

　어머니께 많은 사랑을 보내드립니다. 「빌」에게 주말에는 꼭 놀러오도록 말씀해 주세요. 그에게는 「팀」같은 형님이 퍽 도움이 되리라고 생각하는데 어머니는 어떠세요.

「젠」 올림

　그리운 L아주머니.

　제가 말씀드리려는 것은 여태껏 저의 친구들이 말씀드렸든 것과는 전혀 다릅니다. 그래서 제게 가르쳐 주실 수 있을는지 사실은 걱정입니다. 저는 지금까지의 편지를 몇 통인지 읽었습니다. 도 당신께서 「젠」과 퍽으로 친밀하신 것을 뵙고 여간 부럽지 않습니다.

　저는 아직 어립니다. 겨우 열 일곱이 됐으니까요. 남녀 교제에 대해서 어머니와 얘기해 보고 싶은 생각은 태산 같지만 어머니는 평상시를 미루어 보아, 저를 흥분해서 대 소동이 일어나는 게 고작일 것이라고 생각됩니다.

　저의 고민을 말씀드리겠습니다. 저는 부모를 사랑하고 있습니다만, 집에 있으면 아무리해도 부모와 꼭 맞지를 않습니다. 저는 결코 고의로 하는 것이 아니지만, 그만 말을 서투르게 해 버리는 것입니다.

　저는 제가 말하는 것이 틀렸다고 생각되지 않는데 어머니는 아주 딴 소리로 들어 버리시는 일이 많습니다. 이런 일이 있으면 저는 저의 방에 들어 앉았거나 그렇지 않으면 안일을 맡은 식모에게 갑니다. 이 식모는 사람이 좋고 또 저의 마음도 잘 알아줍니다. 아버지는 일이 바빠서 집을 비우기가 일수며, 간혹 집에 있는 날은 늘 어머니를 대하는 태도가 틀렸다고 호령하십니다.

돈은 얼마든지 주며 교제나 오락에 대해 아무런 속박이 없습니다. 이점에서 저는 불평할 아무 것도 없습니다. 그러나 어머니는 조금이라도 관례에 벗어난 일을 하는 것이 싫고, 또 학교에서 동무들과 같은 드레스를 입는 것도 싫어합니다. 그리고 제게 아주 색다른 디자인의 옷을 입히고 값진 보석을 사 주는데 그런 것은 열일곱 처녀에게 쓸모없는 것입니다. 그래서 보석을 몸에 달고 있지 않으면 어머니의 마음씨도 모르는 고집쟁이라고 나무랍니다.

이런 일에 대해서 어머니와 터놓고 얘기 하고 싶은 생각은 벌써부터 있었는데 입을 떼기만 하면 늘 걱정합니다. 제 머리로 짜낼만한 방법은 다 써 보았지만 성공한 일이 없습니다. 작년 여름 어머니에게 테니스를 가르쳐 드리려고 한일이 있습니다. 저는 스포츠를 즐기며 꽤 잘합니다. 그러나 제가 속해있는 클럽의 토너먼트에 가겠다고 하면 어머니는 제가 어머니를 싫어하고 있다고 합니다. 왜 그런 얘기를 하는지 통 모르겠습니다. 찾아오는 사람이 있으면 늘 어머니를 찾아서 같이 얘기하고, 데이트 때도 어머니와 동행하자고 부탁할 정도로 어머니를 소중히 합니다.

생일 축하로 새 삐이꾸 차를 사주겠다고 한 일도 있었는데, 저는 거절 했습니다. 남성들은 모두 자동차를 가졌고, 어디든지 가고 싶은데 데리고 가며, 첫째 그렇게 훌륭한 자동차를 가진 친구는 하나도 없습니다. 이 칼레지에서는 그런 일이 유행하지 않습니다. 거절했더니 어머니는 기분이 좋지 않아 다른 사람이었다면 거절하지 않았을 터인데 어머니가 프리젠트 한다니까 안받는 것이라고 오해하고 있습니다.

어떻게 하면 저도 어머니도 행복해 질 수 있을까요? 부모와의 사이가 원만하기 만하면 더 없이 행복하겠습니다. 그러나 현재, 저는 무엇을 해도, 또 무엇을 안 해도 일일이 걱정만 듣습니다. 그래서 만일 성 문제 같은 것을 꺼낸다면 어떻게 될 것일까요? 보내주신 편지는 퍽 저의 참고가 되었습니다. 그러나 저는 「젠」이 당신께 말씀하듯이 저도 어머니와 얘기하고 싶습니다. 그렇게 되면 얼마나 기쁠까요.

「미미」 올림


L아주머니.

지금까지 보내 주신 편지가 아주 솔직하고 도 친절하셨기 때문에 저도 저의 개인적인 일에 대해 편지를 드리려고 결심했습니다. 저는 충심으로 당신께서 충고해 주실 것을 기다립니다.

저의 고민을 쓰기 전에 왜 지금까지 어머니께 의논하지 않았는가를 설명 드리겠습니다. 아버지는 어렸을 때 돌아갔고, 오빠는 결혼하고 저는 어머니와 단 둘이 살았습니다. 어머니는 확고한 직장의 책임 있는 지위에 있어 열심히 일하고 있지만 걱정꺼리는 그치지 않는 모양입니다. 저의 지금의 고민을 얘기하면 걱정 하나를 더 부칠 뿐이라 그런 짓은 할 수 없습니다. 어머니는 훌륭한 분이며 저와는 대단히 친합니다. 그래서 여태까지는 무엇이나 다 털어놓고 의논했지만 이번만은 도저히 어머니에게 얘기할 수 없습니다. 그래서 도덕상의 문제와는 좀 동 떨어진 것이지만 아마 당신께서 라면 좋은 지도를 해 주실 것이라고 생각한 것입니다.

저는 칼레지 2년생이며 내달이면 만 12세가 됩니다. 이 6개월간 같은 학교 남학생과 쭉 교제해 왔습니다. 서로 되도록 많은 시간을 내어 만났습니다. 저희들은 서로 진정으로서 사랑해 왔고, 제가 그의 성실을 한번도 의심한 일도 없이 순조롭게 지내왔습니다.

저의 애인 이름은 「쟈크」라고 합니다 — 은 병역 관계로 중상을 입어 1년간 입원한 일이 있습니다(그때 두개골(頭蓋骨)에 대 수술을 했고, 그 후에 금속판이 한 장 들어 있습니다. 퍽 오랫동안 위독했던 모양입니다). 그는 신경질이며 욕하는 성질이 있는데 늘 기분 좋고, 친절하게 대해 주었습니다. 혹 우울해 지기도 했지만 그렇지 않을 때는 쾌활한 성격이었습니다. 방에서도 모두들 좋아하며, 또 학교에선 인기가 상당합니다.

한 달 전에 어머니가 갑자기 돌아가 「쟈크」는 강한 충격을 받았습니다. 외아들에 어머니 하나였기 때문에 이것은 상당한 타격이었습니다. 아버지는 「쟈크」가 전장에 갔을 대 돌아갔습니다. 어머니의 부고가 왔을 때 「쟈크」는 저를 만나자고 했습니다. 그 즈음 저는 그에게 사랑의 맹세를 했었고, 귀교하기까지 기다리겠노라고 말했습니다. 사실은 이런 일을 당한 일이 없었기 때문에 달리 뭐라고 해야 좋을지 몰랐던 것입니다.

학교에 돌아오더니, 「쟉크」는 편지로 생각이 변했다고 했습니다. 저는 물론 감정이 상했지만 아무 회답도 하지 않았습니다. 그 다음 날, 만나러 와서 이번 일이 있던 이상, 이미 나를 사랑한다고는 못한다. 그러나 만나지 않을 수는 없다. 저도 만나지 말자고 하지는 않았습니다, 그 후는 둘이 다 서먹서먹한 기분이 되었습니다.

그 후에 가끔 만났지만 「쟉크」의 태도는 이상해졌습니다. 같이 있어도 제게 아무런 주의도 하지 않는 것입니다. 때로는 상당히 무례한 태도였고 같은 방의 친구에게도 역시 무뚝뚝해졌습니다. 드디어 이젠 만나지 않는 게 좋다고 말했습니다. 저도 그의 행동에는 참을 수가 없었기 때문에 그와 영 만나지 않는 것은 괴로웠으나 거기에 동의 했습니다. 그리고 다른 청년과 약속하고는 같이 나가기 시작했습니다.

그런데 「쟉크」는 제게 면회를 청해서 곧 결혼하자고 했습니다. 아주 쓸쓸하고 외로워서 결혼하면 좀 견딜 것같이 생각했나 봅니다. 저는 진정 그를 사랑하고 있다고 생각합니다. 다른 남성들과 함께 있을 때는 멍하니 참으로 처참한 감정에 휩쓸립니다. 노는데 열중하여 그를 잊으려고도 했으나 무리였습니다. 혹 제게 너무 연극적인 요소가 지나쳤는지도 모릅니다. 심리학자의 말에 의하면 비극적인 혹은 극적인 상태는 실제로 연애가 없는 곳에 그것을 가상시키는 것이라고 합니다. 그러나 저는 「쟉크」가 정말 친절하고 쾌활했던 때부터, 이런 일이 일어나기 전부터 그를 사랑했던 것입니다. 만일 그가 말하는 대로 하기만하면 그를 이전처럼 좋은 사람으로 만들 수 있을까요.

저는 무슨 짓을 해서라도 「쟉크」를 돕고 싶습니다. 그러나 지금 곧 결혼한다는 것은 어머니를 괴롭히는 일입니다. 정말 어떻게 해야 좋을지 가르쳐 주십시오.

삼가 「쎄실」 올림

귀여운 「젠」, 「미미」, 「쎄실」, 그리고 그 그룹에게.

헬로 ― 「젠」. 「빌」에게 너의 초대를 전했더니 아주 기쁘게 받았다고 하더라. 나도 대 찬성이다. 어떻게 기회를 만들어 보자 「빌」에게 「팀」과 가까이 할 기회를 주는 것은 대단히 좋은 일이다. 「팀」의 마음씨를 감사한다.

요리의 비결은 얼마든지 가르쳐 주마. 이 다음 여름방학에 사과 파이는 처분해 버리자. 「팀」은 정말 스마트한 청년이며 미래의 아내에게 요리 솜씨를 갖추기 바라는 것은 당연한 기대란다. 「팀」 얘기를 네게 들으면 들을수록 나는 그를 더 우러러 보게 되는구나. 서슴없이 얘기하면 「팀」은 너를 꼭 일류 부인으로 만들고 말 것이다. 그리 계획이 성공하도록 내가 두 손 모아 바란다고 꼭 전해라.

청년들이 남녀 고제의 그릇된 점을 모조리 처녀들에게 밀고 있다는데 나는 조금도 놀라지 않습니다. 남녀간에 문제가 일어났을 때, 어느 쪽이 나빴느냐 하는 논의는, 실은 「아담」이 사과를 먹고서 「해와」가 권한 때문이라고 한 이후 오래된 얘기니까.

나의 생각으로는 이런 경우, 쌍방에다 할 얘기가 있다는 것입니다. 이러한 교제 형식이 행해지기 시작한 것은 우리가 아직 어렸을 때의 일이었는데 이런 방법은 청춘 남녀의 즐거움과 이익의 대부분을 파괴한데다 양성에 대해서 위험을 부가했다는 것은 의심할 바 없는 것입니다. 그렇지 않으면 발생할 수가 없는 것입니다. 그리고 집단으로써의 남성이 이러한 방법을 이용하는 데 주저하지 않는 것도 확실합니다. 그리고 이 습관이 발생한데 대하여 아무런 관계도 하지 않은 여러분도, 그 대가를 받아야하는 실정입니다.

그러나 내가 보기에는 여러분 속에 나의 젊은 시대와 같이, 로맨스를 달콤하고, 즐겁고 허물없이 경험하고 있는 사람들도 있기 때문에 이 방식을 무시할 수 없습니다.

요즘 처녀의 대부분은 결백한 몸으로 결혼하고 있습니다. 나의 친구에 의사 한분이 있는데 결혼 전에 진찰과 지시를 받으러 오는 여성들의 대부분은 처녀라고 보증하고 있습니다. 보통 남성은 거의 전부, 자존심을 가지고 요즘 각처에 퍼져있는 위험한 당에 걸리지 않았던 처녀들 아내로 희망하고 있습니다.

그래서 나는 데이트 교제에 따라 일어나는 많은 트러블은, 서로 이성의 희망과 기대를 오해하는데서 일어난다고 생각지 않을 수 없는 것입니다. 서로 진심으로 바라고 찬성하지도 않은 일을 실행해 옮기기 때문에 암초에 걸리고서 서로 상대를 비난하고 있는 것입니다. 이것은 한심한 현상이 아닐까요.

잔소리 같지만 또 한번 얘기합니다. 여러분이 단호한 거절을 표시하기만 하면 현재의 위험한 방법을 곧 고칠 수도 있는 것입니다. 진지한 청년이라면 반드시 당신의 리더를 따라갈 것입니다. 장차 여러분이 말을 가질 때에는 데이팅 형식은 현재처럼 도덕과 품성애의 끊임없는 시련이 아니고, 명랑하고, 시적인, 로맨틱한 교재에 구애에로 향상할 것입니다. 그리고 현재 여러분의 두통꺼리가 된 청년들도, 정작 자기네가 젊은 딸을 갖고 보면 그렇게 변화하는 것을 반드시 기뻐할 것입니다.

자 「젠」이 보내준 「미미」와 「쎄실」의 회답을 씁니다. 이것은 개인적인 일로써 전혀 여지까지와 다른 성질의 것인데 둘 다 그룹 여러분들이 내게 질문한 문제를 제공하기 시작했을 때부터 나를 괴롭혀 오던 무엇을 강조하는 것입니다.

많은 사람들은 "저희들은 이런 일을 어머니께 말할 수 없습니다. 어머니는 알아주시지 못한 것입니다."고 써 왔습니다. 「쎄실」은 아마 두 번 다시는 없을 것 같은 중요한 문제로 고민하고, 어머니께 걱정을 끼치기 싫어서 내게 온 것입니다. 「미미」는 어머니와 딸의 투쟁사를 샅샅이 써서 어떻게 하면 부모와 화목할 수가 있을까하고 묻습니다.

이런 의논을 받는 것은 나로써 영광스럽기 한이 없으나, 나를 신뢰한다는 것이 어머니를 돌려놓는 일이 되지 않을까요. 바른 태도로 가까이 자기만하면 대개 어머니는 이해하실 줄 압니다. 그리고 도 진심으로 이해하려고 원하는 것입니다.

기혼 부인이나 어머니 가운데는 성 얘기를 입밖에 올리는 일에 불안을 느끼고 있는 사람이 지금도 있는 것이 사실입니다. 이것은 성을 더부한 나쁜 결과의 하나며, 성 문제는 여기에 직면하고 양식으로 컨추럴 하면서, 터놓고 논의하는 것이 훨씬 안전합니다. 그릇된 텔리카시의 시대는 지났다고 말할 수 있도록 하고 싶습니다. 여하튼 여러분은 서로 의견을 교환한 결과로서 장차 어머니가 될 경우에, 자기의 아이에 대해서 부끄러워하지 않고 성 얘기를 해줄 수 있게 될 것입니다.

여러분의 대부분은 어머니에게서 생물학적 사실에 대해서는 배운 일이 있을 줄 아는데 아닙니까? 생물학상의 사실이 여러분의 성 경험으로서 나타났을 때에는 《어머니는 모른신다》고 느끼게 되겠지요. 그러나 그것이 틀린 것입니다. 그래서 지금까지 논해 오던 인생의 대사와 병행하여, 양친의 입장이란 것을 설명하여 드리렵니다.

경험 없는 젊은 사람들에게 성의 감정적인 면이나 그 강한 압박이나 욕망을 적당하게 알려주는 일이 얼마나 어려운 것인가 하는 점은 이미 얘기해 두었을 것입니다. 젊은 사람은 이런 얘기를 들으면 반발하든가, 소수의 사람들은 호기심을 일으키고, 체험을 원하게 되기 때문에 어른들은 고민하는 것입니다. 젊은 사람들은 우리가 모르는 사이에 성 관계에 몰입합니다. 그리고 문제가 일어나도 우리에게 의논할 길조차 없는 형편입니다. 그러나 젊은 사람이, 정말 구원의 손길을 찾고 있는 것을 알 때, 우리는 언제든지 힘이 되려고 기다리는 것입니다.

258

「미미」의 편지는 또 하나 생각할 문제를 제공했습니다. 그리고 바로 여기서 내가 가장 선량한 부모와 하이스쿨시대의 아이들 간에, 일어난 일이 있는, 마찰에 대한 여러분의 이해를, 강하게 요망하는 것입니다. 하이스쿨의 졸업을 앞둔 「미미」는 나와 「젠」사이를 아주 칭찬하고 나도 여기에 감사합니다. 만 사실은 「젠」과의 사이가 이렇게 잘 된 것은 극히 최근의 일이며, 이렇다고 내가 고백해도 「젠」은 알아 줄 것입니다. 「젠」이 칼레지에 입학하기 전에 그때까지의 여러 가지 옥신각신한 일들을 얘기하고 상당히 웃은 일이 있습니다. 이제는 시원히 오늘의 친밀한 관계를 만들 수 있던 것입니다.

아시겠지요. 청춘시대라는 기간에는(귓전이 아프도록 들으셨겠지만) 모든 것에 대해 자아류의 생각을 가지려는 것이며, 그것이 많은 경우, 부모의 생각과 전혀 어긋날 때가 있습니다. 이것은 극히 바르고, 마땅한 일입니다. 라는 것은 만일 신식사람이 구식사람의 생각을 통째로 삼킨다면 진보란 것이, 있을 수 없기 때문입니다. 그러나 때로는, 신시대의 독립성은 다소 걷잡을 수 없는 형태를 가질 때가 있습니다.

우리들의 어버이 된 사람의 언행이 모조리 잘 못 보이는 수가 있습니다. 마치 「미미」가 자기의 언행이 모두 틀렸다고 느끼는 것과 같습니다. 내가 아름답고 잘 어울린다고 생각하던 옷이 일일이 「젠」의 마음에 들지 않은 때의 일을 생각합니다. 「젠」이 보건대는, 나의 의견은 도저히 바로 받을 수 없는 구식다리라고 생각했던 것입니다. 그리고 친구들 앞에서 내게 무안을 주지나 안을까하고 늘 조마조마 했습니다.

　아마 다른 분은 이런 경험을 갖지 않으셨는지 모르지만, 나도 나의 어머니에 대해「젠」이 나를 개화시키려고 한 것과 똑같은 태도를 가졌든 일을 기억할 수 있습니다. 지금에야 이런 상태가 일반 어머니들에게 있어 상당히 무서운 일이라는 것을 알 수 있습니다. 우리는 어떤 하나의 사상이 자기 속에서 진전하고 있을 때는 그것을 단단히 가슴에 간직해 둘 것이라는 일을 배웁니다.

　그러나 다행이도 젊은 사람들이 점점, 결국은 어버이들의 좋은 점을 깨닫게 되고 다소 부모를 사랑하게 될 때가 옵니다. 「젠」이 나에게 칼레지에 와서 동무들과 선생님을 만나라고 했을 때, 나의 기쁨이 얼마나 한 것인지 아마 영원히 다 알 수는 없을 것입니다. 어떤 옷을 입으라거나, 어떤 태도를 가지라거나 일체 간섭치 않고 거저 나더러 오라고 한 것입니다.

　그런데 놀라운 일이 일어났습니다. 어떤 호텔에서 만찬을 같이 했을 때, 「젠」은 어머니의 생각이 대체로 정당했다는 일을 좀 알 것 같다고 하는 것입니다. 이것이 계기가 되어「젠」의 비밀 얘기의 상대가 되었고, 자유로 솔직하게 얘기할 수 있게 되었습니다. 지금 여러분과 편지로 의견을 교환할 수 있는 것도 이 변화가 유력한 원인이 되고 있습니다. 그러나 슬픈 일은 내가「젠」의 이 기념할만한 회화를 들었을 때, 달한테 무슨 고민이 있던 것처럼 느꼈는데「젠」이 용기를 내어 얘기해 주지 않았기 때문에 그것이 무엇인지 조금도 몰라 더 캐묻지 않은 것입니다.

　만일「젠」이 용기를 내어 그 괴로움을 서 보내지 않았더라면 이 어머니도 역시 몰라 준다는 인상을 받았을 것입니다.

모녀라는 것은 한 배에 탄 거나 같습니다. 어머니는 딸이 그의 충고를 바란다는 것을 말이나 몸짓으로 보여주기를 기다리며, 딸도 자기가 울타리를 넘어 뛰어 들어가기 쉽게 하는 길을 어머니 속에서 찾는 것입니다. 여러분이 의논하고 싶어 하는 것을 알리기만 하면 어버이는 버선발로 뛰어와 그 희망에 응해 줄 것입니다.

「미미」여 정직하게 말하면, 당신은 너무 많은 것이 주어지기 때문에, 자기는 아무것도 남에게 줄 것이 요구되지 않고 거저 고맙다는 인사만하면 된다는 처지에 놓였기 때문에, 다소 스포일 당하고 있지는 않습니까. 이런 일은 부자유가 없는 부모에게는 일어나기 쉬운 문제입니다. 그렇다고 해서 어버이가 당신의 일에 아무 흥미도 가지지 않았다는 증거는 없습니다. 오히려 사실은 정 반대입니다. 내 생각으로는 당신은 어머니에게 대해 상당히 비평적입니다. 잘 생각해서 내 말이 맞았는지 반성해 주십시오.

이렇게 썼지만 당신이 훌륭한 성질을 갖고 계신 것은 확실합니다. 친구들이 손댈 수 없는 비싼 것은 싫다고 하고, 어머니와 친밀하게 나가려는 희망은 모두 그 훌륭한 증거라고 할 수 있습니다. 어머니는 당신이 귀여운 나머지 다소 편지된 사랑을 하신다고 생각해 보십시오. 어머니의 좋은 점을 진심으로 찬미하고, 한편 당신의 틀 속에 어머니를 글어드릴 생각을 버리시오. 그러면 어머니와의 사이가 친목하고 또 행복하게 될 방법이 생길 것입니다.

「쎄실」의 편지는 도로지 흔히 있는 인간의 착오의 일예입니다. 「쎄실」의 어머니는 동정과 이해가 깊은 분이라고 생각합니다. 이

번과 같은 경우 매우 좋은 상대가 되어 주실 줄 알면서 「쎄실」은 중요한 일을 어머니께 감추려는 것입니다.

내게는 이렇게도 생각되는데 어떨까요. 어머니는 이해할 수 없다든가 어머니에게 걱정을 시켜드리지 않는다든가 하고 딸이 느끼는 이면에는 자기가 말하려는 것은 그리 현명한 것이 못되고 정당치도 않다는 기분이 잠재해 있지 않은가 하는 것입니다. 그것을 지적당할까 보아 두려운 기분이 무의식중에 동하는 것이 아닐까.

20세 전후의 처녀들은 꽤 광범위하게 자기가 사물을 결정해도 좋습니다. 만, 성적 행위나 결혼과 같은 직접 여러분의 복리와 행복을 좌우하는, 문제로써 만일 부모에게 얘기하기 거북한 일이 있다면 적어도 그것은 최선의 길은 아니라는 위험 신호라고 보아도 좋습니다. 얼마나 많은 어버이들은 이미 딸이 수렁에 빠진 다음에 도와야 할 비극에 놓이는 것일까요. 파국에 이르기 전에 찬스가 주어지는 편이 얼마나 더 기쁜지 모릅니다.

「쎄실」, 당신의 일을 어머니께 얘기하지 않고 숨기는 편이 더 어머니를 괴롭히는 결과가 되는 것입니다. 우리 부모 네는 아이들을 사랑하고 있습니다. 아이들의 행복을 파괴하는 일을 멀리하고 싶다고는 조금도 원치 않습니다. 당신이 딜레마에서 벗어나려면 전문적인 조력이 필요하고, 「쟉크」에게는 의학적인, 혹은 정신병학적인 도움이 필요합니다. 그와 결혼해 보았자 조금도 그를 도울수는 없습니다. 그런 일을 하면 「쟉크」나 당신이나 엉망이 될 것입니다. 어머니는 이해가 깊은 분이니 이 문제에 대해 차근차근 의논해서 그 뻔한 위험을 뛰어 넘고, 다른 훌륭한 청년을 찾도록 협력을 받으시오.

내가 말씀드릴 수 있는 최상의 충고는 부모는 이해할 수 없다. 고 단정하기 전에, 중대 혹은 복잡한 결과를 초래할 것 같은 개인적인 문제에 대해서는 반드시 부모님의 원조의 기회를 힘입도록 할 일이라는 것입니다.

자 내 사랑하는 딸들이여! 여러분을 괴롭히든 성과 도덕에 대해 주요한 점은 대개 터치했으니 이정도로 그만 붓을 놉시다. 나는 여러분이 무엇보다도 나의 솔직하고, 다소 보수적인 의견을 단순히 받아 주신 것을 감사합니다. 나는 몇 번이나 《젊은, 경험이 적은》이란 말을 썼는데, 이것에 여러분은 그리 감덩을 상하지 않은 것 같습니다. 그러나 그렇기 때문에 우리들의 의견을 들려 줄 필요도 있는 것입니다. 듣기 싫은 사실도 몇 가지 얘기했는데 그것도 기분 좋게 들어 주셨습니다. 이 일은 상당히 곤란을 가져오는 성질의 것이었는데, 그것이 성공한 것은 모두 여러분의 협력에서 온 것이라고 믿습니다.

최후로 여러분 한 사람 한 사람이 훌륭한 청년과 만나도록, 그리고 행복한 결혼과 모성이 이룩되도록, 진심으로 빕니다. 그러면 나는 명예스런 할머니의 자리에 않게 되는군요.

여러분에게 고귀한 사랑을 보내며

어머니라고 불린 L부인 씀

# 너와 나만의 대화

2009년 10월 20일 인쇄
2009년 10월 30일 발행

역　자 | G·D슈르쓰/김소영
펴낸이 | 최　상　일
펴낸곳 | 태 을 출 판 사
서울특별시 중구 신당6동 52-107(동아빌딩내)
등　록 | 1973 1.10(제4-10호)

ⓒ2001, TAE-EUL publishing Co.,printed in Korea
※잘못된 책은 구입하신 곳에서 교환해 드립니다

■ 주문 및 연락처
우편번호 100-456
서울 특별시 중구 신당 6동 제52-107호(동아빌딩내)
전화: 2237-5577　팩스: 2233-6166

ISBN 89-493-0269-1　13170

이책의 저작권은 태을출판사에 있으므로 출판사의 허락없이 무단으로
복제, 복사, 인용 사용하는 것은 법으로 금지되어 있습니다.